组织学习文化对员工组织承诺的影响研究

——基于国内知识型企业的调查

蒋秀娟 著

南开大学出版社
天 津

图书在版编目(CIP)数据

组织学习文化对员工组织承诺的影响研究 ：基于国内知识型企业的调查 / 蒋秀娟著. —天津：南开大学出版社，2016.8
ISBN 978-7-310-05161-8

Ⅰ. ①组… Ⅱ. ①蒋… Ⅲ. ①知识型企业—调查研究—中国 Ⅳ. ①F279.23

中国版本图书馆 CIP 数据核字(2016)第 158716 号

南开大学出版社出版发行
出版人:刘立松
地址:天津市南开区卫津路 94 号　　邮政编码:300071
营销部电话:(022)23508339　23500755
营销部传真:(022)23508542　　邮购部电话:(022)23502200
*
天津午阳印刷有限公司印刷
全国各地新华书店经销
*
2016 年 8 月第 1 版　　2016 年 8 月第 1 次印刷
230×170 毫米　16 开本　12.5 印张　228 千字
定价:35.00 元

如遇图书印装质量问题,请与本社营销部联系调换,电话:(022)23507125

本书出版得到上海对外经贸大学

学术著作专项基金资助

前　言

在信息瞬息万变、知识与技术日新月异的知识经济时代，作为社会微观经济组织的企业必须依靠知识的有效利用与创新来获取可持续性竞争优势。在企业中，知识大多存在于员工个体，知识创新的主体也是企业员工。因此，如何有效地留住员工并激励员工积极投入企业的工作，无疑是现代企业普遍关注的问题。应用心理学的传统理论认为：态度影响行为倾向与实际行为。员工行为受其工作态度影响。工作态度包括工作满意度和组织承诺等，其中组织承诺是员工基于对组织的感情、责任感和对个体利益的考虑而对组织产生的认同感、忠诚感和投入意愿。研究证明，组织承诺对员工留职意愿、任职时间长短、工作勤勉度、组织公民行为与工作绩效等有重要的预测作用，进而影响企业的绩效与竞争力。因此，探究员工组织承诺的影响因素和影响机理对于现代企业的人力资源管理具有积极意义。

综观现有文献，大多数研究重在探讨员工个体特征、工作特征等因素对组织承诺的影响，也有部分文献探讨组织支持、公平、组织气氛、组织文化等组织层面的因素对组织承诺的影响。但是，少有研究探讨组织学习文化对员工组织承诺的影响。针对这一现状，本书通过对相关研究的系统回顾和梳理，对关键概念间的关系进行了缜密的推演，建立了组织学习文化、工作满意度和组织承诺关系的理论模型，并以国内知识型企业的知识员工为调查样本，对理论模型进行了实证检验，以期为我国企业，尤其是知识型企业的组织学习文化建设与知识员工组织承诺管理提供理论和实践依据。

本书的主要内容如下：

（1）对组织学习、工作满意度和组织承诺等组织行为学领域的重要概念进行了系统的文献梳理和评述。

（2）对国外组织学习文化、工作满意度和组织承诺量表进行了积极的本土化探索，形成了一系列本土化量表。

（3）通过验证组织学习文化对组织承诺的显著正向影响，以及工作满意度在两者间的中介作用，本书在丰富员工组织承诺研究的同时，对组织学习的研究形成了有益的补充。

（4）揭示了组织学习文化建设是知识型企业与知识员工利益相融的组织行

为，企业可以通过投资组织学习文化建设收获知识员工的组织承诺，并同时提升企业的学习能力和知识绩效，是实现“人心”与“人智”双赢的策略。

（5）此外，通过系统地检验和修订组织学习文化七维模型，本书还为企业管理者有效开展组织学习文化建设提供了具有可操作性的管理实践框架。

在本书写作过程中，我受到了诸多前辈、同行和朋友热忱无私的支持与帮助。在本书的撰写过程中，东华大学的赵晓康教授和戴昌钧教授为我提供了许多建设性的指导与建议；英国中央兰开夏大学的耐基尔·赫尔顿（Nigel Holden）教授、中国香港中文大学的侯杰泰教授对我这个冒昧求教的陌生学者提供了珍贵的研究法参考资料。众多的企业和员工参与研究调研，为本书提供了丰富的原始数据。此外，还有许多朋友伴我学海同行、与我风雨同舟。那些名字、那份感动，我将永存心底。

本书的完成是建立在许多学者的研究成果之上的。前人的著述不仅构筑了本书的基石，而且不时激起我写作的灵感，在此谨向本书参考文献的作者们表示诚挚的感谢。

本书的出版得到了上海对外经贸大学学术著作专项基金的资助。

目　录

第一章　绪论

1.1　研究背景与研究问题

科技的快速发展使社会由工业经济时代进入知识经济时代，经济的全球化和一体化使企业面对的市场竞争环境日趋复杂。作为社会微观经济载体的企业为了适应急剧变化的时代要求，纷纷开始由资源型企业向知识型企业转变。知识型企业是知识化经济得以实现的载体，是主要依靠智力资源的开发与投入，通过知识的生产、传播和应用来获取经济效益的微观经济组织，被认为是知识经济条件下最具生命力的核心经济单元。典型的知识型企业包括创意企业、咨询企业、培训企业、研发中心、生物医药企业和其他高新技术企业。伴随着知识经济时代的来临，知识型企业对经济增长的贡献度越来越大，加强对知识型企业的管理研究具有重要意义。

虽然知识经济为知识型企业的产生与发展提供了机遇，但在知识经济中，环境更为不确定，竞争更为激烈，知识型企业的发展面临着更多变数与风险。知识型企业应该采取什么发展战略形成核心竞争力，改善组织绩效呢？这无疑是学界和业界越来越关注的热点。

核心竞争力的知识载体观强调核心竞争力的知识特性，主张用各种知识载体，如员工、技术系统、价值与规范等作为企业核心竞争力的指示器（李宝山、王连娟，2001）。作为知识型企业，其核心竞争力的来源主要包括（当然并不限于）以下两方面：（1）知识。美国学者巴顿认为，企业的核心竞争力是使企业独具特色并为企业带来竞争优势的知识体系。谁掌握了更多最新的知识，谁发明和创造了更有效的学习方法，谁生产了包含更多知识、使用价值更高的新产品，谁就能在未来的竞争中取得优势地位。在知识型企业中，企业的资源重心不再是土地、资本资源，而是知识。知识正在成为影响企业发展和获取竞争优势的关键，是企业核心竞争力之源。获取和创新知识的能力与企业的竞争优势的相关性越来越强，这就决定了知识型企业的核心任务是加速知识的获取、创造、传播和转化，实现企业能力的提升。（2）知识员工。一般来说，知识的获取与创新源于员工个体。当个体的创新知识通过知识共享为组织所拥有，组织成员便把这种知识内化为自身的知识，成为进一步创新的基础。在知识型企业中，员工主体是知识员工，他们是知识的承载者、所有者，是企业创新的主体。知识型企业知识的创造、利用与增值，资源的合理配置，最终都要依靠知识的载体——知识员工来实现。因此，知识员工正日益成为知识型企业核心能力与竞争优势的另一重要源泉。

因此，要在激变的环境中立于不败之地，知识型企业应该采取以知识和知识员工为核心的发展战略以提升核心竞争力。在知识方面，企业需要获取、整合与创造知识，而这需要通过组织学习进行。换言之，企业知识的丰富和企业的创造性有赖于员工个体的持续学习以及学习活动在组织系统、惯例、文化和结构中的嵌入。组织学习已经成为了现代企业的重要战略活动，也是企业可持续性竞争优势的根本来源（DeGeus，1988）。在知识员工方面，如何有效地留住知识员工并激励他们积极投入工作，无疑是知识型企业应普遍关注的问题。应用心理学的传统理论认为：态度影响行为倾向与实际行为。知识员工的工作态度影响其行为意图与实际行为，影响其知识工作绩效，进而间接或直接地影响企业的绩效与竞争力。工作态度包括工作满意度和组织承诺等，其中组织承诺是员工基于对组织的感情、责任感和对个体利益的考虑而对组织产生的认同感、忠诚感和投入意愿。[①]研究证明，组织承诺对员工留职意愿、任职时间长短、工作勤勉度、组织公民行为与工作绩效等有重要的预测作用，进而影响企业的绩效与竞争力。这就出现了一个问题：既然组织学习和员工组织承诺都是对于知识型企业至关重要的因素，我们是否可以将两者联系起来进行有机的管理，由此实现有效组织学习+高组织承诺的双赢局面呢？鉴于此，本研究试图探讨在知识型企业中组织学习（文化视角的组织学习——组织学习文化）对员工组织承诺的影响，并期望通过实证研究解答以下问题：在知识型企业中，组织学习文化对员工组织承诺是否产生影响？影响的方向如何？影响机理如何？同样重要的工作态度变量——工作满意度在两者关系中扮演什么角色呢？

1.2　研究意义

研究表明，组织学习文化对于组织学习能力、组织绩效等方面具有积极的影响。那么它对于员工的组织承诺是否也有积极的影响呢？检索中国知网

① 此为本研究在文献回顾的基础上对组织承诺进行的界定，详见本书第三章。

CNKI、EBSCO、Elsevier、Springer Link 等数据库，未见有关知识型企业组织学习文化对知识员工组织承诺影响的研究，因此本问题有待求解。本研究以国内知识型企业的知识员工为调查对象，通过涉及组织学习文化、组织承诺等变量的概念框架构建以及变量间关系的实证分析，探讨组织学习文化对员工组织承诺的影响和影响机理。

1.2.1 研究的理论意义

（1）可拓展组织学习的理论研究

组织学习作为组织知识获取、创造、传播、转化与应用的过程，是组织行为学领域的一大研究重点。综观组织学习的研究文献，大多数学者对组织学习的研究主要集中在组织学习的行为主义视角和认知视角。行为主义视角强调学习个体对外部刺激的反应，认为学习过程是环境刺激与反应之间不断组织积累的过程。认知视角则分析个体认知图式如何整合和转换为组织认知图式。然而，这两种视角在一定程度上均建立于个体学习的隐喻之上，对于组织层面的学习涉及较少。

组织学习文化视角是近年来开始受到关注的一个视角，它更多地从集体层面了解组织学习，强调建立一套支持组织学习的规范与价值观，通过改变成员的行为与认知，实现更高层次的组织学习，是组织学习研究的一个重要的新视角。

目前，对于组织学习文化的研究，虽然已经存在一些探索性理论，但研究尚待深入，尤其在概念架构、测量、结果变量等方面，尚需开展更多的研究。本研究以国内知识型企业为研究母体，重点探究了组织学习文化在中国研究情境中的建构，可在一定程度上拓展组织学习，尤其是文化视角的组织学习理论研究。

（2）可补充组织承诺的研究

组织承诺是一个重要的工作态度变量，对员工离职意向、离职行为、缺勤、怠工等一系列行为倾向和实际行为具有显著的预测作用，进而对员工工作绩效、生产率、组织有效性、组织绩效等员工个体和组织变量产生显著的影响（Steers，1977；Mowday et al., 1982；Horn & Griffeth，1995；崔勋，2003）。研究表明，组织承诺越高，员工离职意向越低，离职行为越少，工作绩效越好，对于一个企业而言，则意味着更低的员工流失率、更佳的组织绩效。

知识员工是知识创造和应用的载体，具有工作自主性高、工作流动性高、学习需求强烈等特点，在知识型企业中具有举足轻重的核心地位。组织承诺对知识员工的忠诚度、流失率、工作绩效管理等具有不可忽视的影响。那么，知识员工的组织承诺架构和影响因素是否符合成熟的组织承诺理论呢？对知识员工的组织承诺管理是否适用传统的员工态度管理办法呢？本研究通过实证调查，分析探究知识员工组织承诺的架构、影响因素和影响机理，可对组织承诺的研究形成一定的有益补充。

（3）可丰富组织学习文化和组织承诺前因、结果变量的研究

本研究通过探究组织学习文化对员工组织承诺的影响和影响机理，一方面，有益于组织学习文化结果变量的探索研究；另一方面，也可丰富对组织承诺前因变量的研究。通过建立一个组织学习文化和组织承诺关系的理论模型，并在国内知识型企业研究情境中检验变量间的关系，本研究可突破以往工作态度研究重复强调的工资、福利、晋升等因素，转而从学习与发展视角探讨组织承诺的影响因素；与此同时，又可对组织学习文化的结果变量与作用机理进行积极的探索。如果变量间相关性假设得以证实，将是对组织学习文化和组织承诺理论研究的有益补充。

1.2.2 研究的现实意义

（1）为企业提供组织学习文化建设的参考框架

知识是企业的核心资源，是重要的竞争性资产。知识的获取与创造需要通过学习，而组织学习的核心功能就是在组织中形成知识流。众多文献表明，组织学习对企业的财务绩效、组织创新、对环境的响应力、组织核心能力等有着积极的影响，因此，组织学习策略无疑是现代企业发展战略的重要组成部分。组织学习文化视角强调着眼整体，前瞻性地发展组织学习策略，对企业的组织学习能力和效果进而对创新能力、环境响应力等有积极的影响（Fiol & Lyles，1985；Hurley & Hult，1998；Kandemir & Hult，2005）。因此，本研究对组织学习文化尤其是组织学习文化概念架构的探究，可对企业开展组织学习文化建设提供探索性参考框架。

（2）为企业组织学习和知识员工管理提供可能的双赢策略

理解组织学习文化是否影响员工组织承诺，可以帮助企业了解对组织学习文化的投资是否有助于降低与雇员激励和离职有关的成本，改善雇员绩效，进而改善组织绩效。如果能够验证组织学习文化对于知识员工的组织承诺具有积极的影响，那么组织学习文化建设将成为知识型企业与知识员工利益相融的行为，发展、鼓励、支持学习的组织文化就成为一项双赢策略。一方面，知识员工得以在支持性的组织学习文化中获得学习的便利、支持和动力，满足自身强烈的学习与个体发展需求；另一方面，企业可从中收获更高的员工组织承诺，同时提升组织学习能力，从而改善绩效，增强竞争力。因此，本研究命题如果

得以证实，将对企业发展有效的组织学习文化和实施有效的员工激励提供一定的实证依据。

1.3 研究内容

本研究以组织学习、组织文化、激励理论与工作态度理论为基础，以国内知识型企业的知识员工为调查对象，通过实证研究探讨组织学习文化对员工组织承诺的影响和影响机理，以期对国内知识型企业的组织学习与人力资源管理提供探索性参考意见。主要研究内容包括：

（1）在组织学习和组织文化的理论基础上，通过梳理和分析现有相关文献，结合具体研究情境，对组织学习文化进行界定，评估和修订现有组织学习文化测量模型和测量工具，并通过实证数据检验评估模型和测量工具的信度和效度。

（2）基于现有量表，结合具体研究情境，对工作满意度和组织承诺测量模型与测量工具的信度和效度进行实证检验。

（3）基于对现有文献的分析，结合逻辑推理，建立组织学习文化、工作满意度和组织承诺间关系的理论模型，并提出相应假设，然后通过实证研究，探讨组织学习文化对员工组织承诺的影响和影响机理。

（4）本研究还将检验年龄、性别、受教育程度、月收入等员工个体特征和组织性质、组织规模等因素的控制效应，进而探讨对员工组织承诺的影响。

1.4 研究思路

本书采用理论研究与实证研究结合的方式，遵循“文献阅读—理论推演—理论模型的构建与假设的提出—研究设计—实证分析（证实或者证伪假设）—形成结论”的研究思路开展研究，研究技术路线如图 1-1 所示。

（1）第一章、第二章和第三章主要为理论研究和理论推演。在确定研究问题的基础上，通过对组织学习、组织文化、工作满意度和组织承诺相关文献进行系统的查阅、梳理、比较、分析、归纳，总结相关的研究范畴、已有研究成果和最新进展，并在此基础上对各个概念进行科学的界定，提出具有一定理论依据的理论模型和研究假设。

（2）第四章、第五章和第六章为实证研究。在总结前人研究的基础上，借鉴国外成熟量表，通过与知识员工代表和相关专家访谈，结合本国文化和研究对象特点对量表加以修订。然后，通过小样本预测试收集原始数据，对量表进行信度和效度检验和再修订。在量表信度和效度符合要求的前提下，进行大样本调查，获取调查数据，并运用因子分析、层次回归和结构方程模型等统计分析技术对数据加以分析，对本研究的理论框架和研究假设进行检验，从而明确组织学习文化、工作满意度和组织承诺间的关系。

（3）第七章为研究结论部分。在前六章理论和实证研究的基础上，归纳研究结论，并陈述研究结果对知识型企业组织学习文化建设与人力资源管理的意义与启示。

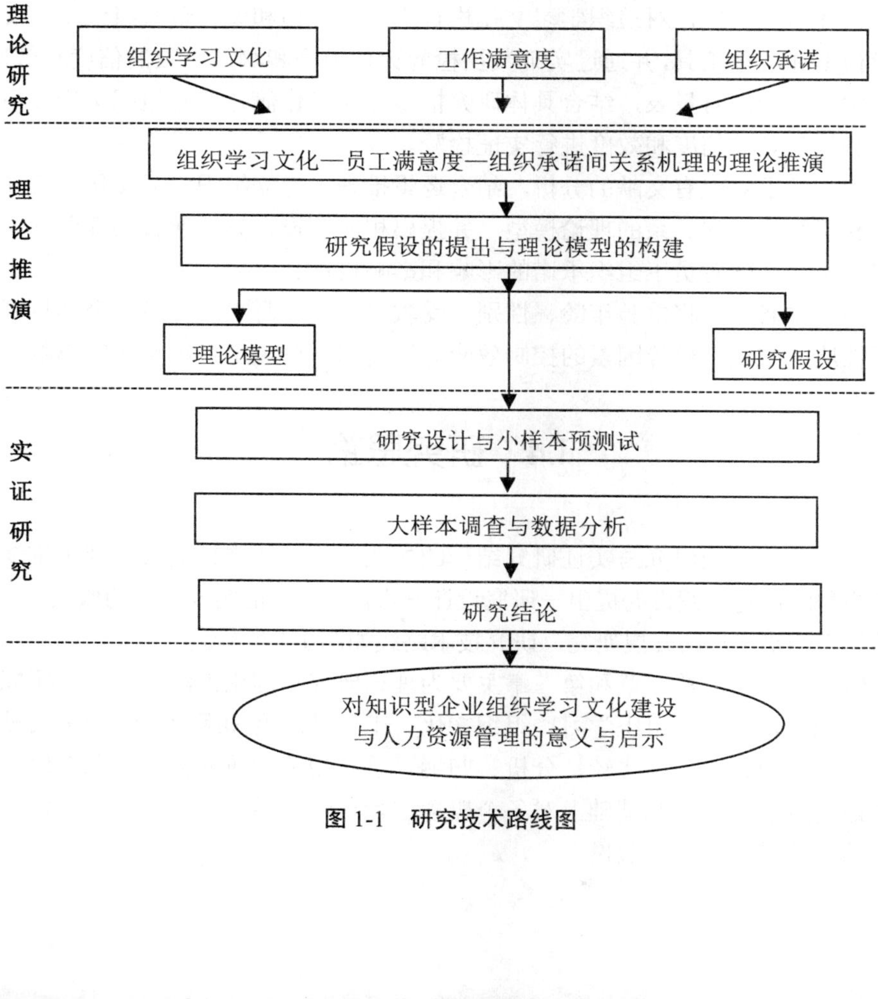

图 1-1　研究技术路线图

第二章　研究综述

2.1　组织学习研究综述

对组织学习的关注最早可追溯到马奇和西蒙（March & Simon，1958）对组织的论述中。20 世纪 60 年代，塞叶特和马奇（Cyert & March）在《公司行为理论》一书中，第一次提出不同于个人学习的组织学习行为的概念。他们把组织学习的概念性理论当作组织内部的一种决策模型，强调规则、程序和常规在面对外部突变时所起的作用，描述了组织行为可能导致的结果。1978 年，阿吉里斯和舍恩（Argyris & Schon）出版了《组织内学习：行动前景的理论》一书，在书中正式提出并界定了“组织学习”的概念，将其描述为这样一个过程：“组织成员充当组织的学习者，发现并纠正组织应用理论中的错误，并将探索结果深深印入个人印象和组织的共享图式中。”

此后，组织学习的概念、理论逐渐受到学术界和企业界的重视，阿吉里斯与其他学者也不断地对组织学习的概念进行修正。学者们从心理学、管理学、经济学、政治学等多个角度对组织学习进行了研究，发展出组织学习定义、类型、内容、过程、度量、影响因素、作用等多方面的理论。

2.1.1　组织学习定义

自组织学习的概念提出以来，学术界关于组织学习的具体定义尚未达成共识。学者们从不同的学科、视角、方法探讨组织学习，给出了不同的定义。

心理学与组织理论倾向于强调组织学习过程。阿吉里斯和舍恩（1978）认为，组织学习是一种组织探测当前问题和错误，并及时解决和纠正的过程。休伯（Huber，1991）将组织学习定义为一个包含知识获取、信息分发、信息解释和组织记忆的过程。李、考特尼和欧基夫（Lee，Courtney J.，& O'Keefe，1992）认为，组织学习是一种基于个体对环境解释的组织、环境互动过程，在这个过程中个体对行为的因果关系进行学习。麦吉尔和斯洛克姆（McGill & Slocum，1993）认为，组织学习是一个过程，经此过程能够察觉到本身经验的品质、形式及后果，并透过心智模型的发展以了解这些经验。

战略、生产管理和经济学等领域的研究者主要强调学习结果。迪克逊（Dixon，1994）认为，组织学习就是在个人、团队和组织层面有意识地利用学习过程或方法来持续改变组织。道奇森（Dodgson，1993）认为，组织学习是企业围绕其日常活动和组织文化，对知识和惯例进行建构、补充与组织，并通过完善各种技能以适应和提高组织效率的过程。丹尼尔·H.金（Kim，1993）认为，组织学习是提升组织采取有效行动的能力，可以通过个人学习成效累积达成。斯莱特（Slater，1995）也将组织学习视为一种促使组织改善行为绩效、增进组织新知识、发展组织洞察力的学习。

为避免只考虑结果或过程单个视角的片面性，一些学者采取了综合的办法，同时从结果和过程两个视角来定义组织学习。罗比、布德罗和罗斯（Robey，Boudreau，& Rose，2000）将组织学习定义为“一个组织有意识或无意识的过程，这一过程使得组织记忆的获得、更新成为可能，因而能够为组织活动提供方向”。于海波、方俐洛和凌文辁（2007）将组织学习定义为：“组织为了实现自己的愿景或适应环境的变化，在个体、团队（集体）、组织层和组织间进行的、不断产生和获得新的知识和行为，并对其进行解释、整合和制度化的循环上升的社会互动过程。”

埃里克·唐（Tsang，1997）在对以前文献进行系统综合的基础上，认为已有组织学习的定义可归为主要从文化、认知、行为（包括潜在行为和实际行为）等视角对组织学习现象进行描述的，并列举了各视角的典型定义，如表 2-1 所示。

表 2-1　组织学习定义的不同视角

定义	视角
组织是通过表达、传递主观意义的人造工具和群体的集体行为对种种交织的主观意义的获取、支持和改变（Cook & Yanow，1993）	文化
组织学习指发展和塑造组织知识基的过程（Shrivastava，1981）	认知
通过信息处理，如果实体潜在行为发生改变，则其就在学习（Huber，1991）	认知和（潜在）行为
组织通过将源于历史的推断编码成指导行为的常规进行学习（Levitt & March，1988）	认知和（潜在）行为
组织学习意味着通过更好的知识和理解来改进行为的过程（Fiol & Lyles，1985）	认知和（实际）行为
我们用组织学习这个名词来表述组织行为的改变（Swieringa & Wierdsma，1992）	（实际）行为

资料来源：Tsang E.W.Organizational Learning and the Learning Organization: A Dichotomy between Descriptive and Prescriptive Research[J]. Human Relations,1997,50(1): 73-79.

从表 2-1 可以看出，到目前为止，大多数组织学习的界定与研究是基于行为或认知视角的。近年来，一些学者也开始意识到社会文化情境对于组织学习的重要性，如库克和严侬（Cook & Yannow，1993）、圣吉（1998）等。以下分别对组织学习三大研究视角，即行为主义、认知和文化视角的研究进行梳理和评述。

2.1.2　组织学习行为主义视角研究回顾与评述

组织学习行为主义视角的研究源于行为心理学对个体的学习行为的研究，其基本观点为学习是一种行为的改变过程，是个体对外部刺激的反应。行为主义学习理论强调外部环境的作用，认为学习是经验所引起的反应，学习过程就是环境刺激与反应之间不断组织积累的过程。

随着组织学习研究的深入，行为主义学习理论开始被运用于组织学习的研究中，形成组织学习的行为主义视角。行为学习视角的研究者通常将组织看作基于常规的、目标导向的系统，是持续调整自身以适应外部环境的开放系统、从经验中学习的适应性系统。这一视角十分强调适应性学习的作用，认为组织系统通过各种行为经历不断改进和完善自身，重复那些以往取得成功的行为，避免那些以往获得失败体验的行为（Lundberg，1995）。通过一次次的试错学习，组织常规和程序逐渐形成并优化，组织也趋向稳定，表现出累进式的学习模式。在这种学习模式下，学习和行为的改变受预期目标与实际绩效的差距以及其他市场绩效信号的诱发（Cyert & March，1963）。组织的变革取决于环境的变化，往往需通过显著的外部事件诱发（Levinthal，1991）。伦德伯格（Lundberg，1995）将行为主义视角的组织学习定义为“组织通过自己的经历，或观察其他公司的经历，在组织结构上、技术上、常规上、系统上进行调整的过程”。

早期的组织学习模型一般都倾向于从行为主义视角出发来分析组织中的学习，强调组织对环境的适应。该视角研究始自马奇和西蒙以及塞叶特和马奇在 20 世纪五六十年代的学习理论。达菲特等人的学习模型都明显受到行为主义理论的影响。

（1）马奇和西蒙的组织学习理论

马奇和西蒙认为，外部刺激是激发某些记忆的原动力，而且他们写道：“当一个部分为一种刺激所激发，它会带动与它的学习过程有关的其他部分进入激发状态。如果过去曾因为执行了特定的行为程序而达到了特定的目标，那么那种目标就很可能再次激发同一行为程序。”他们将这种机械式刺激—反应理论运用到组织学习上来，将个人的记忆概念换成了组织层面的操作规程。

（2）赛叶特和马奇的组织学习理论

赛叶特和马奇的早期组织学习理论同样围绕着学习的刺激—反应行为研究。他们认为，组织学习是由外部干扰激发的。一种无法控制的对系统的外部干扰源必然会引出适应过程。组织有许多内部决策变数和决策规则。外部干扰和系统内部的决策变数的每一种组合都会改变系统的状态。组织通过储存干扰和反应的各种组合（根据决策变数）来学习。学习了外部干扰和内部决策规则的新组合，组织就提高了对不同状态的适应能力。他们提出："企业组织是一个适应性机制。简言之，企业通过经验来学习。"组织学习的结果就是组织规则和标准运作规程的一种适应调整或改变（Cyert & March，1963，引自迪克尔斯等，2001）。

可见，赛叶特和马奇借用个人学习的刺激—反应学说，从经济学和心理学中抽出适应反应性这一因素，其组织学习理论的基础是适应性学习理论（典型的行为主义学习理论）。基于此，赛叶特和马奇提出了适应性学习模型，认为组织学习是个体信念、个体行为、组织行为和环境响应的循环，如图 2-1 所示。

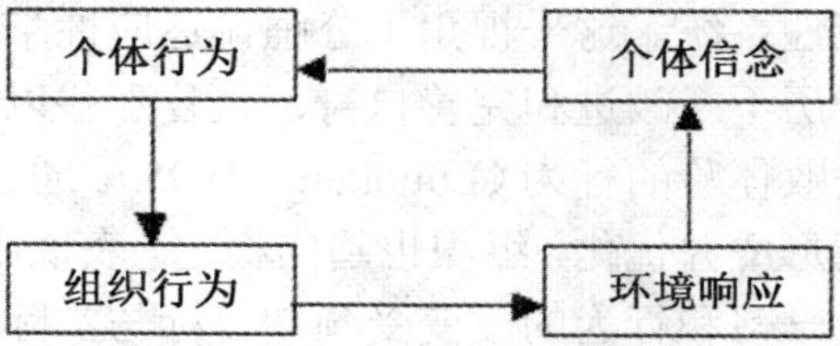

图 2-1　赛叶特和马奇的适应性模型

资料来源：黄健.造就组织学习力[M].上海：上海三联书店，2003.

（3）莱维特和马奇（Levitt & March）的组织学习理论

莱维特和马奇（1988）认为：组织学习是"基于常规的、具有历史依赖性的、目标导向的过程"，强调组织必须从经验中学习，并将流程常规化，即组织将历史和过往经历进行编码，形成可用于指导未来行为的常规（他们认为"常规"包括形式、规则、规程、惯例、战略，以及组织赖以建立和运作的技术）。当组织面临调整或改变现有常规时，必须通过试错（trial-and-error）学习产生新的常规，或依据具体情境寻求更加优化的方案。

（4）达菲特与威克模型（Daft & Weick Model）

达菲特与威克模型是从学习过程的角度提出的，认为学习过程涉及信息的鉴别、扩散、整合与行动，并把组织的整体学习过程表达为：扫描、解释及学习。扫描包括对环境实行监视获得相关数据。解释是指根据对环境的理解去扫描事物，从而形成概念的过程。学习则是指产生有关组织行为与环境之间的相互作用关系的知识，以及在这些知识的基础上所采取的行动。可以看出，在达菲特与威克模型中，对于环境的扫描、解释最后导致了组织行为的变化。然而，在该模型所述的过程中，对整个组织而言，并无新知识的产生。组织所做的只是将现有的知识进行了在组织内的共享，还是一种适应性的学习（黄健，2003）。

（5）现有研究评述

大部分的组织学习理论陷落于“刺激—反应”的行为主义概念中（Nonaka & Takeuchi，1995）。这种源于行为心理学的行为主义视角理论认为，组织学习是由刺激引起的组织行为改变，其不足在于认为学习仅是对刺激的反射，忽略了人的心理结构和内部认知在学习过程中的作用，具有片面性。此外，该理论认为组织行为由先前发生的学习引发，但正如埃里克·唐（1997）指出的那样，学习与行为改变间的间隔时间可能较长，要确定学习与行为间的因果关系并不容易。

2.1.3　组织学习认知视角研究回顾与评述

20 世纪 60 年代，由于行为主义本身存在的许多缺陷，其地位逐渐被认知主义所取代。研究者普遍认为：基于认知的学习是组织学习的重要组成部分，是对于理解组织学习过程十分有用的研究视角（Cook & Yannow，1993）。

认知学习理论是通过研究人的认知过程来探索个体学习规律的学习理论。认知派学习理论家认为，学习在于内部认知的变化，是一个比“刺激—反应”连接要复杂得多的问题。这一学习理论重视人在学习活动中的主体价值与主动性，强调认知、意义理解和独立思考等意识活动在学习中的重要作用，认为具有不同认知结构的个体对概念和事物理解上存在差异，并认为在人类的学习活动中，有计划地构建认知模式有着极其重要的意义。格里诺（Greeno，1996）将认知学习界定为“一种概念构建活动，在这个活动中通常需要对学习者各种能力、观念、问题解决策略和元认知过程进行重新组织”。

近年来，在对组织学习的研究中，越来越多的学者借鉴认知学习的理论，分析个体认知图式如何整合和转换为组织认知图式，研究个体认知的改变如何带来组织认知图式的变化（Brown & Duguid，1991；Kim，1993；Nonaka，1994）。认知视角的研究者将组织学习视为组织通过其成员对知识、洞察力和理解的获取（Dodgson，1993；Argyris & Schon，1978）。例如，斯泰塔（Stata，1988）认为，组织学习是在系统层面感知的学习，它源于组织成员对洞察力、知识和心智模式的分享过程，并建立于过去经历和组织记忆基础之上。阿吉里斯认为，当认知结果和新近共享的心智模式嵌入所有组织成员的头脑，嵌入包括工作流程和每项工作中时，学习就成为组织学习。因此，组织学习包含知识、信念和假设在组织成员和团队中的共享（Argyris，1996）。基于这种视角，尼科里尼与梅兹纳（Nicolini & Meznzar，1995）将组织学习解释为：一种将习得认知转化成可解释的抽象知识的社会构念（social construct）。

认知主义组织学习理论的基本假设是：所有的有意行为都有认知基础，都反映了规范、战略，反映了对具有普遍有效性的世界的假设……人的行为和学习可以处在更大的认知背景中。我们将组织看成是一连续的生物体，也就认为它与个体一样具有特殊的记忆认知模式（吴勇军，2006）。这一理论强调组织的学习是建立在历史学习的基础之上，对知识的理解与发掘也必然受组织内部学习基础的制约。认知主义组织学习研究关注的焦点在于学习的内容，而不是行为的结果，关注那些使企业内知识创造得以改善的过程，以及利用知识提高创造力、互动质量与其他绩效（Fryer，1999），认为通过正确的认知学习过程，组织就可以将数据转化为信息、将信息转化为知识，进而产生组织知识（Davis & Botkin，1994；Kim，1993）。因此，在这种意义上，认知学习包括利用外界产生的知识，以及将内部存贮的知识进行转换，通过这些活动创造新的知识，增加组织的战略资产（Lumpkin，2005）。

以认知理论为基础的这一组织学习概念得到了不断发展。1956 年，博尔丁用“意象”描述组织知识。1967 年，维伦斯基提出了“组织智力”这一概念。1978 年阿吉里斯和舍恩的“组织行动理论”，1986 年萨朗契克和波拉克的“精选意识形态”、西姆斯克和焦亚的“组织先验图式”，1987 年桑德兰斯和施泰布莱茵的“组织头脑动作因果地图”、波茨克的“组织知识基础”，1990 年圣吉等的“共享心智模式”，1995 年野中和竹内的“组织知识基础层”，1999 年莱尔斯文克的“组织知识结构及其共享信念结构”等，从不同方面描述组织知识结构特征与内涵，表现出认知理论上的组织学习对组织知识结构研究的极大关注（迪克尔斯等，2001）。

组织学习认知视角认为，组织学习是组织通过其成员获取知识、洞察力等，这无可厚非。但是，这一视角依赖于个体学习的隐喻，将组织视为认知实体。正如个体运用大脑、中央神经系统、基因与社会化智能从经验中学习一样，组织也能通过其各种“感官”学习。首先，在这一点上存在本体论的问题（ontological problem）。阿吉里斯和舍恩意识到这一问题，并由此发问：“什么是可以学习的组织（What is organization that it might learn）？”（Argyris & Schon，1978）事实上，组织理论学家并不将组织视为生物体，而是视为一种建构（Hedberg，1981），即组织只能凭借作为生物体的组织成员行事。其次，这一隐喻的使用暗示着个体与组织间存在一些类似特征。然而，作为有机体的个体特征与作为抽象建构的组织特征很难具有相似点。再次，组织学习依赖于个体学习。通常，隐喻的使用将本域（source）与目的域（target）分离。组织学习虽然超越个体学习的简单总和，但却毋庸置疑地必须通过个体学习实现。最后，认知视角还忽略了组织学习过程的社会与文化方面。

2.1.4　组织学习文化视角研究回顾与评述

到目前为止，大多数组织学习的界定与研究是基于行为或认知视角的。近年来，一些学者开始意识到社会文化情境对于组织学习的重要性，认为应该从文化的角度来研究组织学习，其代表性人物包括圣吉、沙因、埃里克·唐、库克与严依等。其中一些代表性学者的观点与研究具有重要意义。

（1）组织文化与组织学习

组织文化这一术语是在 20 世纪 80 年代提出的。当时，日本企业竞争力的快速增强，使许多学者发现日本企业的文化特征是促使企业发展的重要因素，由此开始对组织文化进行研究。组织文化的定义很多。国内比较有影响力的是周三多教授（2005）的定义：组织文化是组织在长期的实践活动中所形成的，并且为组织成员普遍认可和遵循的具有本组织特色的价值观念、团体意识、工作作风、行为规范和思维方式的总和。国外比较有影响力的定义源自沙因的《组织文化与领导力》一书。书中，沙因将组织文化界定为：一个特定组织在学习应对外部适应问题和内部整合问题过程中发明、创造或发展起来的一些基本假设。这些基本假设因为有效，被授予组织新成员，成为他们感知、思考问题的方式。从这些定义我们可以看出，组织文化的核心是被组织成员普遍接受的假设、价值观与信念，而在表层则表现为行为规范、组织惯例等（Schein，1985）。

沙因认为，在动荡变革的世界，企业必须要不断地更快地学习，需要具有“永久学习系统”功能的组织文化。他指出：组织现有的文化形态和活动是组织过去学习的结果，对组织文化的敏感和评判则是促发组织学习的基础。此外，组织存在多种亚文化，允许组织成员对其进行比较鉴别，这实质也是一种学习的过程。因此，组织学习就是组织文化的建构过程（Schein，1985）。

道奇森认为，以往对组织学习的研究主要在经济学和管理学两个学科范畴内进行，前者把学习简单归结为商业活动数量上的增加，而后者则把学习等同为竞争效率的持续提升，这两者都过于强调学习的效果，而忽略了学习的真实含义。他认为，组织学习受到组织文化的限制，是特定文化范围内企业围绕自己的核心商业活动建设、补充、调整知识结构和商业运作程序的过程（Dodgson，1993）。

沃特金斯和马席克（Watkins & Marsick，1993）提出：在组织中营造支持信息获取、学习成果传播与共享、认可并奖励学习行为的文化十分必要。

库克和严侬将组织视为文化实体，并认为组织学习的文化视角不是对认知理论的否定，而是对认知理论的补充。他们从文化视角进一步阐述了组织学习，认为“组织学习就是小组获得能够使它执行集体活动的知识的过程”，组织学习通过组织成员实施这一过程毋庸置疑，但当组织成员共享知识、集体行动从而发展出集体知识时，组织情境中的个体学习即可视为“组织”学习。他们指出，组织是由成员集体行动构成的文化实体。组织将组织知识和诀窍编码形成组织文化工具（cultural artifacts），通过这些文化工具，组织成员创造的主体间性意义（intersubjective meaning）得以表述，组织价值观与信仰得以传递（Cook & Yannow，1993）。

迪贝拉、尼维斯和顾尔德（DiBella，Nevis，& Gould，1996）提出，作为社会系统，组织是经验学习自然发生的场所。组织文化作为集体共享的体验，成为习得知识的储存处以及知识和能力通过组织社会化过程在组织成员间进行传递的媒介。

马夸特（Marquardt，1996）强调了组织文化在促进持续学习和持续改进过程中的重要性。

埃里克・唐（1997）认为组织学习涉及社会文化过程与学习机制的组合。

德龙（De Long，1997）指出，“组织学习与文化是息息相关的……组织在创造、传播和运用知识的过程中必须同时改变文化来支持新的组织行为”，文化再造是组织学习的核心内涵。

卡兰通（Calantone，2002）指出：公共与私有性质的组织越来越意识到文化作为学习意愿与动力的基本前提是多么重要。

以上学者均从文化视角的不同侧面陈述了研究组织学习的重要性。他们提出要支持组织学习，必须营造组织学习文化。他们的研究开始吸引学界对组织学习文化的关注，主要研究领域集中在组织学习文化的界定、评估与作用等方面。

（2）组织学习文化界定

对于组织学习文化的定义并不存在一种普遍被接受的界定。一些学者认为组织学习文化是组织学习与组织文化的整合体，很多学者在探讨组织学习文化时将融合在学习型组织的概念中加以讨论。

圣吉（1998）与坎宁安（Cunningham，1999）在述及学习型组织时，认为学习型组织是这样一种组织——这些组织清楚组织学习的战略重要性，并有意识地将利于组织学习的价值观、过程和管理嵌入组织文化中。虽然，圣吉等并未对组织学习文化进行明确的界定，他们对学习型组织的描述实质上体现了组织学习文化的核心，而且在其著述中多次出现“学习文化”一词。

沃特金斯和马席克在研究学习型组织的过程，看到了组织学习文化的关键地位，并将其视为一种支持信息获取、信息传播与共享的文化，这种文化强调持续学习与知识应用对于组织成功的重要性，将学习融入组织过程的方方面面（Watkins & Marsick，1993）。

马夸特（Marquardt，2002）认为：学习型组织是那些将学习视为成功关键要素的组织。在这样一种组织文化中，学习成为组织功能习惯性的、不可分割的一部分。他的定义同样从学习型组织的视角探讨了组织学习文化。

近年来，特别是在 2000 年以后，一些学者逐渐意识到组织学习文化是一个虽然与学习型组织紧密相关，却有所区别的概念。一些研究者开始独立定义组织学习文化，使之区别于学习型组织的概念。

斯内尔（Snell，2001）将组织学习文化定义为一种认可并重视员工固有个体价值的文化。这一定义包含三方面的重要内容：第一，拥有浓厚学习文化的组织注重员工发展；第二，拥有浓厚学习文化的组织为员工提供持续学习的机会；第三，因为在工作中学习涉及试验、承担风险和创造性探索，拥有浓厚学习文化的组织在工作任务执行方面给予员工一定的自主权。

约翰斯顿和霍克（Johnston & Hawke，2002）认为，组织学习文化可以定义为组织内支持与鼓励组织及其成员进行持续学习的一组态度、价值观和实践。

赫兹佩思（Hudspeth，2004）结合加文（Garvin，1993）、霍夫斯泰德（Hofstede，1991）和沙因（Schein，1985）等学者的观点，将组织学习文化定义为：代表组织核心价值观与共享假设的，有利于个人与集体学习过程的可见实践，它通过社会化过程传递至组织成员。这些实践使组织能够通过其成员变得擅长创造、获取和转移知识以及修正其行为以反映或产生新知识与洞见。

赫尔特、赫尔利和奈特（Hult，Hurley，& Knight，2004）认为：组织学习文化是组织在多大程度上致力于学习的表征。组织学习文化也代表了某种旨在提高组织学习能力组织特质或导向。赫尔特等将这种学习导向分为四大因素：①致力学习，即组织在多大程度上重视并促进学习；②共同愿景，即弥漫于整个组织范围内的对于学习的关注；③开放心智，即批判性评估组织运作惯例与接受新思想的意愿；④组织内知识共享，即有关在组织内部不同单位间传播知识的共同信念和行为惯例。基于此，坎德米尔与赫尔特（Kandemir & Hult，2005）将组织学习文化定义为一种二阶构念（second-order construct），指一些重视和促进学习的行为与过程。

贝特与卡索内（Bate & Khasawneh，2005）指出，组织学习文化是一种组织现象，它支持信息的获取、学习成果的传播与共享，强化并支持持续学习，实现利用学习促进组织的进步。

基于沙因和加文等人的研究，卡拉维（Kerlavaj，2007）提出：组织学习文化是有关组织功能运作的一套规范与价值观，这套规范与价值观支持使用系统性的深度方法，通过信息获取、信息理解和行为与认知的改变，实现更高层次的战略性和产生性组织学习。

那么组织学习文化与学习型组织是什么样的关系呢？本研究认为：组织学习文化与学习型组织是两个紧密联系而又有所区别的概念。学习型组织是一种组织形态，一种从组织结构、组织文化以及组织政策与实践各方面支持学习、知识分享与创造的组织。组织学习文化则是学习型组织的文化实质，体现在其组织成员与组织整体对学习持有的价值判断、假设、信念以及组织惯例中。学习型组织是一种理想的组织，正如彼得·圣吉曾经所说的那样，没有一个组织可以说自己已是学习型组织。目前人们对学习型组织的描述只是有限程度的近似。与之不同的是，组织学习文化同一般意义上的文化一样，是可以感知的，可以通过长期持续的建设，沿着无限的连续统一体朝着更为良性的学习文化发展的。营造组织学习文化是组织朝着学习型组织的理想迈进的必要前提。

（3）组织学习文化评估

对于组织学习文化的测量与评估，学者们各抒己见，其中最具有代表性的是以下几位学者的研究。

克兰和桑德斯（Kline & Saunders，1998）提出 36 项要项作为评估组织学习文化的依据，其中有 6 项极具意义，其分别为：

①在组织中有正式结构与非正式结构计划鼓舞成员彼此分享学习成果。

②组织能为问题解决与学习而计划。

③在组织每一层级中，学习是被期望且受鼓舞的。

④人们对于组织怀有愿景并能适应工作形态/风格。

⑤组织能够鼓励成员并提供资源促使成员成为自我导向的学习者（self-directed learner）。

⑥了解自身与他人的学习风格以促进沟通与组织的学习。

马席克和沃特金斯（2003）提出了评估组织学习文化的七维度模型。他们认为：重视学习的组织具有 7 个方面的特质，分别为：创造持续学习机会，促进探询与对话，鼓励团队学习与合作，建立获取与分享学习成果的体制，授权员工形成共同愿景，将组织与环境相联系，以及为学习提供战略领导。在此基础上，他们开发了组织学习文化量表，并对量表的信度和效度等进行了检验。

贝特与卡索内（Bates & Khasawneh，2005）开发了一套组织学习文化量表。该量表包含 3 个分量表，即知识不确定性（knowledge indeterminacy）分量表、学习纬度（learning latitude）分量表和组织一致性（organizational unity）分量表。知识不确定性分量表主要衡量的是组织成员对以下信念的感知强度：组织知识并非固定，任何人都可以成为学习源与知识源。学习纬度分量表旨在衡量组织成员在多大程度上相信员工个体可自由成为独立思考者，并能够自由地尝试、促进新创意。组织一致性分量表旨在衡量所有组织成员在多大程度上拥有共同目标，并为组织与权益相关者的利益努力工作。

卡拉维（Kerlavaj，2007）从信息获取、信息释义以及行为与认知改变 3 个维度来测量组织学习文化。其中，信息获取维度包含了组织对信息获取的重视，对不同信息来源重要性的感知，对信息获取的鼓励政策等；信息释义维度包括信息释义渠道（如团队会议、论坛、公司局域网等）以及释义信息（interpreted information）的特点。行为与认知改变包括对环境压力的适应性、产品/服务质量与数量的改变、新型营销方式的引入、沟通效率的改变、企业信息系统的效率的提高，以及运营技术、速度的改进等。

在以上各种组织学习文化的评估工具中，马席克和沃特金斯（Marsick & Watkins，2003）是最常用的。伊根、杨百寅与巴特利特（Egan，Yang，& Bartlett，2004），赫兹佩思（Hudspeth，2004），王晓辉、杨百寅和麦克莱恩（Wang，Yang，& McLean，2007）和朱（Joo，2009）等多位研究者都运用其问卷来测量组织学习文化。

（4）组织学习文化的作用

关于组织学习文化的作用，学者们从理论和实证研究着手，提出了一些见解，获得了一些相关实证结果。

费欧和莱尔斯（Fiol & Lyles，1985）认为：长期而言，组织学习文化通过影响行为进而影响绩效的改进。赫尔利和赫尔特（Hurley & Hult，1998）与赫尔利（Hurley，2002）认为，组织层面的学习文化可以塑造个人的行为，进而影响组织创造知识和储存知识的程度。具有强有力的学习文化的公司擅长创造、获得和转移知识，并擅长修正组织行为以反映新知识和洞见。换言之，组织学习文化通过改变组织行为和认知，获得更佳的学习结果，带来绩效的提升。赫兹佩思（Hudspeth，2004）也指出：“通常，文化，包括组织文化，本质上变化缓慢，趋于保守。然而，学习，特别是挑战假设与现有目标的学习可导致行为模式、思维模式与价值观发生改变。因此，组织学习文化可促进组织成员对现有战略中固有假设与目标提出质疑，从而对变化的环境做出及时反应。”他通过实证研究，得出了组织学习文化对组织响应能力有显著正向影响的结论。

一些学者认为，组织学习文化是影响组织学习能力，进而影响组织智能的重要方面。戴维森（Davidson，2001）在其研究组织学习能力评估的博士论文中，着重从组织学习文化的角度探讨了组织学习能力评估维度，认为学习文化是组织学习能力强弱的有效指针。这也暗含了组织学习文化对于组织学习能力的强大影响。坎德米尔与赫尔特（Kandemir & Hult，2005）构建了合资企业组织学习文化与组织学习关联性的概念模型，指出组织学习文化通过影响个体行为，进而影响组织知识创造与储存。

在组织绩效方面，沃特金斯和马席克（Watkins & Marsick，2003）认为：优先考虑学习和发展的组织通常可改善雇员工作满意度、生产率和盈利性。伊根等（Egan et al.，2004）研究了组织学习文化对组织离职率的影响，结果发现更高层次的组织学习文化通常导致较低的离职意愿。坎德米尔与赫尔特提出了组织学习文化通过影响组织创新文化与创新能力进而影响组织绩效的概念模型。贝特与卡索内（Bates & Khasawneh，2005）在约旦针对28个组织450名雇员的实证研究显示，组织学习文化影响学习成果转移氛围，进而影响组织创新绩效。库马尔（Kumar，2005）的研究表明：营造学习文化有助于组织内个体与群体知识的收集、组织、分享和分析，并将影响组织绩效。林（Lin，2006）通过实证研究发现：组织学习文化对于提高组织吸收能力和创新能力起着关键作用，进而影响组织绩效。

从上述研究中我们可以看到，组织学习文化对于个体的创造性、组织的创造性、环境响应力以及组织绩效等变量均有积极的影响。超过竞争对手的学习速度已经成为唯一可持续的竞争优势以及获得卓越绩效的制胜法宝。在现代企业中，培养一种倾向于高层次组织学习的文化至关重要。事实上，营造学习文化正成为当代组织战略规划的主导课题（Walsham，2002）。

（5）现有研究评述

虽然组织文化本身并非一种能力，但无疑是一种重要的组织资源。它虽然不能直接给组织带来更高的绩效，但是，它有助于发现、开发与利用一些能产生更佳绩效的能力与组织特质。正如霍尔（Hall，1993）验证的那样，一些无形的组织内部资源，如组织文化和诀窍可带来竞争优势。从文化意义上讲，组织学习文化可以创造并保持必要的条件和资源来促进组织竞争优势的建立、保持与提高。

那么组织学习文化是通过创造并保持什么样的条件和资源来实现组织绩效提升的呢？从上述文献综述来看，目前的研究主要集中在组织行为的改变、组织常规的变革、组织学习能力的提升等中介因素方面，而且多为理论研究。关于组织学习文化对员工工作行为及行为背后工作态度的影响的研究尚不多见。因为个体工作态度与行为是组织行为的重要组成部分，直接影响员工工作绩效，进而影响组织绩效，因此探讨组织学习文化对于员工工作态度的影响不容忽视，这也成为本研究的一大动机。

鉴于目前员工工作态度研究中，工作满意度和组织承诺是两大重要方面，因而，本研究选择它们作为研究的结果变量。以下分别将对二者的研究进行梳理和回顾。

2.2　工作满意度研究综述

工作满意度是工业与组织心理学中最重要、最受关注的研究变量之一，它不仅被组织行为学家、工业/职业心理学家、社会心理学家所青睐，也得到了组织管理者和员工的共同关注。工作满意度研究关注的问题主要包括工作满意度的定义、工作满意度的测量、工作满意度的影响因素和产生机制、工作满意度与工作绩效等组织行为结果变量的关系等。本部分将就工作满意度理论基础、定义、测评与影响因素进行回顾和评述。

2.2.1 理论基础

工作满意度的理论基础主要在于社会心理学和激励理论。1912 年，梅奥的霍桑实验作为行为科学的里程碑，变革了激励理论。霍桑实验的发现将激励理论的聚焦点从金钱转向人际关系，为员工需求满足的研究开创了先河。同时，霍桑实验也树立了新的管理哲学：一个工业组织要求的生存和发展，需要获得具有高生产率和高工作满意度的劳动力。这一转变为需求和激励理论的产生创造了良好的环境。

1943 年，马斯洛提出了著名的需求层次理论，把需求分成生理需求、安全需求、社交需求、尊重需求和自我实现需求 5 个层次，依次由较低层次到较高层次。该理论的基本假设包括：未满足的需求引致行为；需求从简单到复杂，有层次之分，只有当低层次的需求得以满足后，更高层次的需求才具有激励作用。

对于马斯洛的理论，研究者们提出了不同的批评和质疑。爱德华和劳勒（Edward & Lawler）收集了不同组织中 187 名主管人员的数据研究其需要层级，结果未找到证据支持马斯诺的需要层级理论。霍尔和诺盖姆（Hall & Nougaim）的研究结果同样未能说明需要有层次（韦里克、孔茨，2004）。伯尔、威廉姆逊和鲍威尔（Berl，Williamson，& Powell，1984）批评其术语比较模糊，研究方法缺乏严谨性。

虽然马斯洛的理论受到了诸多非议，但他的理论影响了很多学者，包括奥尔德弗（Alderfer）、赫茨伯格（Hertzberg）、麦克利兰（McClelland）和麦克雷戈（McGregor）等人。他们在马斯洛的理论基础上发展了需求和激励理论。赫茨伯格等提出了双因素理论，即将与工作满意相关的因素称为满意因素或激励因素；将与工作不满意相关的因素称为不满意因素或保健因素。奥尔德弗对马斯洛的需求层级理论进行了修订，提出ERG（生存需求、关系需求和成长需求）理论，认为实现自己的愿望才能得到满意。麦克雷戈强调个人具有成就、亲和、权力3种需要。另外，弗鲁姆的期望理论指出：工作满意度取决于个体期望与实际取得成就相一致的程度，人们只有在从工作中得到的回报大于自己的期望值时，才会对工作满意。如果从工作中得到的回报小于期望值，就会对工作不满意。亚当斯提出公平理论，认为工作满意度的产生来自员工将自己的收益和他人相比较的结果，也就是说员工所有的不满意和满意几乎都源于自己“比较”后的公平感知。洛克提出目标设定理论，认为具有挑战性的工作目标具有激励作用。这些理论形成了工作满意度理论的基础，对后来的研究产生了深远影响。

2.2.2 工作满意度定义

最早正式提出工作满意度这一概念的学者是霍波克（Hoppock）。他于1935年在《工作满意度》一书中提出，工作满意度是工作者心理与生理两方面对环境因素的满足感受，即工作者对工作情境的主观反应，是一种在生理、心理和环境等各因素方面满意感受的综合。在这之后，工作满意度成为诸多学者竞相探讨的课题。据洛克（Locke，1976）的估计，仅1935~1976年就有3000多篇有关工作满意度的研究论文发表。学者们在研究工作满意度时，因研究对象的不同而采取不同的理论架构，对于工作满意度的描述也就不尽相同，因此至今没有一个公认的工作满意度概念。综观各种不同的定义，中国台湾学者徐光中（1977）将其大致分为整体性定义、期望差距性定义和参考架构性定义三类。本书认同这种分类方式，以下就这种分类方式对工作满意度的经典定义进行阐述。

第一类：整体性（overall satisfaction）定义。这类定义将工作满意度看作一个单一概念，即员工对其工作及有关环境所持的总体态度，不涉及工作满意度的各个方面和工作满意度形成的原因与过程。洛克（Locke，1969）的定义“工作满意度是员工因工作成就感或工作促成价值实现而产生的愉悦情感状态”；弗鲁姆（Vroom，1973）的定义“工作满意度是指员工对其在组织中所扮演角色的感受或情感反应”；费希尔（Fisher，2000）的定义“工作满意度是对工作的态度”。三者均属此类定义。

第二类：期望差距性（expectation discrepancy）定义。这类定义认为员工工作满意度取决于员工期望获得的价值与实际获得价值之间的差异。差距小，满意程度大；反之，差距大则满意程度小（Porter & Lawlar，1968）。波特和斯蒂尔斯（Porter & Steers，1973）进一步将“未满足期望”定义为“个人在工作中遭遇的正面或负面经历与在进入组织前的期望之间的差距”。例如，帕克等人（K.M.Conrad，K.J. Conrad，& Parker，1985）将工作满意度定义为“个人需求感知与对工作报酬感知间的匹配”。克莱尼、史密斯和斯通（Cranny，Smith，& Stone，1992）认为工作满意度是基于员工对期望结果和实际结果比较基础上的对工作的情感反应。

第三类：参考架构性（frame of reference）定义。支持此定义的学者认为：影响人们态度及行为的最重要因素并非组织或工作环境中的客观特征，而是人们对于这些客观特征的主观知觉及解释，这种知觉与解释受个人自我参考架构的影响（蔡林亮，1993）。例如：史密斯、肯德尔和胡林（Smith，Kendall，& Hulin，1969）认为，工作满意度是员工基于其参考架构对工作特征的理解结果，某种工作情境是否影响员工工作满意度涉及许多其他因素，如员工对工作好坏的比较、与其他人的比较、员工个人的能力以及过去的经验等。

以上三类工作满意度定义间存在较大差别。整体性定义将工作满意度视为一种单一概念，反映员工心理层面的总体感受或情感，没有考虑工作特征因素的变化带给员工的感受。期望差距性定义强调员工对工作所得报酬与自身期望间差距的比较，忽略了工作本身可以带给员工的满足感。参考架构性定义强调工作满意度是员工对工作特征因素加以释义后获得的满足感，这些因素包含工作层面、个人因素、工作本身等。这类定义对工作满意度的研究影响较广。

2.2.3 工作满意度测度

从上述定义可知，对工作满意度的描述有单维与多维之分。基于此，工作满意度调查多采用两种评估方法：单一整体评估法（single global rating）和工作要素总和评分法（summation score）（罗宾斯，1997）。

单一整体评估法用来评价总体态度，只要求被调查者回答对工作的总体感受，如“就各方面而言，我满意自己从事的工作”。这种评估法较为简便、经济，可以从总体上了解员工对工作的整体满意度水平。但是它的缺点在于无法了解员工对工作各个方面的态度，因而无法对企业存在问题的具体环节进行诊断。

工作要素总和评分法则把工作满意度分成若干维度，用多种要素来评价员工的工作满意度。这种评估法比单一整体评估法复杂、繁琐，但能获得更详细的评估资料，便于企业发现问题，采取相应措施，提高员工的工作满意度。目前，国内外学者大多倾向于这种评价法，大多数工作满意度测量问卷属于此类，如工作描述指数问卷（JDI）、工作诊断问卷（JDS）、工作特征模型（JC-Model）、工作要求控制模型（JDC-Model）、要求控制支持模型（DCS-Model）和明尼苏达工作满意度调查表（MSQ）。其中最为常用的是以下两种：

（1）工作描述指数问卷（Job Descriptive Index，简称JDI）。由史密斯等（Smith et al., 1969）心理学家设计的工作描述指数量表，包括工作本身、薪酬、上级管理水平、晋升和同事5个方面的关键维度。每个维度用9个或18个条款测量组成，每一个测量条款都有具体分值，将各个测量条款的分值加总就可以得到员工对工作各个方面的满意度。

（2）明尼苏达工作满意度调查表（Minnesota Satisfaction Questionnaire，简称MSQ）。韦斯等（Weiss et al., 1967）设计的明尼苏达工作满意度调查表（MSQ）分为长式量表和短式量表。MSQ长式量表包括20个分量表和100条测量条款，可测量员工一般满意度和对工作稳定性、薪酬、同事、创造性、独立性等21个工作方面的满意度。MSQ短式量表包含内在满意度、外在满意度和一般满意度3个分量表，测量条款内容涉及能力使用、独立性、成就、升迁、权威、公司政策和实施、报酬、同事、创造性、道德价值、赏识、责任、稳定性、社会服务、社会地位、人际关系、监督—技术、变化性和工作条件等。

2.2.4 工作满意度影响因素

根据前人的研究，我们不难发现，工作满意度的影响因素数量众多。据布朗和彼得森（Brown & Peterson，1993）的统计，截至1993年，学者们已经提出了超过30个前因变量。本书归纳了主要学者的研究，将工作满意度影响因素进行了归纳，如表2-2所示。

表2-2 工作满意度影响因素

研究者	时间	工作满意度影响因素
Hoppock	1935	疲劳、工作单调、工作条件和领导方式等
Vroom	1962	组织本身、升迁、工作内容、直接主管、金钱待遇、工作环境、工作伙伴
Fournet Distefano Priver	1966	个人特性因素：年龄、教育程度、智力、性别、职业水准 工作特性因素：组织及管理、上司的监督、社会性环境、沟通、工作安全、工作单调性、工资

续表

研究者	时间	工作满意度影响因素
Smith Kendall Hulin	1969	工作本身、上司督导、工作伙伴、薪资和升职
Locke	1973	工作本身、工作报酬、工作环境、行为者本身、公司内或公司外的其他人
Seashore Tabor	1975	环境变量：政治经济环境、职业性质、组织内部环境、工作与工作环境 个人属性：人口统计特征、稳定的人格特质、能力、情境人格、知觉、任职和期望等
Hackman Oldham	1976	技能的多样性、任务的一致性、任务的重要性、自主权和工作的反馈
Klinger	1983	稳定的雇佣、升迁机会、满意的报酬
Arnold Feldman	1986	工作本身、上司、金钱上的报酬、升迁、工作环境与工作团体
Bobbins	1991	智力、挑战性工作、公平奖赏、工作条件支持、同事的支持、适合个人性格的工作
Brown	1993	工作结果、个人差异、角色知觉、组织变量
俞文钊	1996	个人因素、领导水平、工作特性、工作条件、福利待遇、工作报酬和同事关系
Spector Jex	1991	工作与工作环境：工作特性、员工待遇、组织内人际关系、工作—家庭冲突、工作日程、报酬 个人因素：个性、先前经验等
Taylor	1999	工作本身、与上司关系、与同事关系、薪资、奖励
Refiner Zhao	1999	人口属性：种族、性别、教育、年龄、符合员工特性的工作分配 工作环境：员工对工作环境、经验特色的感觉
张勉	2001	报酬、晋升、沟通管理制度、工作性质、福利、认同感、上司和同事（按影响强弱排序）
胡蓓 陈建安	2003	工作本身：工作内容和工作自主权 工作关系：同事关系、上下级关系以及组织内的集体活动 工作环境：工作条件、工作时间、组织文化和管理政策（针对我国脑力劳动者）

资料来源：Brown, S.P. & Peterson R.A. Antecedents and Consequences of Salesperson Job Satisfaction: Meta-analysis and Assessment of Causal Effects[J]. Journal of Marketing Research, 1993, 30(1): 63-77.

总结上述学者的观点，工作满意度的影响因素可以归为三大类：个人因素、工作因素和环境因素。学者们虽然在此问题上尚无定论，但普遍认为，工作满意度绝非仅受某一类变量的影响，应是受多种变量的共同影响。

2.2.5 工作满意度研究述评

多年来，对于工作满意度已经有了大量的研究，理论基础雄厚。然而，综观文献，尽管已存在大量的工作满意度前因变量的研究，但学界对组织文化，尤其是组织学习文化作为工作满意度前因变量的研究尚不多见。对于身处知识经济时代的员工而言，学习对于个人成长与可雇佣性的重要性不言而喻，因此，探讨组织学习文化对员工工作满意度的影响有待丰富。

2.3 组织承诺研究综述

承诺一词在管理学上包含三个子范畴，即工作承诺、职业承诺与组织承诺。本研究着眼于员工的组织承诺，故仅对组织承诺做相关文献综述。

组织承诺这一概念最早由美国社会学家贝克尔（Becker）于 1960 年提出。几十年以来，心理学、组织行为学、人力资源管理等领域研究者基于不同的角度对组织承诺展开了多方面的研究，其中包括组织承诺的界定、组织承诺的结构、承诺的指向、组织承诺的度量、组织承诺的因果变量和组织承诺的形成过程等。

2.3.1 组织承诺的定义与结构

组织承诺的定义是一个颇具争议的问题。研究者往往从各自的研究视角对组织承诺进行定义，形成各异的观点。按照提出的时间，组织承诺的经典定义如下：

贝克尔（1960）提出了单边投入理论（Side-bet Theory），将组织承诺视为员工随着对组织投入的增加而不得不继续留在该组织的一种心理现象。他认为，组织承诺是员工与组织之间一种基于经济交换基础上的契约关系。随着员工对组织“单边投入”的增加，即随着员工对组织在时间、精力甚至金钱上投入的增加，离职会使他们遭受很大的损失。由于知觉到这种潜在的损失，员工不得不留在现在的组织中。

波特等学者（Porter et al., 1974）认为组织承诺是员工为组织尽力的意愿、留在组织中的强烈愿望以及对组织目标和价值观的接受。波特和他的合作研究者们将组织承诺定义为“个体对特定组织的认同和投入强度”，具体表现为三种心理特质：一是忠诚，即继续留在组织的愿望；二是参与，即愿意为组织付出相当大的努力；三是认同，即对组织的目标与价值观的接受与认同。

海宾纳克与阿卢托（Hrebiniak & Alutto，1972）在贝克尔的单边投入理论基础上提出：组织承诺是员工为了获得更高的报酬、职位、职业自由度或更好的同事关系而留在组织的意愿。

布坎南（Buchanan，1974）把组织承诺定义为“个人对所属组织目标和价值观的认同，个人与组织目标和价值观的关系，以及由于这种认同和关系而带来的个人对组织的情感体验”。

萨兰西克（Salancik，1977）在运用社会信息加工模型讨论行为和态度之间的联系中，将组织承诺定义为“个人对某一特定组织的依赖并依此表现出的相应的行为”。

莫迪、波特和斯蒂尔斯（Mowday，Porter，& Steers，1979）将组织承诺定义为个人对组织的一种态度或肯定性的内心倾向，是个人对特定组织认同和投入的相对程度。后来，他们将组织承诺区分为态度承诺和行为承诺，认为态度承诺反映员工与组织间关系的本质与过程，是个体考虑其自身目标和价值与组织目标和价值相一致的程度的观念集合；而行为承诺则关系到个体逐渐约束于某一特定组织的过程。

迈耶和艾伦（Meyer & Allen，1991）认为组织承诺是一种心理状态，这种状态反映雇员与组织关系的特点，影响雇员的去留决策。在随后的研究中，迈耶等在不改变承诺核心要素的前提下，将组织承诺重新定义为“一种能够将个体与一个或多个目标的实现过程结合在一起的驱动力或思维定式”。

基于莫迪等（Mowday et al., 1979）的定义，凌文铨、张治灿和方俐洛（2000，2001）把组织承诺定义为“员工对组织的一种态度，可以解释员工为什么要留在某企业，因而也是检验员工对企业忠诚程度的一种指标”。

多年来，研究者从不同学科赋予了组织承诺各自的意义，形成了组织承诺定义的“丛林”现象。组织承诺的研究者们往往致力于形成自己的定义，自主开发出量表进行测量，而对别人的研究很少关注，因此现有的组织承诺定义存在很严重的概念冗余。

针对组织承诺定义的“丛林”现象，本书在其他研究者分析的基础上对其进行了梳理。纵观组织承诺的研究，组织承诺概念经历了一个从单维向多维发展演变的过程。

（1）单维观

在20世纪90年代以前，组织承诺研究者主要将组织承诺视为单维概念。这一时期的组织承诺研究可以分为行为说和态度说两类观点。

行为说认为组织承诺是员工为了不失去已有位置和多年投入所换来的福利待遇而不得不继续留在该企业内的一种承诺，聚焦于成本—收益以及系统成员资格的维持（Somers，1995），主要关注使行为得以重复的情形以及行为对态度的影响。

态度说认为组织承诺是个人对组织的一种态度或肯定性的内心倾向，是个人对某一特定组织感情上的依附和参与该组织的相对程度。在某种程度上，组织承诺被认为是一种心理契约或心理集合，是个体考虑他们自己的价值和目标与组织的价值和目标相一致的程度。

（2）多维观

在20世纪90年代，单维的观点因为缺乏理论基础和操作性逐渐让位给多维观。多维观为人们全面理解员工—组织联系提供了基础，因而目前被认为是承诺研究更为适当的视角。然而，研究者对于承诺的确切维度和性质仍存在分歧，出现了组织承诺的二维观、三维观等。

①二维观

劳勒和霍尔（Lawler & Hall，1970）把组织承诺分为态度承诺与行为意图承诺两方面。态度承诺是员工对组织的认同、对组织工作角色的投入与对组织的感情和忠诚；行为意图承诺指的是成员为组织努力和留在组织的意愿。

1984年，迈耶和艾伦将布坎南、波特提出的承诺命名为“感情承诺”，将贝克尔提出的承诺命名为“继续承诺”，并在此基础上提出了组织承诺的二维模型。其中，感情承诺反映的是员工对组织的感情依附、认同与投入，反映了雇员出于对组织的感情留在组织的愿望，包含员工自豪感、对组织价值观的认同以及为组织利益自愿做出牺牲和贡献的意愿等。继续承诺是员工为了不失去多年投入所换来的福利待遇和地位而不得不继续留在该组织内的一种承诺。这种承诺建立在经济原则的基础上，具有浓厚的交易性质。迈耶与库曼（Mayer & Schoorman，1992）也提出了一个组织承诺二维模型，包含继续承诺与价值承诺两个维度。

②三维观

坎特（Kanter，1968）研究了乌托邦社会中的承诺机制，提出三类承诺：认知—继续承诺（产生于与继续参与组织相联系的利益和离开相联的损失）、结合承诺（个人对组织的情感积淀）、控制承诺（忠诚于决定行为导向的规范）。

欧莱利与查特曼（O’Reilly & Chatman，1986）认为组织承诺可呈现为三种形式，并将其分别命名为顺从（compliance）、认同（identification）、内化（internalization）。如果个体采取一种态度和相应的行为是为了获得具体报酬，属顺从承诺；当个体接受影响，建立或保持一种令人满意的关系时，出现认同承诺；如果个体接受影响是因为被鼓励的态度和行为与现有价值观相一致，则属内化承诺。

1990年，迈耶和艾伦对组织承诺的二维结构进行了修正，形成了组织承诺的三维结构，即感情承诺、继续承诺和规范承诺。感情承诺、继续承诺解释与上述一致。规范承诺（normative commitment）是指员工由于长期受社会影响形成的社会责任而留在组织内的承诺。个体在社会化的过程中，不断地被灌输和强调这样一种观念或规范：忠诚组织是会得到赞赏和鼓励的一种恰当行为，以至于在个体内心中产生顺从这种规范的倾向。同时，从组织那里接受利益或好处也会使员工内心中产生一种要回报的义务感。迈耶和艾伦强调，感情承诺、继续承诺和规范承诺是组织承诺的三个构成要素，而非组织承诺的三种类型。

韩翼和廖建桥（2005）在迈耶和艾伦三维组织承诺的基础上，提出有必要进一步明确组织承诺的定义和维度结构。他们建议重新定义组织承诺，如将组织承诺定义为关系承诺（比感情承诺定义更广泛）、存在承诺（比规范承诺定义更广泛）、成长承诺（更符合个体特征和实际）。这样不仅表现出个体与组织目标和价值的一致性，也表现了组织承诺的时间跨度和感情依附性。同时，将组织承诺看作一个包含行为、态度、过程的空间隐性期望或反馈统一体，扩大了组织承诺的内涵。

③四维观

麦吉和福特（McGee & Ford，1987）研究发现，感情承诺是一种独立的承诺形式，而继续承诺则可以分成三个因素，因此组织承诺是一个四因素变量。但是，他们并未对这四个因素做进一步详细的分析。

斯韦尔斯（Swailes，2002）将组织承诺的概念扩展到行为范畴，分为四种类型：感情承诺、继续承诺、规范承诺和行为承诺。

布劳和盖理（Blau & Gary，2001）将组织承诺分为四个维度，分别为感情承诺、规范承诺、选择限制承诺和累积成本承诺。选择限制承诺是指员工因为缺乏其他选择余地而不得不留在组织的一种承诺。累积成本承诺是指员工考虑到自己已经投入的时间、精力以及经过长期经营建立的人际关系网等，认为离职成本太大而选择留下的一种承诺。

④五维观

余凯成（1985）认为组织承诺有5个层次，由低到高分别为功利性承诺、参与性承诺、亲属性承诺、目标性承诺、精神性承诺。这5个层次的组织承诺不一定是逐次出现或发展的，可能出现跳跃式的发展，也可能几个层次的承诺同时存在于一个行为主体之中。

凌文辁、张治灿、方俐洛（2000）对国内企业员工的组织承诺进行了系统性的研究。研究发现，中国员工组织承诺的结构模型中包含5个因子，即感情承诺、理想承诺、规范承诺、经济承诺和机会承诺。

从上述文献回顾我们可以看出，组织承诺的结构经历了从单维观到多维观的演变，组织承诺的研究正逐步深入。虽然由于组织承诺概念本身的复杂性以及研究角度和研究重点的差异，学界在组织承诺的结构方面呈现出百家争鸣的局面，但是，学者们目前基本认同的一点是，组织承诺是一个多维变量，由不同类型的承诺组成。

2.3.2 组织承诺的前因变量

组织承诺研究的重心之一是组织承诺的前因变量的研究。综合学者们的研究与归类，组织承诺的前因变量可以概括为个体变量、工作变量、组织变量等几个主要方面。

（1）个体变量

大量文献探讨了年龄、婚姻状况、教育程度、人格特征、动机、任职年限和工作经历等个体变量对组织承诺的影响。研究表明，组织承诺与年龄正相关（Sheldon，1971；Hrebiniak，1974；Steers，1977；Meyer & Allen，1984），与教育程度负相关（Koch & Steers，1978；Mowday et al., 1982），与任职年限正相关（Sheldon，1971；Buchanan，1974；Mowday et al., 1979）。崔勋（2003）的研究发现，中国员工的人口统计学特征变量（性别、年龄、婚姻状况、学历等）和职务相关变量（职位、连续工龄、离职次数、晋升概率、晋升次数等）都对员工的组织承诺有显著影响。然而，对于个体变量与组织承诺间的关系，各项研究结果存在较多的不一致。一些学者的研究表明，年龄、性别、种族等独立于组织角色的个体变量对于组织承诺的影响较弱，而任职年限、职位、升迁次数等与员工组织角色相关的变量对于组织承诺的影响较强（Decotiis & Summers，1987）。

（2）工作变量

一些文献探讨了工作挑战性、工作独立性、职位的明确程度、工作场所、工作目标难度、工作稳定性等工作特征变量以及工作满意度对组织承诺的影响，发现组织承诺与工作自主性正相关（Dunham，Grube，& Castaneda，1994），与工作挑战性正相关（Meyer，Irving，& Allen，1998），与工作稳定性正相关

（Yousef，1998），与升迁机会正相关（Gaertner & Nollen，1989），与培训机会正相关（McMurray & Dori，2001）。此外，一些研究验证了工作满意度对组织承诺有显著的正向影响（Mathieu & Zajac，1990；Chen et al., 1998）。

（3）组织变量

组织特征变量包括组织支持、组织可依赖性、公平性、管理层对新观点的接纳程度、集体工作精神和组织文化等。日本学者（Tao et al.，1998）分析了组织气氛、管理行为、组织经历和任务明确性对组织承诺的影响，结果表明它们都对组织承诺有很好的预测作用。韦恩和肖尔（Wayne & Shore，2002）的研究表明，员工所感知的组织支持越强，则感情承诺越高。刘小平和王重鸣（2002）采用情景模型试验的研究方法，发现组织支持对组织承诺有显著正向影响。张勉和李树茁（2001）的研究发现，分配公平性对感情承诺和规范承诺有显著影响。

欧莱利（O'Reilly，1989）的研究发现，强势组织文化与组织承诺显著相关。组织文化一致性越高，成员的组织承诺也越高。因此，组织的和谐以及组织成员具有共识并共同信守组织规范，可以提高组织成员的组织承诺水平。雷巧玲、赵更申和段兴民（2006）就员工导向文化与任务导向文化的不同模式对知识员工感情承诺及继续承诺的影响进行了实证研究，结果表明，员工导向文化既有利于知识员工的感情承诺，也有利于他们的继续承诺。

2.3.3 组织承诺的测度

组织承诺的测量工具大致有十几种，其中较为常用的有以下两种。

第一种量表是波特和莫迪（Porter & Mowday）于 1979 年研制的组织承诺量表（OCQ），它从 3 个方面测量组织承诺：①对组织目标和价值观的一种强烈的认同和接受；②愿意为组织贡献自己的力量；③愿意留在组织中。这是最常见的组织承诺的测量工具，具有较好的信度。值得注意的是，OCQ 有长短两个版本。长的版本有 15 个选项，然而，欧莱利等人认为 15 个选项中有 6 个与离职的测量重叠，而将之删除成为短版本。

第二种量表是迈耶和艾伦在继续承诺、感情承诺和规范承诺定义的基础上开发的组织承诺三维量表，包含继续承诺量表（Continuous Commitment Scale，简称 CCS）、感情承诺量表（Affective Commitment Scale，简称 ACS）和规范承诺量表（Normative Commitment Scale，简称 NCS）三个子量表。这一量表在 1997 年被压缩为 18 道题，采用的是 7 点计分法，α 系数分别为 0.770、0.650 和 0.690。

从使用情况来看，OCQ 问卷在 20 世纪 90 年代以前比较流行，同时也遭到了一些学者的批评。例如，雷切尔（Reichers，1985）指出 OCQ 的两个维度与离职意向间存在重叠。20 世纪 90 年代中期以后，使用迈耶和艾伦开发的组织承诺三维量表成为一种新的趋势。

2.3.4 组织承诺研究述评

从以往对组织承诺的研究来看，虽然对于组织承诺的认识，学界并未达成一致，但学者们对组织承诺的认识有如下一些共性，即承诺是一种心理状态，反映了雇员同组织的关系，影响雇员在组织内的去留决策。对组织承诺的结构，目前学者们也倾向于多维观。同时，还产生了一些比较成熟的量表。这些无疑为当前与今后的研究奠定了坚实的基础。

然而，组织承诺的研究还有待进一步深入，主要表现在以下几个方面：

（1）尽管对组织承诺的前因变量研究很多，但大多数研究主要关注个体特征、工作特征和工作经历等变量，对于组织情境因素的关注仍然较少。

（2）现有研究对组织承诺与其他变量间中介变量的考察不足。大部分研究只是简单探索组织承诺与其他变量间的直接线性关系，而忽视了对其中中介变量的考虑，没能深入探究这些变量与组织承诺间关系的形成机理。

（3）一些组织承诺量表中存在概念重叠问题。例如，组织承诺量表（OCQ）部分测量条款包含了行为意图，而行为意图通常被认为是组织承诺的结果变量，而不是组织承诺概念的一部分。

（4）就国内的研究而言，目前关于社会文化因素对组织承诺的影响研究不足，特别是实证研究不足。如果能在组织承诺的研究中引入社会文化变量，探讨中国社会和文化情境对中国企业员工组织承诺的影响，并对此做跨文化的比较，将是非常有现实意义的。

2.4 知识型企业研究综述

知识型企业是知识经济时代典型的经济单元，它利用知识管理代替传统的科学管理方式，使知识成为企业投资的主体，并将企业获得、使用和创造知识的能力视为衡量企业是否成功的标志。伴随着知识经济时代的来临，知识型企业对经济增长的贡献越来越大，加强对知识型企业的管理研究具有重要意义。因为与传统企业的性质不同，知识型企业的管理明显有别于传统企业的管理。因此，对知识型企业的界定与特征分析研究成为了研究知识型企业管理的必要前提。本部分将对知识型企业的界定与特征相关研究进行回顾和梳理，目的是明确研究范畴，为理清研究思路铺垫基础。

2.4.1 知识型企业概念的提出

知识型企业是管理领域的新生事物，这一概念伴随着知识经济概念的提出而提出，在20世纪60年代末到80年代初发展起来，产生的历史并不长。1983年，知识管理大师卡尔·斯威比（Karl Sveiby）发表了《知识型企业》一文，首先界定了知识组织这一知识经济时代最重要的企业组织形态，并对知识型组织的组织特性、生命周期、治理结构和成功要素等进行了系统研究（Sveiby，1983，转引自樊治平，2003）。1987年，斯威比与汤姆·劳埃德合著了《知识型企业的管理》一书，可以说是研究知识型企业的开山之作。书中指出：知识型企业是生产和销售知识的企业。这些企业把自己的知识销售给了为顾客提供产品和服务的公司。知识型企业拥有天才的、以自我为中心的、高素质的员工，他们在工作中需要利用创造性去解决复杂问题。发展知识型企业的唯一途径是开发人才（Sveiby，1987，转引自樊治平，2003）。德鲁克（Drucker，1988）在《新型组织的出现》这篇经典论文中指出：由于信息技术的发展，企业将进入新的形态——由专家团队构成的知识型企业。这种企业以知识为基础，员工主体由体力员工转向知识员工。这类企业组织结构扁平，管理层级将减少1/2，管理人员将减少2/3，工作任务将由跨部门的、以任务为中心的专家团队来完成。职能部门只是作为资源、技术和人员的基地及标准的提供者而存在。组织形式将超越矩阵模式，协调和控制更多靠员工自律。员工们根据来自同事、客户和上级的大量信息，自主决策、自我管理。

2.4.2 知识型企业的界定

自知识型企业这一概念提出后，西方学者们对知识型企业有不同的说法，如知识密集型企业（knowledge-intensive firms）、基于知识的企业（knowledge-based firms）、知识企业（knowledge firms）和智力型企业（intellectual firms）等。国内学者则有“知识型企业”“高科技企业”和“后现代企业”等提法。日本学者野中郁次郎（Nonaka，1991）、查尔斯·萨维奇（1998）、杰拉与马斯（Gera & Masse，1996）等都对知识型企业的定义进行了界定；国内学者方统法和杨文学（1998）、李东（2001）、杨运杰（2007）、霍国庆（2007）也分别从不同的角度对知识型企业进行了描述。

到目前为止，学术界对知识型企业的界定尚未形成共识，结合李东（2001）的归纳，本研究认为：知识型企业的定义可以包括以下5个方面。

（1）把知识型企业等同于高新技术企业。如舍曼（Sheman，1999）认为，知识型企业是指公司投入高比例的技术研发费用，拥有相当高比例的技术员工，并以产销创新性产品为主要业务的企业。张维迎（1996）所指的高科技企业在某种意义上都是国内知识型企业的较早原形。对于这种定义，目前很多学者持不同意见，例如杨运杰（2007）认为，判断一个企业是不是知识型企业，并不是根据这个企业是不是高新技术企业，而应根据这个企业是不是真正“以知识为基础”，将知识作为主要的生产要素。高新技术企业属于知识型企业，而知识型企业不仅包括高新技术企业，也包括一些已经将知识资本化的传统企业。

（2）从企业产品特点视角定义知识型企业。一些学者把知识型企业作为生产知识产品的企业，认为知识型企业就是应用新技术创造高附加值知识产品的企业。例如，野中郁次郎认为知识型企业就是进行知识创造的经营组织；努尔米（Nurmi，1998）认为知识型企业是“将知识嵌入企业的产品及服务中”的组织；曹仓（2001）认为知识型组织是直接以知识作为其产品，或者以知识生成品作为其产品的社会组织。

（3）从企业组织形态视角定义知识型企业。查尔斯·萨维奇（1998）认为，知识型企业是一种知识联网的组织，是智能化的企业。知识型企业的特征除知识联网之外，还包括组织流程整合、对话式工作、建立虚拟组织和动态协作等。

（4）从知识资源角度出发定义知识型企业。杰拉和马斯（Gera & Masse，1996）认为，知识型企业是将知识作为企业的重要投入或者是把开发新知识作为企业的重要产出的组织。陈志祥（2000）认为，知识型企业是一种以知识为主要的投资主体，以知识投入、知识沟通、知识创新为目的的社会经济组织，即知识型企业是围绕知识组织起来的。拉各斯（2002）认为，知识型企业是“那些明确地把知识运用贯穿其整个企业模式（从基础架构到流程，到产品，到战略）的企业。这些组织集聚资源，以它们所掌握的知识为根本创造最大的价值”。綦振法与王春涛（2002）认为，知识型企业一般指主要的价值来自知识，知识成为企业的投资主体，并以知识的投入、传播与创新为目的的企业。杨运杰（2007）认为，知识型企业是指“以知识为基础的企业”，即以知识为主要投入要素，围绕知识创新为目的，对知识或信息进行生产、存储、使用或传播的经济组织，是相对于传统工业制造企业和服务型企业而言的新型企业，是知识经济重要的微观基础。方统法和杨文学（1998）认为，知识型企业从狭义上讲，是“以知识为对象，对知识进行直接生产加工和分配的企业”。

（5）综合的观点。一些学者综合以上不同角度，对知识型企业进行界定。例如，李东（2001）认为，知识型企业是以知识为第一资源，从事知识产品生产以及为创新提供良好组织框架的企业形态；霍国庆（2007）认为，知识型企业就是以知识或知识员工的智力资本为输入，以知识加工、知识创新和知识传播为主要活动，通过提供知识产品或知识服务来满足顾客的需求，进而实现知识价值最大化和可持续发展的有机体。

总之，学者们从资源要素、组织形态、产品特点等不同角度对知识型企业进行了描述。由于知识型企业是一种新的组织形态，知识型企业在理论研究和实践发展中均不够成熟，再加上知识型企业与一般产业往往是在一个组织中并存的（特别是处于从传统经济向知识经济过渡的时期，这种现象就更加普遍）（疏礼兵、贾生华，2004），因此，到目前为止，人们很难给出一个让各个学科领域的学者都认可的知识型企业的界定。然而，尽管学者们研究的角度不同，所提出的概念也有所差异，但都包含了同一个关键要素——知识。知识是企业获得持续竞争优势的重要源泉，知识型企业必须是基于知识资源，通过创造、运用知识展开经营活动，并提供知识产品和服务的组织。

2.4.3 知识型企业的特征

要深入研究知识型企业，必须比较全面地了解这类企业的具体特征。本书对相关文献进行整理，归纳出知识型企业主要具备以下6个特征。

（1）以知识为资源重心

在知识型企业中，企业的资源重心不再是土地、资本资源，而是知识。这是知识型企业区别于传统工商业企业的根本特征。知识已成为企业最大的投资对象和投资主体（疏礼兵、贾生华，2004）。彼得·德鲁克在《后资本主义社会》一书中指出："在这种社会里，知识就是个人的乃至整个经济的首要资源。土地、劳动和资本（经济学家列出的传统生产要素）并没有消失，但它们是次要的。"由于自然资源的作用降低，资金等生产性资源可以从国际市场获得，知识和技术成为企业提高效率和竞争力的决定因素，这与传统工业依靠自然资源的优势和资本积累完全不同，知识型企业创造财富的动力是"知识驱动"，它比传统"利益驱动"更合理、更高级。从知识的角度看，知识型企业的核心任务是如何加速知识的创造和转化，实现企业能力的提升。知识型企业的竞争力主要来自不断创造、整合、管理与利用自己的组织知识。为了获取竞争优势，知识型企业在日常运营中需要特别关注知识管理和组织学习，并且在发展战略中高度关注知识的发展战略（彭文彬，2006）。

（2）知识员工是知识型企业的关键成员

知识型企业拥有大量具有较高水平的知识员工。知识型企业大部分工作是智力劳动，因而受过良好教育的高素质的知识员工是企业的主体（Sveiby，

1997）。作为知识型企业的价值创造主体，他们一般具有自主性、创造性、流动性、劳动过程及劳动成果的复杂性、成就动机强、蔑视权威等特征。这种观点突破了工业社会人性假设的局限性，实现了知识型组织价值观与个人价值观的重合，体现了知识管理、能本管理与人性回归的知识经济的时代特征（宁烨，2006）。在传统的工业企业中，员工是企业的一项成本开支，而在知识型企业中，员工则成为企业的一项重要资产，通过发挥主观能动性为企业创造知识和价值（杨运杰，2007）。在知识型企业契约关系中，知识员工并不完全处于被雇佣的地位，更多的是一种人力资本与非人力资本以及人力资本之间的合作性契约关系，有时甚至是围绕知识集聚资本（邝宁华、杜荣和胡奇英，2003）。

（3）知识型企业以提供高附加值的知识产品和知识服务为目标

知识型企业的输出主要是知识产品或知识服务。知识型产品和服务主要有三种类型：一是有形的知识产品，如专利、技术标准、著作、软件等；二是无形的知识产品，如创意、观点、方法、技术等；三是知识服务，如咨询、策划、顾问等（霍国庆，2007）。在知识型企业产品价值的组成结构中，知识价值比例明显增大，物化劳动价值大幅度减少，产品的知识含量不断提高（疏礼兵、贾生华，2004）。其产品大多数是根据用户要求定制的产品，有别于传统工业时代的大规模批量生产的产品。另外，知识型企业的产品越来越向无形转变，向技术及方案方面转变。

（4）知识创新是知识型企业发展的原动力

在知识经济时代，消费需求日益个性化，市场竞争日趋细化，产品的生命周期越来越短。企业在产品与服务的市场竞争中，不是比产品数量，而是比品种、质量、特色。谁在技术或市场上领先，谁先制定了游戏规则，谁就能迅速成长。企业为了获得竞争优势，需要不断地在产品和生产技术方面进行创新，同时在销售、管理等方面也要进行创新。创新是知识型企业的灵魂，是企业生存和发展的原动力（丁建中、田奎荣和董湘岩，2003），是知识型企业的核心特征和竞争工具。野中郁次郎指出，知识是动态的和有生命力的，知识型企业的核心竞争力应建立在知识创新的动态过程之上。在知识型企业中，创新并不是研发、营销或战略规划部门专业的活动，而是一种行为方式、一种生存方式。在这种方式下，人人都是知识的创造者。

（5）组织架构向扁平化、虚拟化和网络化方向演变

由于知识成为最主要的资本，知识型企业的组织结构发生了显著变化。知识型企业的组织形态打破传统企业内部的科层架构，不再是垂直管理和控制的关系，而是网络化、扁平化、较为松散的组织形式，往往由一个个任务或项目团队构成。如前所述，德鲁克在《新型组织的出现》这篇论文中曾指出，在由

专家构成的知识型企业中，管理层级将减少 1/2，管理人员将减少 2/3，工作将由跨部门的专家小组来完成（Drucker，1998）。李东（2001）认为，知识型企业最终和最适应的组织架构应为虚拟组织，其组织形态是网络化、流动和边界模糊的。

（6）组织的指挥权力转移而且控制方式发生变化

由于知识型企业组织结构的扁平化和网络化，在控制和权力分配上从中央集中制转为宽幅度的，下属享有充分的自由度。企业员工和项目团队可依据自身的特点和偏好，自主选择资源的运用和任务完成的方式达成团队和组织目标，即他们在很大程度上自主决策、自我监督、自我约束、自我管理。企业高层领导从单纯的物的控制和行政资源的分配，转移为组织学习的计划、知识培训、知识共享等内容，包括引导组织发展所需要的核心价值和使命感（孙新波、樊治平和泰尔东，2006）。

2.4.4 知识型企业与传统企业的区别

我国一些学者通过对知识型企业的界定和特征分析，总结出知识型企业与传统企业的不同。疏礼兵和贾生华（2004）较系统地从主要资源、组织结构、员工主体、权威类型、生产方式等多方面进行了分析，如表 2-3 所示。

表 2-3 知识型企业与传统企业的特征比较 1

特征	知识型企业	传统企业
主要资源	知识资本	劳动力、土地、资本
组织结构	扁平化、网络化、虚拟化	金字塔形的等级结构
员工主体	知识员工	一般员工
权威类型	知识权威	职位权威
生产方式	柔性化、定制化	规模化
管理内容	创造知识	降低成本
管理目标	知识的识别、获取、内部化、创造	降低成本
管理策略	以信息化为基础、创新为纽带，强调关联和互动性	以分工为基础、资本为纽带，强调组织和纪律性

资料来源：疏礼兵，贾生华.知识型企业特征及其对传统管理模式的挑战[J].价值工程，2004（06）.

杨运杰（2007）总结的知识型企业与传统企业的特征比较如表 2-4 所示。

表 2-4 知识型企业与传统企业的特征比较 2

类别	传统工业企业	知识型企业
发展时期	18 世纪末~20 世纪 80 年代	20 世纪 90 年代以后
主要生产要素	资本	知识
主要代表产业	纺织、汽车、化工	软件、信息咨询
生产方式	大规模标准化生产	少批量柔性化生产
组织结构	科层等级结构	扁平化结构
管理方式	自上而下管理	自我管理
决策方式	集中决策	分散决策
对待员工的观点	将员工视为成本	将员工视为投资
企业发展观	强调稳定	强调变革

资料来源：杨运杰. 论知识型企业的性质[J]. 财经问题研究，2007（08）.

虽然知识型企业是知识经济时代的典型组织，但这并不意味着只有知识密集的行业才存在知识型企业，也不意味着在传统行业中就不可能出现知识型企业，知识型企业与行业特性不存在明确的对应关系。就其本质意义来说，知识型企业与非知识型企业的本质区别在于二者所基于的基础不同。知识型企业以知识为基础进行生产经营，追求通过研发部门的努力，开发高知识水平的产品来获取竞争优势，所以企业的知识创造和知识应用水平决定其竞争优势；而传统企业以资本为基础进行生产经营，追求在一定的产品知识基础上，通过生产工具的技术优势和生产的规模优势实现产品的低成本，获取竞争优势，资本总量决定了这种优势能在多大程度上加以复制，二者共同决定了企业的整体竞争优势（孙新波等，2006）。简言之，要区分知识型企业与传统组织（或非知识型企业），最关键的是要看在组织中，知识是否已经成为其关键的、用以创造价值的要素。从这个意义上说，传统行业中同样可以出现大量的知识型企业。

2.5 知识员工研究综述

知识员工是本研究的目标调查对象。对于这一工作群体的研究最早始于德鲁克于 1959 年出版的《明天的里程碑》一书。在该书中，知识员工这一概念被首次提出。1969 年，德鲁克又在《断层时代》一书中首次明确述及“知识员工”这个名词，将其解释为“受过高级教育的、有才智的管理专业人才”，并分析了体力劳动者与知识员工的差异。德鲁克预言，随着以知识为基础的工作在传统制造业和不断发展的服务业中逐步扩展，知识员工将日益增多。在之后《21 世纪的管理挑战》一书中，他又明确指出：知识员工生产率是 21 世纪管理的最大挑战。基于德鲁克的研究，学者们从不同的角度拓展了对知识员工的研究。本部分将就现有文献对知识员工的界定与特征分析展开梳理、分析，并在此基础上结合本研究的研究情境对知识员工进行界定，以便能明确研究范畴，为研究打好基础。

2.5.1 知识员工的界定

继德鲁克之后，对于知识员工的研究与讨论越来越深入，然而对于知识员工的定义，学界却尚未取得一致的认识。赫瑞比（2000）指出，对知识员工定义的争论始于过去，发于现在，延于未来。通过对知识工作与知识员工管理文献的研究，结合科尔威与巴苓（Kelloway & Barling，2000）、黄卫国和宣国良（2007）以及易凌峰和朱景琪（2007）的归纳，本书认为学界在知识员工的界定问题上主要有以下 5 种观点。

（1）全员的观点

持全员观点的学者认为：在知识经济时代，每个人在工作中都要运用知识，因此都是知识员工。这一观点的代表人物维娜 • 艾莉（1998）指出：当今社会，在每个人的工作中，知识成分已大大提高。人们在完成工作过程中所需知识的广度和深度远远超过以前。从这个意义上讲，每一位工作者均是知识工作者。托马斯 • A.斯图尔特（2003）也认同这种观点，他认为随着知识经济的不断发展，传统的常规工作和重复性体力劳动也实现了自动化，交由机器完成。知识工作逐渐代替了体力劳动，因此知识经济的每位员工都是知识员工。

这种观点的缺陷在于它太过于宽泛，忽略了知识员工是相对于体力劳动者而言的。德鲁克提出知识员工这一术语就是为了突出知识员工具有不同于体力劳动者的特性，突出知识工作者的重要性。全员观点忽略了知识员工这一群体所具有的特异性，不利于对知识员工管理展开具有针对性的研究与管理。

（2）职业的观点

一些学者将筛选出的一系列职业作为界定知识员工的标准。马克拉伯（Machlup，1962）对美国劳工统计数据中的职业进行考察，筛选出一系列的职业工作者为知识员工（包括运输者、改革者、加工者、翻译、分析家以及各种通信的创造者），职业列举就始于此。诺米克斯（Nomikos，1989）将知识员工定义为包括科学家、工程师、教授、律师、医生和会计在内的一个群体。加拿大经济学家努阿拉 • 贝克把知识员工界定为在工作中因思考而获得报酬的人，包括专业人士、高层管理者、技术人员、工程师和科研人员（转引自斯图尔特，

2003）。安盛咨询公司认为知识员工主要包括：中高级经理、专业人士、具有深度专业型技能的辅助型专业人员。他们通常在以下领域工作：研究开发、产品开发、工程设计、市场营销、广告销售、资产管理、会计计划、法律金融、管理咨询等。达文波特（Davenport，2005）认为以下职业从业人员属于知识员工的范畴：管理、商业与财务、计算机与数学、建筑与工程、生命科学、物理学、社会科学、法律、医疗保健、社区与社会服务、教育、培训、图书馆、艺术、设计、娱乐、运动和媒体。

对于这种界定方法，不少学者提出了异议。斯卡伯勒（Scarbrough，1999）认为，知识员工实际上不是特指某一个别的职业或角色，它并不是一个可以分离出来的职业团体。职业观点的研究者们将多种职业和角色的人归为一类，探讨一个由多个子类（职业）构成的多元化、异质性群体（知识员工），这可能造成认识上的混乱，混淆真正的知识工作者和非知识工作者之间的差别。科尔威与巴苓（Kelloway & Barling，2000）认为职业的观点将“想”（Thinking）和“做”（Doing）加以分割，是泰勒时代的遗留物，它忽略了在新的组织环境下员工角色扩展的现实。当前时代的生产和组织模式要求所有员工在生产和具体组织问题解决过程中通过“想”和 “做”积极参与。如果在对知识员工的定义时通过职业列举将特定的员工群体排除在外，那么我们不仅剥夺了这部分员工对组织做出贡献的机会，而且也放弃了对这类贡献的期望。这对雇主和员工双方都是不利的。戴昌钧和陈臻神（2006）也质疑：如果按职业来进行界定，那么对于处于两类极端的职业岗位容易区分。科学家、作家、大学教授等是典型的知识工作者，而流水线上的工人做的是体力工作，但是大量的处于“中间”位置的职业从业人员应该如何归属？他们是否属于知识工作者？

（3）个体特征的观点

基于对以上问题的分析，一些学者开始从知识员工个体的特质和行为角度来对其进行界定。阿马德（Ahmad，1981）将知识工作者定义为具有强烈自我意识的、敏感的员工。泰蒙和斯顿夫（Tymon & Stumpf，2003）认为知识员工是指那些拥有相当多知识，且以知识为生的人。坦普（Tampoe，1993）在对知识工作者的定义中着重强调个人的创造性和创新。一些学者进而从创造性和创新性等个体特征对组织的贡献这一视角定义知识工作者，例如，哈里斯和瓦伊宁（Harris & Vining，1987）强调知识工作者的创新性对产品及服务价值提升所起的作用；哈里根与达尔米亚（Harrigan & Dalmia，1991）将知识工作者定义为创造无形增值资产的主体。

这种观点超越了以职业为基础界定知识工作者的局限，考虑个体特征与个体对组织的贡献，以价值创造能力、创新性作为知识工作者的典型识别特征，而不单纯考虑某些典型的职业。然而，值得注意的是，强调员工个体特征及这些特征在工作的体现有可能导致将员工生硬地分为两类，即具有创造力和不具有创造力的员工。另外，个体特征的观点混淆了能力与机会，很难判断一名员工是真的比他人更富有创造性和创新性，还是仅仅因为组织给予了他机会体现这些特征。事实上，组织给予每名员工发挥创造性的机会并不均等，并非所有员工都有机会（这里强调机会）表现其创造性与创新性，并以此为组织做出贡献。因此，以员工在工作中表现出的创造性与创新性作为评判其是否为知识员工的标准可能造成概念的混乱，可能忽略组织中潜在的知识员工群体。

（4）个体行为的观点

另一类定义侧重于从工作行为视角对知识员工加以界定。德鲁克（1999）认为知识工作者就是指那些运用符号和概念、利用知识或信息工作的人。弗朗西斯·赫瑞比（2000）认为知识工作者就是那些创造财富时用脑多于用手的人们，他们通过自己的创意、分析、判断、综合、设计给产品带来附加值。福克斯（Fox，1990）认为知识员工是运用信息做出决策的人。斯蒂尔（Stehr，1992）认为，知识员工是指知识创造、知识复制和知识应用的人。王兴成、卢续传和徐耀宗（1998）认为知识员工是指从事生产、创造、扩展和应用知识的活动，为企业（或组织）带来知识资本增值，仅以此为职业的人员。斯维比（Sveiby，1997）指出，知识员工的主要工作就是把信息转化为知识。科尔威与巴苓（Kelloway & Barling，2000）认为知识员工是那些在企业中从事知识获取、知识应用、知识共享和知识创新的人。

（5）工作特征观点

持这种观点的学者从知识员工的工作特征出发界定，认为知识员工就是从事特定知识工作的员工，知识工作的特殊性决定了知识员工的特殊性。事实上，马克卢普早在1962年出版的《美国知识的生产和分布》一书中就曾提出：知识工作者是指从事知识的生产和传播工作的那些人。而达文波特和比尔斯（Davenport & Beers，1996）提出：执行知识工作的人，可称之为知识员工。

这种观点使人们的视线从知识员工定义本身转到对知识工作的深入认识上。对于何谓知识工作，学界比较有代表性的观点有：新德尔（Zidle，1998）认为，知识工作是进行信息分析、运用专业技术解决问题、提出想法以及创造新产品和服务的工作。赫尔顿（Helton，1987）认为，知识工作具有以下一些特性：①知识工作通常多为具有挑战性的工作，如设计、企划、研发、管理等工作；②知识工作是非重复、非程序性的工作；③知识工作需要工作者高度的认知并以知识的投入为其生产方式；④知识工作通常需要利用组织外部的资源及未结构化的信息。德鲁克（1999）提出知识工作的5个特征：任务不明确；

自主性强，难以监督控制；创新是任务和责任的一部分；质量比数量更重要；需要持续不断的学习和教导。特拉斯曼（Strassman，1986）从复杂性、自主性、技能、重复性、结构化程度、完成一项任务的时间长度等指标来区分知识工作和体力工作（转引自戴昌钧、陈臻神，2006）。托马斯和巴伦（Thomas & Baron，1994）从知识应用、结构化程度、决策难度、复杂性、工作重复性、工作技巧等 8 个维度来判断工作性质。国内学者杨杰、凌文辁和方俐洛（2004）的研究结果表明，可以用知识技能更新速度、对专业技术知识的要求、创新要求、最低学历要求、质量要求等作为知识工作判断的 5 项指标。戴昌钧和陈臻神（2006）提出，将工作的程序性和规范性作为判断是否是知识工作的一个界定准则——一项工作，如果其过程和内容尚未达到明晰的程序化和规范化的，就应归入知识工作的范畴，即知识工作是一种非程序化和非规范化的工作。

对知识工作的研究无疑加深了研究者对知识员工工作性质与特征的认识，为知识员工的识别从工作特征方面提供了坚实的基础。依照这种观点，在定义知识员工的过程中，我们需要做的是明晰知识工作的特点；在识别知识员工的过程中，我们需要做的是考察其所从事的工作是否符合知识工作的特征。

除了以上几种典型的知识员工定义的视点，一些学者还从学历、投入与产出等视角对知识员工进行界定。可见，虽然对于知识员工界定的研究已经取得了丰硕的成果，但现有研究从不同的研究视角、研究对象和研究方法形成的理论仍是一派百家争鸣的景象。

2.5.2 知识员工特征

学界一般认为，知识员工是一群有别于体力劳动者的工作群体，具有一些典型的异质性特征。彼得·德鲁克、弗朗西斯·赫瑞比、檀平等（2000）、曹洲涛（2005）、孙锐和石金涛（2005）对此均有所著述。归纳前人的研究，知识员工具有以下 5 个方面的特征：

（1）工作的复杂性

在知识经济“变化”和“高不确定性”的环境中，知识员工从事的不是简单的重复性工作，而是具有挑战性、风险性、高不确定性和复杂的脑力劳动和创造性劳动，创造知识密集型产品或服务。知识员工的工作任务具有非常规性、多变性、难以分析性和难以预测性等特征，需要他们在工作过程中运用隐性和显性知识、分析工具和判断技能来进行推理、决策、计划和协调，从而为组织解决复杂的知识问题，开发创新性的方案。由此可见，知识员工的工作具有高度抽象性和理论性，没有一套固定的流程和步骤，工作过程结构化程度低，不能简单、精确地测量。

（2）强烈的学习与能力发展需求

知识员工是知识资本的拥有者，以知识创新为核心工作内容，依靠自己的知识禀赋和灵感，通过对新知识的探索和领悟，产生对新事物创造的欲望，从而推动企业技术的进步和产品的创新，促使知识增值（甘露，2007）。作为知识创新的主要主体，知识员工的价值取决于其知识、智力资本存量的高低及稀缺性程度。技术的快速发展与更替，市场环境不确定性的加剧，使得知识员工面临知识价值加速陈旧和老化的压力，也使得他们的工作任务更加复杂化。为了自身知识资本的保值和增值，知识员工重视对自己专业的承诺与持续投入，提升和优化自己的知识存量、知识结构、知识运用能力和创新能力。他们通常强调持续学习，寻求不断提升自身综合素质与能力，以求在知识经济激烈的竞争中生存与发展。

（3）工作自主性

知识员工通常拥有复杂的理论知识、分析工具和判断技能。这些知识和技能常常是默会的、抽象的，很难甚至根本无法加以标准化、复制或整合到正式的组织惯例中（Reed，1996）。随着组织分工的日益精细，知识员工通常具有上级管理者，甚至其他知识员工并不具备的独特的知识和技能。他们各自所从事的复杂的知识性活动对组织管理者或其他同事而言往往具有非透明性（孙锐、石金涛，2005）。因为具有知识所赋予的权力，知识员工往往要求有一定的工作独立性和决策权限，看重工作中的自我引导和自我管理，在工作中具有较强的自主性。事实上，越来越多的知识员工正作为重要的参与者置身于工作设计和组织决策中，在工作中享有高度的自主权。

（4）较高的工作流动性

知识员工是一个拥有核心生产要素——知识的特殊群体。他们注重个人的成长和成就感，追求个体能力和价值的提升，具有强烈的自我实现意识，更忠诚于自己的专业、个人兴趣和职业生涯的发展，而非忠于某个组织或领导。一旦现有的工作没有足够的吸引力，或缺乏充分的个人成长机会和发展空间，他们就会产生更换工作的需求，寻求新的职业机会。换言之，知识员工具有较低的组织依附性。此外，当今社会人才的稀缺性、知识巨大的增值空间以及人力资本的高回报性又为知识员工的自由流动提供了客观上的可能性，从而使得这一群体工作流动性普遍较大。

（5）工作过程中的协同性

孙锐和石金涛（2005）认为知识员工的一大特征是其工作过程中存在高度的协同性。他们指出，在知识分工的背景下，大多数个体都沿着比较优势的方向积累知识，使知识的分布呈现明显的非对称性。随着社会分工的进一步细化和科技的飞速发展，在日趋复杂的技术和管理任务面前，一个人的专业知识和技能早已不能满足需求，只有采用协同、合作的工作模式，整合和充分利用个体知识员工的专有知识和技能，并且在合作过程内实现异质性知识资源的借鉴、碰撞，才能产生技术集成优势，创造知识的协同效应，推动创新目标的实现。

第三章　组织学习文化对员工组织承诺的作用机理：理论模型与研究假设

本章主要目的在于通过基于研究证据的逻辑推演，建立本研究的理论模型。具体而言，本章首先对组织学习文化、工作满意度、组织承诺等各研究变量以及知识型企业与知识员工这两个概念在本研究情境中的含义加以界定；然后基于现有研究文献分析变量间的关系，提出研究假设，建立理论模型。

3.1　概念界定

概念的清晰界定是科学研究的前提，在研究开展之前，有必要先对相关基本概念进行界定。对研究中涉及的概念与术语进行明确和统一，可避免研究结论的混淆和误用。在这里对主要涉及的概念包括组织学习文化、组织承诺、工作满意度、知识型企业和知识员工分别给予界定。

3.1.1　组织学习文化

组织学习文化是组织文化的重要组成部份。对于组织学习文化，沃特金斯和马席克、坎宁安、赫尔特、赫兹佩思等学者分别给出了不同的定义（详见本书 2.4 部分），其中沃特金斯与马席克（Watkins & Marsick，1993）的相关研究成果与理论被众多学者引用。他们认为：组织学习分为三个层面。第一层面为个体学习层面，包含两个方面：①组织如何为个体创造持续学习机会（以下简称持续学习）；②组织如何通过促进探询与对话创造一种促进个体学习的氛围（以下简称探询与对话）。第二层面是团队学习层面，指的是组织如何鼓励组织内的团队学习与合作（以下简称合作与团队学习）。第三层面是组织学习层面，主要涉及组织如何创建知识捕获、共享系统，将学习与学习成果嵌入组织系统中（以下简称系统嵌入），如何授权员工建立、拥有和实施共同愿景（以下简称授权员工）；也包含组织如何实现组织与环境的联结（以下简称系统联结）以及组织领导者如何支持学习并战略性地利用学习达成商务目标（以下简称战略领导）。基于该组织学习理论，沃特金斯与马席克（2003）提出，组织学习文化可以从持续学习、探询与对话、合作与团队学习、系统嵌入、授权员工、系统联结、战略领导 7 个维度来衡量，各维度具体定义如表 3-1 所示。

表 3-1 组织学习文化维度与定义

维度	定义
持续学习	工作设计中包含学习，以便员工可以在工作中学习；提供员工不断获得教育和成长的机会
探询和对话	员工获得用以表达其观点的产生性推理技能，以及倾听和询问他人观点的能力；改变文化使其支持提问、反馈和试验
合作与团队学习	使用团队作为工作单元以融合不同的思维模式；团队成员共同学习、共同工作；组织文化重视合作并对合作进行奖励
系统嵌入	创建高科技和低科技的系统来实现知识共享及知识与工作结合，将系统（向组织成员）开放，并维护这些系统
授权员工	员工参与建立、拥有和实施共同愿景；分派决策责任以激励员工学习所负责事宜
系统联结	帮助员工看到其工作对整个企业的影响；员工扫描环境并使用信息来调整工作实践；联结组织与社区
战略领导	领导者树立榜样，拥护并支持学习；领导层战略性地利用学习达成商务目标

资料来源：Marsick V. J. & Watkins, K. E. Demonstrating the Value of an Organization's Learning Culture: The Dimensions of the Learning Organization Questionnaire[J]. Advances in Developing Human Resources, 2003, 5(2): 132-142.

本研究基于沃特金斯和马席克（1993，2003）的组织学习和组织学习文化理论，结合其他学者的定义，将组织学习文化界定如下：组织学习文化是一种支持个体、团队与组织层面学习，鼓励知识获取、传播与共享的组织价值观和规范；这种文化重视员工固有个体价值，将学习视为嵌入工作任务和组织结构，并与环境联结的持续过程。这一定义首先突出组织学习的多层面性，即组织学习分为个体层面的持续学习、团队层面的合作学习以及组织层面的学习。其次，这一定义强调组织学习文化是一种组织价值观与规范，一种以知识为导向，支持组织学习全过程的价值观与规范。最后，这一定义强调组织学习文化表现为对个体学习需求与学习能力的重视，对学习与组织内外系统与环境有机联结的重视。

事实上，沃特金斯和马席克的理论将是本研究组织学习文化研究的分析框架。选择它作为本研究理论框架是因为它具有以下典型特征：第一，沃特金斯和马席克的研究从文化视角提供了组织学习文化清晰的、较为完整的构念，为量表构建提供了充足的衡量域（measurement domains）（Yang，2003）。第二，它包含组织学习的三个层面，从个体学习、团队学习到组织学习，覆盖了组织学习的各个层面。第三，该理论框架不仅包含了组织学习文化多个维度，而且具体阐述了各个维度间的关系，将其整合在同一个理论框架下。这一理论框架不仅为量表设计和验证提供了有益的指导，而且为进一步的研究指明了方向。第四，它在具体界定组织学习文化各维度时，从组织文化视角着眼，指出了组织学习的行动要义，而且这些行动均为可观测的行动，因此具有现实意义。此外，这一点对于量表开发也很重要，因为这些行动构成了可观测变量，使得抽象的潜变量得以测量。第五，他们设计的用于衡量组织学习文化的学习型组织测评量表（DLOQ 量表）经实证检验具有较高的信度和效度，是最为广泛接受的组织学习文化自评式量表。

3.1.2 工作满意度

本书第二章对工作满意度文献的回顾表明，对工作满意度的定义目前主要包含三大类：整体性定义、期望差距性定义和参考架构性定义。研究者们将工作满意度分为两大类：总体满意度和具体满意度。总体满意度是员工对工作的总体情感或对工作各个方面的总体态度，而具体满意度是指员工对工作具体各方面的感受。例如：著名的明尼苏达工作满意度调查表（MSQ）旨在调查员工内在满意度、外在满意度以及整体满意度；国内学者凌文辁、张治灿和方俐洛（2000）认为，工作满意度由对同事的满意度、对领导的满意度、对晋升的满意度、对组织的满意度、对报酬的满意度和对工作本身的满意度构成。

本研究倾向于从总体上定义工作满意度，原因在于：本研究的一个目标是验证组织学习文化是否对员工总体工作满意度产生影响以及总体工作满意度是否对员工组织承诺产生影响。从这一研究视角着眼，本研究将工作满意度定义为：工作满意度是员工个体对其工作的情感反应与态度。这一定义可以方便本研究从总体上了解员工对其工作的情感反应与态度。然而，值得指出的是，这一定义并不意味着本书否认工作满意度可以通过各种具体满意度加以衡量。事实上，如果研究的重点在于探究工作的哪一方面导致了满意或不满意，使企业得以对存在的具体问题进行诊断，那么无疑我们需要从具体满意度视角对工作满意度进行界定。

3.1.3 组织承诺

综观前文对于组织承诺的文献综述，对于组织承诺的定义，学界比较认同波特等人与迈耶和艾伦的定义。波特等学者（Porter et al., 1974）认为组织承诺是“个体对特定组织的认同和投入强度”，具体表现为继续留在组织的愿望，为组织付出较大努力的意愿以及对组织的目标与价值观的接受与认同。迈耶和艾伦（Meyer & Allen，1991）认为：组织承诺是体现员工和组织之间关系的一种心理状态，隐含了员工对于是否继续留在该组织的决定。它包括三个维度：感情承诺（反映的是员工对组织的感情依附、认同与投入，反映了雇员出于对企业的感情留在企业的愿望）、规范承诺（反映的是员工由于长期受到社会影响形成的社会责任感和义务感而留在组织内的承诺）和继续承诺（是个人基于功利性考虑而愿意继续留在组织中的承诺）。

本研究认为，波特等学者的定义从员工对组织的认同与付出意愿这一方面反映了组织承诺的情感维度。迈耶和艾伦的定义含义则更为丰富，它明确了组织承诺是从情感、利益和责任感三个维度反映员工对自身与组织关系的心理感知，是反映员工对组织忠诚感的心理状态。鉴于此，本研究倾向于迈耶和艾伦对组织承诺较为全面的界定，将组织承诺定义为：组织承诺是员工基于对组织的感情、个体利益与责任感而对组织产生的认同感、忠诚感和投入意愿。它包含三个维度：感情承诺、继续承诺和规范承诺。

3.1.4 知识型企业

为了有效地进行定量调查研究，研究者应根据研究情境和研究目的界定知识型企业。本研究旨在考察国内知识型企业的组织学习文化对其知识员工组织承诺的影响，根据这一研究情境，综合上述文献，本书对知识型企业进行了定义：知识型企业是一种以知识为最主要的资源和投资主体，以知识员工为主要人力资源，通过持续的多层次的组织学习获取、创造、存储、传播和使用知识，从而获取经济利益的经济组织。本研究认为：知识型企业主要分布在知识附加值高的行业，其中一类是分布在高新技术制造业中的企业，如电子信息产品、生物医药产品等科技含量高、对产品的知识附加值要求高的企业；另一类是分布在知识密集型服务业中的企业，如技术研究开发、网络与软件服务、技术咨询服务、管理咨询服务、媒体传播业、教育、文化、金融服务、法律服务等产业中的企业。

3.1.5 知识员工

根据现有文献研究成果，结合本研究情境，本研究将知识员工界定为：知识员工是掌握和运用知识，从事知识获取、知识创新、知识共享和知识应用等非结构性、非程序性任务，为企业带来知识资本增值的员工群体。本定义强调

“知识”是知识员工这一概念的核心。知识员工拥有的资本主要为知识资本，其投入的是知识，从事的工作任务为知识工作，产出是增值的知识资本。为了获取知识，知识员工表现出较高的学习需求，渴望持续学习的机会与环境；因为掌握着具有巨大增值空间的知识资本，知识员工具有较高的职业竞争力，对组织表现出较低的忠诚感、较高的流动性；知识员工从事的是知识工作与任务，这需要他们进行复杂的脑力劳动与独立判断。此外，要实现知识资本的增值，知识员工需要富有创造力和创新性。这些均是本定义隐含的知识员工的典型特征。

3.2　概念间关系的理论推演

研究假设的提出通常基于两个因素，一是现有文献的支持，二是逻辑上的可行性。为了合理提出相关研究假设，本节将基于现有文献，结合逻辑推理，分析组织学习文化、工作满意度与组织承诺等概念间的关系，推导出相关研究假设，并在此基础上建立本研究的理论模型。

3.2.1　组织学习文化与组织承诺

梳理可获得的相关文献，本研究发现学界虽对组织学习文化与组织承诺这两个变量间关系少有直接探讨，但对于组织文化和组织承诺的关系，以及组织学习文化所包含的多个维度与组织承诺的关系有较多的研究，现整理推导如下。

（1）组织文化与组织承诺

组织承诺在组织与人力资源的相关研究中是一个重要的工作态度变量，该变量经研究证实受个体特征（如年龄、受教育程度、工作经历、动机和人格特征）和情境因素（如工作因素、组织支持、组织可依赖性、公平性和团队工作）的影响。因为组织承诺是一种特定的态度，而态度受价值观和信念的直接影响，因此组织文化和社会文化显然也是影响它的重要情境因素。

组织文化是特定组织中的成员在处理适应外部环境和内部整合过程中出现的种种问题时所发明、发现或发展起来的基本假说的规范（Schein，1985）。组织文化是组织成员共有的价值观、社会理想与信念（Schein，1985）。一些研究证实了组织文化对组织承诺的显著影响。伊比等（Eby et al., 1999）认为：提供员工对自身胜任力感知的组织文化对于员工会产生内在激励，对感情承诺的提高有着积极的作用。西尔弗索恩（Silverthorne，2004）按照瓦拉赫（Wallach，1983）的文化分类研究了专制型文化、创新型文化和支持型文化对组织承诺的不同影响，结果表明，三种文化对于员工组织承诺均有显著影响，只是影响存在强弱差异。洛克与克罗福特（Lok & Crawford，2004）以澳大利亚管理人员作为样本，研究了组织文化与组织承诺的关系，发现组织承诺与创新型文化（$r=0.66$，$P<0.01$）和支持型文化（$r=0.57$，$P<0.01$）显著正相关，而组织承诺与专制型文化的相关系数很低且不显著（$r=0.07$）。以上两位学者的研究结果印证了坎特（1993）的授权理论，即支持型文化与创新型文化促进员工授权，并增强员工对组织的情感联系。国内学者雷巧玲等（2006）就员工导向文化与任务导向文化的不同模式对知识员工感情承诺及继续承诺的影响进行了实证研究，结果表明员工导向文化既有利于知识员工的感情承诺，也有利于他们的继续承诺。由此可见，组织承诺是一个会受组织文化影响的基于情境（context-based）的变量，组织学习文化作为一种学习导向型的文化可能对组织承诺有显著影响。

（2）组织学习文化与组织承诺

如果说，单凭组织文化影响组织承诺就推导出组织学习文化影响组织承诺这一研究假设存在过于简单化的问题，那么现有文献中关于组织学习文化多个维度对组织承诺具有显著影响的论述应该可以为两者关系的假设提供更多的支持。如前所述，沃特金斯和马席克（2003）提出组织学习文化可以从持续学习、探询与对话、合作与团队学习、系统嵌入、授权员工、系统联结、战略领导这7 个维度进行衡量。本节以下部分将基于现有文献，分析这些具体维度与组织承诺的关系。

①持续学习与组织承诺

根据沃特金斯和马席克（2003）的研究，持续学习指的是组织为其所有成员创造不断获得教育和成长的机会，在工作设计中嵌入学习，使员工可以在工作中学习。

在全球化的知识经济时代，竞争日趋激烈，变化无所不在，知识与技术更新的速度不断加快，学习不仅对于一家公司的生存和成功至关重要，对于企业员工，尤其是知识员工而言，获得持续的学习机会，不断更新知识，保持或提高个体职场竞争力，获得成功同样重要。持续学习可以说是知识员工最显著的特点，也是最迫切的需要之一。事实上，因为学习在知识经济时代变得越发重要，学习机会已经成为决定雇员态度和行为的重要因素（Lankau & Scandura，2002）。组织可以通过正式培训、员工发展项目和非正式的知识共享小组、工作学习（workplace learning）、辅导制等多种方式向员工提供持续的学习机会，使员工得以发展。

研究表明，培训机会对员工组织承诺有显著影响。麦克默里和多莱

（McMurray & Dorai，2001）研究了澳大利亚情境下工作培训对于组织承诺的影响，得出结论：培训的数量与质量和员工组织承诺正相关。巴特利特（Bartlett，2001）以社会交换理论为框架，以 337 位护士为样本，研究了培训机会与培训支持、学习动机与培训益处感知和组织承诺的关系。研究结果表明，培训机会、培训支持对组织承诺，特别是感情承诺有显著正向影响。阿马德等（Ahmad et al.，2003）对 300 名马来西亚白领员工进行了调查，研究培训变量（包括培训支持、益处、动机和环境）与组织承诺的关系。研究结果表明，所有培训变量与感情承诺、规范承诺和总体承诺显著正相关，培训支持的可获得性和动机与继续承诺相关性不显著。

也有学者从员工发展这一更宽泛的范围研究这一问题。员工发展指员工因雇主提供的组织学习经历而获得个体和职业成长（Nadler & Nadler，1989）。坦斯基和科恩（Tansky & Cohen，2001）以美国一家大型市立医院的员工为研究对象，考察了员工发展与组织承诺的关系。研究表明，员工发展与组织承诺正相关（$r=0.44$，$P<0.01$）。

近年来，学者们对此问题的研究逐渐从较为狭窄的培训视角和员工发展视角拓展到工作学习。马席克（1987）认为：工作学习是一种任何个体和团体借以获得、解释、重组、改变和吸收相互关联的一组信息、技能和感觉的方式。它还是人们在个体和共享的组织生活中构建意义的主要途径。毕莱特（Billett，1993）指出：工作学习是一种在参与真实任务、熟练成员直接或间接的指导中获得知识和技能的途径。劳登与阿马德（Rowden & Ahmad，2000）、劳登（Rowden，2002）以及劳登与科奈恩（Rowden & Conine，2005）等的研究表明，工作学习不仅可以提高雇员的知识、技能和工作能力，还能提高其工作满意度和组织承诺。托马斯、巴兹和范登堡（Thomas，Butts，& Vandenberg，2006）以美国东南部 21 家零售中心和其员工为研究对象，考察了工作学习机会与组织承诺的关系。研究结果显示，工作学习机会与组织承诺显著正相关（$r=0.54$，$P<0.01$）。另外，一项以中国台湾中小 IT 企业为研究样本的实证研究也发现：工作学习与组织承诺正相关（Chiang & Wang，2008）。

②探询和对话与组织承诺

沃特金斯和马席克（1993，2003）对“探询和对话（inquiry and dialogue）”这一维度的定义是：员工获得产生性推理技能用以表达其观点，并获得倾听和询问他人观点的能力；组织改变文化使其支持提问、对话、反馈和试验。换言之，这一维度反映的是组织在多大程度上创造一种进行反思性探究、提问、对话、反馈、试验的文化，进而推动组织学习。

虽然在 Elsevier、Sage、Wiley、EBSCO、维普和中国知网 CNKI 等数据库

中未能找到直接研究探询和对话与组织承诺间关系的文章，但是，基于以下理由，本研究认为探询和对话这一维度可能对组织承诺产生正向的影响。

第一，探询和对话通过鼓励员工间的相互提问、对话，增进沟通、理解，增强员工间的情感联系，进而带来更高的组织承诺。研究表明，雇员间的高度互动与对话对雇员感情承诺有正向的影响（Eby et al., 1999）。

第二，深度汇谈有助于创造高度信任、开放和合作的氛围。经常进行对话的团队成员间会产生一种独特的关系。他们相互信任，对每位成员观点的独特性产生更为丰富的理解（圣吉，1998）。此外，深度汇谈可以创造出合作和共享领导（即由领导者和其下属成员组成的管理团队来共同承担领导责任）的文化。它可以使团队摆脱传统层级型文化中依赖、竞争和排外的氛围，形成并发展合作和包容的良好气氛。此外，它还可激发反思与创造（Ellinor & Gerard，1998），与知识员工的学习需求、创造激情契合。当然，深度汇谈对于形成员工共有信仰、共同愿景和发展心智模式也十分必要（圣吉，1998）。丰富的集体行动可增强员工间的情感纽带，共同的愿景使员工拥有共同的奋斗目标，共同的心智模式可增加员工对团队乃至组织的认同感，进而增强其组织承诺。

第三，除了深度汇谈，这一维度还包含“反思与探询”。事实上，反思和探询是深度汇谈的基础。反思和探询技能使对话更加可靠，对具体情境因素的依赖性更小（圣吉，1998）。反思和探询影响员工对于组织内外环境的洞察和理解，使员工对“是什么”“做什么”“如何做”以及“为何要做”等问题进行思考，进而影响员工的心理意向，而野中郁次郎（1994）指出，员工心理意向是组织承诺的影响因素之一。

第四，这一维度还强调构建有效的反馈氛围。反馈包含组织成员间（包括平级与上下级之间）的日常对话与互动。工作特征理论指出：向雇员提供反馈可产生雇员内在激励（Eby et al., 1999）。获得反馈的雇员会对组织产生忠诚感（Eisenberger，Fasolo，& Davis-LaMastro，1990）。利维等（Norris-Watts & Levy，2004）的研究也在一定程度上验证了这一点。他们以感情承诺作为中介变量，研究了反馈环境与组织公民行为之间的关系，结果表明，感情承诺在反馈环境与组织公民行为之间存在中介作用，对个人的组织公民行为有显著影响。

③团队学习与组织承诺

团队学习这一维度描述的是组织对合作学习与团队学习的支持，包括“以团队为工作单元以融合不同思维模式，鼓励团队成员共同学习、共同工作，组织文化重视合作并对合作进行奖励（Watkins & Marsick，2003）”等内涵。

团队通常是指在心理上相互认知，在行为上相互作用、相互影响，在利益上相互联系、相互依存，为了达到共同目标而结合在一起工作的人的集合体。现代管理研究已经证实：工作团队的使用对组织绩效、生产率、组织响应力和灵活性有着积极的影响，而且众多学者认为，这些益处往往归因于团队对雇员态度（包括士气、工作满意度和组织承诺）的影响。奥斯本等（Osburn et al., 1990），威林斯、拜厄姆和威尔逊（Wellins，Byham，& Wilson，1991）与米切尔等（Mitchell et al., 2001）验证了团队的运用与员工组织承诺高度相关。布鲁克斯（Brooks，2002）指出，公司采用小型知识本位运作单元会带来更高的员工互动和参与度。刘小平（2003）研究发现，团队管理对感情承诺有显著影响。

团队学习是形成团队动力、达成共识并采取合作行动的过程（于海波、方俐洛和凌文辁，2004），是发展团队成员整体协同性（overall alignment）、实现共同目标的过程（圣吉，1998）。团队学习的过程就是团队成员形成共有认知图式、态度和价值观，并在此基础上实现有效沟通、相互信任和通力合作的过程。

那么团队学习是否可以影响组织承诺呢？坎特（1968）在社会行动理论基础上提出：对于一个社会系统的承诺受该系统组织结构的影响。对社会系统的情感纽带源于集体成员高度互动产生的满足感。组织中参与度高的社会性安排可提高雇员对组织的依附感。本研究认为，因为团队学习是一种高度社会性的活动，它促使人们深度对话，建立互信，精诚合作，相互支持，共同决策，促进团队内部人际关系的提升，进而对于员工组织承诺产生积极的影响。虽然相关文献中少见团队学习对组织承诺影响的直接研究，但是其影响可从以下研究中间接看出。戴恩（Dion，2000）的研究表明，对团队凝聚力的主观感知对员工工作态度有积极影响。科斯塔（Costa，2003）指出，团队信任和合作与员工态度承诺正相关。格林伯格和斯科拉（Greenberg & Sikora，2008）研究了团队内部社会关系（被其他成员尊重、自由发表见解、人际关系和谐、受支持感等）、团队效能、团队成员决策参与度与团队结构对组织承诺的影响，研究发现，员工对团队内部社会关系、团队效能和团队成员决策参与度的感知对组织承诺有积极的影响。帕里斯（Parris，2003）的研究证实：员工对团队支持和同事团结的感知与员工组织承诺正相关。

④系统嵌入与组织承诺

系统嵌入指的是组织努力建立各种机制来获取和分享学习成果。具体而言，包括组织创建与维护高科技和低科技的、与工作整合的系统来实现知识共享，并将这些系统向组织成员开放（Watkins & Marsick，2003）。换言之，系统嵌入这一维度主要指在组织中建立和维护知识捕获与知识共享的机制与系统。

那么知识捕获与共享是否可以影响组织承诺呢？本研究结合相关文献进行了分析。

第一，知识捕获与共享系统的核心是知识共享。知识共享是知识管理文献中经常出现的一个术语，胡佛和里德尔（Hooff & Ridder，2004）把它定义为“个体间相互交换彼此（显性和隐性）知识并联合创造新知识的过程”。圣吉（1998）认为，知识共享不是简单地将信息从一方传递到另一方，而是真诚帮助另一方了解信息内涵，使其转化为另一方的知识，从而实现发展另一方行动能力的目的。施万特和马夸特（Schwandt & Marquardt，2000）认为，知识共享是组织学习的核心行为，主要通过互动和对话实现，而在组织中建立知识共享机制又有助于促进组织内的对话。希斯洛普（Hislop，2003）认为，员工参与知识共享可影响其组织承诺。知识共享通过雇员间的社会互动在组织成员中形成“共同视点”(common perspectives)，影响雇员感情承诺(Nonaka，1994)。伊比等（1999）的研究证实，雇员间的高度互动与对话对雇员感情承诺有积极影响。此外，信息共享还可以在雇员中形成互信、合作的良好人际关系，进而促进雇员组织承诺。

第二，知识捕获与共享系统可以使雇员获得更多的信息应对组织内外环境中的变化，从而降低员工感知的环境不确定性，产生安全感，增强其组织承诺。莫里森（Morrison，1993）的研究表明，信息搜寻解释了新员工的角色明确度、任务把握度和组织承诺变异的绝大部分。他提出，信息搜寻可以帮助新员工了解、预测和控制环境，降低不确定性，帮助他们顺利实现社会化过程，进而产生对组织的承诺。虽然莫里森的研究针对的是新员工，但对老员工同样适用。随着组织内外环境的快速变化，雇员所感知的不确定性普遍上升，知识捕获与分享系统可以增加雇员可获得的、用于应对环境不确定性的信息，进而影响其组织承诺。

第三，如前所述，知识捕获与共享系统和组织内信息的可获得性息息相关，而雇员对于可获信息数量的满意会使雇员产生归属感及对组织价值观和目标的认同感(Putti, Aryee, & Phua, 1990)。艾森伯格等(Eisenberg et al., 1983)指出，工作相关信息的提供可影响员工的态度，并认为高度介入组织沟通网络的雇员可以获得更多信息，产生更强的组织承诺。鲍恩和劳勒（Bowen & Lawler，1995）的研究表明，当组织实施一些政策使信息和知识在整个组织内得以广泛传播时，雇员产生“受权感”，其组织承诺也因而得以增进。如果雇员感知缺乏足够的信息作为履行工作任务的基础，他们会产生挫败感和疏离感。因此，在组织内创造信息获取与分享的系统将通过影响员工信息可获性影响其组织承诺。

第四，组织中知识共享的一个重要途径是沟通。它涉及组织内信息的传递与共享，因而创建组织内知识获取与共享机制离不开有效沟通机制的建立。研究表明，沟通对于组织承诺有着正向影响。在组织沟通网络内形成并传递大量信息会影响组织承诺。陈、西尔弗索恩和洪等（Chen，Silverthorne，& Hung，2006）以美国和中国台湾的公司为调查对象的研究表明，组织沟通（文中定义为“组织向其成员传递和组织成员间传递工作相关信息的程度”）与组织承诺在两组样本中均正相关（美国：$r=0.64$，$P<0.001$；中国台湾：$r=0.61$，$P<0.001$）。普蒂、阿里和潘（Putti，Aryee，& Phua，1990）考察了沟通关系满意度（通过雇员对信息的需求与信息可获得性的匹配度来衡量）对美国一家大型工程公司雇员组织承诺的影响，发现沟通关系满意度与组织承诺正相关（$r=0.54$，$P<0.001$）。信息的可获得性引发归属感和组织认同感，进而带来高组织承诺。瓦罗纳（Varona，1996）的研究也发现雇员沟通满意度影响组织承诺，其中信息的可获得性对组织承诺影响最大。

基于以上分析，本研究认为系统嵌入，即在组织中建立和维护知识捕获与知识共享的机制与系统，对组织承诺会产生显著的正向影响。

⑤授权员工与组织承诺

根据沃特金斯和马席克（2003）的观点，组织学习文化的其中一个衡量维度是组织在多大程度上授权员工以建立共同愿景。这一维度的内涵是员工参与建立、拥有和实施共同愿景，分派决策责任以激励员工学习。换言之，授权意味着鼓励员工参与组织决策，同员工一起创造、分享共同愿景，从而激励员工为实现组织愿景而努力工作。

从心理学和组织发展观点来看，授权会影响员工的态度与行为。坎特的组织授权理论认为，信息、支持、完成工作所需的资源、持续的发展机会以及组织机动性等因素一起将决定个体被授权的程度，并指出为员工提供信息获取和学习机会的工作环境将影响员工的工作态度与行为，包括员工的工作满意度和组织承诺（Kanter，1993）。

事实上，大量研究表明，授权会提高员工对组织的承诺。艾森伯格等（Eisenberger，Fasolo，& Davis-LaMastro，1990）的研究发现，员工感知的被组织重视的程度与其对工作的尽责程度和对组织的情感依附程度正相关。克雷默等（Kraimer，1999）的研究结果表明，心理授权的自我决策和影响力维度对组织承诺有正向影响。利登、韦恩和斯帕罗（Liden，Wayne，& Sparrowe，2000）指出，如果组织给员工提供决策权、挑战和责任，让员工感知到工作的价值、影响力及自主决策权，员工会感激组织，对组织产生更强的认同、依附和忠诚度。拉辛格、法恩根和沙米安（Laschinger，Finegan，& Shamian，

2001）检验了坎特（1993）的理论，发现组织授权对组织承诺有积极影响。另外，卡克、沙米尔和陈（Kark，Shamir，& Chen，2003）以及阿维里奥等（Avolio et al., 2004）认为，被授权的员工认为自己更有能力，对组织是重要的、有影响力的，留在组织中是值得的，并会以更有意义的方式影响他们对工作和组织的态度。这些研究表明，在西方文化背景下授权对员工的组织承诺存在正向影响。

近年来，国内学者在中国情境中也对此问题进行了一些研究。李超平等（2006）的研究表明，授权对员工组织承诺有显著的正向影响。陈永霞等（2006）的研究表明，心理授权在变革型领导风格与员工组织承诺的关系中起完全中介作用，对员工的组织承诺有显著的正向影响，这一结论印证了阿维里奥等（2004）的研究结论。雷巧玲与赵更申（2007）的研究表明，授权量表的意义和自我效能感维度对知识员工感情承诺有正向影响，对知识员工继续承诺有负向影响；授权的自我决策和影响力维度既对知识员工的感情承诺有利，也对其继续承诺有利。陈迪（2008）的研究表明，科技人员心理授权作为组织气候和工作态度间的中介变量对科技人员的工作满意度和组织承诺具有显著影响。

⑥系统联结与组织承诺

根据沃特金斯和马席克（2003）的观点，系统联结维度反映了组织将自身与组织内外环境相联结的整体化思维和行动，包括组织帮助员工看到其工作对整个企业的影响，鼓励员工扫描环境并使用信息来调整工作实践，以及致力于联结组织与社区。

至今国内外尚未发现直接研究系统联结（或环境扫描）与组织承诺关系的相关文献。然而，野中郁次郎（1994）的研究值得在此借鉴。

野中郁次郎提出产生组织承诺的主要因素有三个，分别是心理意向、自主性和环境波动性。其中，环境波动性指组织及其所处环境所产生的模糊性、冗余性、噪音和随机性，是影响雇员组织承诺的一大因素（Nonaka，1994）。

环境联结对于组织应对环境波动有直接的意义。那些将自身与环境紧密联结的组织将经历较小程度的模糊性、冗余性、噪音和随机性。旨在联结组织与环境的行动，如让员工参与新信息搜寻与扫描可以改善雇员对内部环境和外部环境中所发生事件的了解，也将提高雇员寻找有关速变环境信息的意识，降低员工感知的不确定性（Schwandt & Marquardt，2000）。帮助雇员了解、预测和控制环境，从而通过减少环境的波动性，可以提高雇员的组织承诺。换言之，当雇员感受较低程度的模糊性、冗余性、噪音和随机性时，其对组织的忠诚度就会提高。从这个意义上讲，系统联结可以通过减少环境的波动性提高雇员的组织承诺。

⑦战略领导与组织承诺

根据沃特金斯和马席克（2003）的观点，组织学习文化的第七大维度是提供学习的战略领导，其定义为：领导者树立榜样，拥护并支持学习；领导层战略性地利用学习达成商务目标。也就是说，领导者必须首先成为学习的典范，他们必须重视学习，成为组织情境中的学习专家（圣吉，1998）。领导者必须建立并维护鼓励、支持学习的机制，使员工感受到上级对学习的支持。此外，领导者应该将学习与组织的商务活动紧密联系起来，真正实现“学以致用”。杨百寅等（2004）认为，战略领导这一维度反映的是组织领导者在多大程度上就如何利用学习创造变化和将组织引向新方向和新市场进行战略思考。

虽然目前尚未发现直接研究学习的战略领导与组织承诺关系的研究文献，但是本研究认为，领导风格理论和组织支持理论可以间接支持两者关系的假设。

从领导风格角度分析，学习的战略领导者符合变革型领导的特质。变革型领导风格是指领导者通过领导魅力、领导感召力、智力激发和个性化关怀，使员工最大限度地发掘自己的潜力来实现最高水平的绩效表现（Bass & Avolio，1990）。学习的战略领导者首先是学习的角色典范。他们支持并激发员工学习、发展，接受挑战，以实现组织愿景，并对如何利用学习创造变化和将组织引向新方向和新市场进行战略思考，是典型的变革型领导者。相当多的实证研究表明，在不同的组织和文化中，变革型领导风格对员工组织承诺有正向影响（Bycio，Hackett，& Allen，1995；Avolio et al., 2004）。孟慧（2004）的研究也证实，变革型领导对员工的组织承诺具有一定预测力。贺邵兵和周箴（2008）的研究表明，变革型领导行为能减少员工组织政治知觉，提高员工组织承诺，而交换型领导行为则会增加员工组织政治知觉，降低员工组织承诺。那么学习的战略领导者如何影响员工组织承诺呢？本研究认为，通过成为角色典范并分享愿景，学习的战略领导者能使员工认同组织的目标，使其意识到自己对整个组织的作用，感觉到自己是组织愿景中的利益相关者，从而增强员工对组织的认同感、责任感和归属感。通过对员工的学习与个体发展给予支持，学习的战略领导者使员工感受到来自组织的支持与关怀，在感情上更依附于组织。

当员工感受到来自组织的关心、支持和认同时，他们会产生对组织的忠诚感与义务感。或者说，组织支持感能增加员工对组织的感情承诺，减少员工消极行为。凌文辁等（2001）的研究表明，中国员工的组织支持感可以分为对员工生活方面的支持和对员工工作方面的支持两个维度，组织对员工工作方面的支持对员工的理想承诺有正向影响。刘小平（2005）对国内 5 家不同类型企业的 214 名员工的调查表明，组织支持作为人—组织匹配和组织公平等变量的中介变量，对组织承诺有极其显著的影响。凌文辁等（2006）的研究结果表明，中国员工的组织支持感对感情承诺具有积极的影响作用。宋利、古继宝和杨力（2006）对来自高校、医院、国有企业、民营企业的 6 家单位的员工进行了测试，发现组织支持感对感情承诺和规范承诺均有显著正向影响。那么组织支持理论是否可以支持本维度“提供学习的战略领导”对组织承诺的显著影响呢？从沃特金斯与马席克对本维度的定义我们可以看出，“提供学习的战略领导”意味着领导者支持员工个体学习，建立并维护鼓励、支持学习的机制，并对下属进行辅导、指引与帮助。这些无疑将使员工感知到组织支持。如前所述，知识经济时代的员工有着强烈的学习欲望，他们的工作与学习密不可分。因此，当员工感知到领导者（代表组织）对学习的支持时，会产生对组织的忠诚感，进而因这一感知对组织产生忠诚感与义务感。

（3）组织学习文化与组织承诺关系的假设

从上述分析我们可以看出，组织承诺作为一个受组织文化影响的工作态度变量，受组织学习文化多个维度的影响。本研究认为，这些不同的因素会形成合力，使组织学习文化对组织承诺及其各子变量（感情承诺、继续承诺和规范承诺）产生显著影响。因此，本研究提出如下假设：

H1：组织学习文化会对员工组织承诺具有显著的正向影响。

H1a：组织学习文化会对员工感情承诺具有显著的正向影响。

H1b：组织学习文化会对员工继续承诺具有显著的正向影响。

H1c：组织学习文化会对员工规范承诺具有显著的正向影响。

3.2.2 工作满意度——组织学习文化与组织承诺间的中介变量

本研究认为，组织学习文化可能对员工组织承诺产生直接的、正向的影响。然而，这种影响也可能通过某些中介变量产生影响。本研究选择工作满意度作为二者间中介变量，具体理由分为两方面阐述：第一，组织学习文化是工作满意度的重要影响因素；第二，工作满意度是影响组织承诺的重要前因变量。

（1）组织学习文化与工作满意度

研究表明，工作满意度作为一种工作态度变量，受个体变量（人格特质、能力、情境人格、知觉、任职和期望等）和情境变量（组织管理政策、工作关系、工作环境等）的双重影响。在情境变量中，组织文化是工作满意度的一大影响因素。在组织文化与工作满意度关系的研究中，金（Kim，2002）发现，员工对组织文化的感知会影响员工的工作满意度，包含有效的上下级沟通的参与式管理可提升员工工作满意度。何丹、李文东和时勘（2009）考察了不同的组织文化中诚信导向的文化、团队导向的文化、成就导向的文化和创新导向的文化对员工工作满意度和感情承诺的影响。结果表明，这四种组织文化对员工工作满意度均有显著影响。组织学习文化体现的是一种以学习为导向的组织文化，这种文化包含认可员工个体的价值，给予员工自主决策的权力，鼓励团队学习，当然也鼓励创新。因此可以说，以上研究所涉及的组织文化因素在一定程度上反映了组织学习文化的一些方面，因而从一个侧面表明组织学习文化对工作满意度会产生显著影响。

从组织学习文化构成维度来看，多个构成要素对工作满意度有显著影响。首先，多位学者的研究表明，持续学习可以提高雇员满意度。哈瑞尔与查菲尔（Harel & Tzafrir，1999）和保罗与阿南萨拉曼（Paul & Anatharaman，2004）等的研究表明，培训可提高雇员工作满意度。劳登和科奈恩（Rowden & Conine，2005）通过以美国小型商业银行对研究样本的实证研究发现，工作学习与工作满意度显著相关。此外，艾伦与班伯格（Eylon & Bamberger，2000）的研究发现，授权对工作满意度与绩效有显著影响。俞文钊（1996）研究发现，领导水平是工作满意度重要的前因变量之一。

以上研究分别从组织学习文化具体反映要素方面探讨了其对工作满意度的影响。此外，还有一些研究从组织学习的不同视角（如组织学习气候、组织学习能力等）探讨了其对工作满意度的影响。这些研究普遍表明，当组织优先考虑学习与发展时，通常其员工工作满意度会得到改善。米克尔森和葛朗豪格（Mikkelsen & Grønhaug，1999）以挪威邮政部门和卫生部门 693 位工作人员为调查对象，考察了组织学习气候与工作满意度的关系，发现组织学习气候对工作满意度具有较好的预测作用。张和李（Chang & Lee，2007）的研究表明学习型组织的实践对工作满意度有显著正向影响。奇瓦等（Chiva et al., 2008）通过对意大利和西班牙瓷砖产业 8 家公司 157 名雇员进行问卷调查，考察了组织学习能力和工作满意度之间的关系，结果表明，组织学习能力与工作满意度显著相关。卡西姆等（Kasim et al., 2008）以马来西亚吉隆坡和布城的 4579 名行政与外交官员为调查对象，研究了组织承诺与工作满意度在组织学习与公共服务部门管理者的工作绩效两者间的中介作用，结果表明，组织学习对于解释组织承诺、工作满意度和工作绩效有着同等重要的作用。此外，组织为员工个体创造的学习机会也会影响工作满意度。

虽然目前仅有少量研究显示组织学习文化整体对于工作满意度的影响，但是通过以上分析，本研究认为，组织学习文化作为一种支持个体、团队与组织层面学习，鼓励知识获取、传播与共享的组织价值观与规范，会对员工的工作满意度产生显著影响。因此，特提出假设如下：

H2：组织学习文化对员工工作满意度会具有显著的正向影响。

（2）工作满意度与组织承诺

组织承诺和工作满意度是两种重要的员工工作态度，是两个不同但密切相关的概念。现有研究普遍证实工作满意度与组织承诺间有显著的正相关关系。马蒂厄和扎亚茨（Mathieu & Zajac，1990）的研究发现组织承诺与工作满意度的相关系数约为 0.53。泰德和迈耶（Tett & Meyer，1993）的整合分析发现工作满意度与组织承诺的相关系数约为 0.70。黄春生（2004）采用典型相关分析研究了工作满意度、组织承诺与离职倾向的关系，发现工作满意度各维度和组织承诺各维度间正相关。句泳和郭强（2005）对中国基层军医的工作满意度、组织承诺及离职意向进行实证研究，结果表明，基层军医的工作满意度与组织承诺正相关。刘勇陟（2005）以企业员工为研究对象，对员工的工作压力、工作满意度及组织承诺之间的关系进行实证研究，结论显示，员工工作满意度同员工的组织承诺显著正相关。

虽然学者们普遍认同工作满意度与组织承诺间的正相关关系，但对于两者间的因果关系存在分歧，主要表现为以下 3 种不同的观点：①工作满意度影响组织承诺；②组织承诺影响工作满意度；③两者只是相关关系，不存在谁影响谁的问题。

大部分学者在研究中支持员工工作满意度导致组织承诺的产生，持有这种观点的研究者假设员工对于工作的态度会转移到整个组织身上。波特等（1974）认为工作满意度是产生组织承诺的前因。法拉尔和拉斯伯特（Farrell & Rusbult，1982）以会计师与护士为样本的研究表明，工作满意度不仅与组织承诺成正向关系，而且工作满意度是组织承诺的前因变量。拉斯伯特（Rusbult，1983）对工作满意度、组织承诺和离职行为长达数年的纵向研究也得出了相同的结论。威廉姆斯和哈泽尔（Williams & Hazer，1986）通过结构方程分析方法发现，由工作满意度直接导向组织承诺的关系比较显著，但由组织承诺导向工作满意的关系则较不明显。马蒂厄和扎亚茨（Mathieu & Zajac，1990）通过元分析发现工作满意度的提高可以导致组织承诺的提高。林肯和卡勒贝里（Lincoln & Kalleberg，1990）的研究表明，工作满意度可正向影响组织承诺，员工对工作的感情可带来员工对公司的认同感与忠诚。陈晓萍等（Chen，Hui，& Sego，1998）通过对中国 11 家企业的 228 名中层管理者及他们的直属主管的问卷调查和 3 个月的跟踪调查发现，工作满意度对组织承诺存在着直接影响。康锦江、杨春江和张化东（2004）定性研究了知识员工的工作满意度与组织承诺之间的关系，发现工作满意度高，则留在组织内的吸引力就大，组织承诺就高。

工作满意度和组织承诺关系的第二种观点是：组织承诺是工作满意度的前因变量。一些研究证实了这一观点（如：Bateman & Strasser，1984；Vandenberg & Lance，1992）。这些研究发现，员工会自发地将自己的工作满意度调整为与组织承诺相当的水平。

工作满意度和组织承诺关系的第三种观点是工作满意度和组织承诺只是相关而已，不存在谁影响谁的问题，即不存在因果关系（Farkas & Tetrick，1989；Mathieu，1991）。

针对以上 3 种观点，本研究认为工作满意度是组织承诺的前因变量，理由如下：

①工作满意度是指员工对其工作的情感反应与态度，是易形成的、短暂的情绪反应，会较为敏感地、直接地随工作情境的变化而改变。组织承诺是员工基于对组织的感情、个体利益与责任感而对组织产生的认同感、忠诚感和投入意愿，体现了员工对企业关系的整体评估，相对于工作满意度而言具有较高的稳定性。由于工作满意度是员工对工作的情绪和态度的最表层表达形式，通常是对组织行为反应的最初表现，而员工的组织承诺是员工对组织的态度的较深层次的情绪反应和行为反应（凌玲、凌红，2009）。员工对于工作的积极情感反应与态度会转移到整个组织身上，对企业产生认同与投入，愿意留在企业。其对工作的消极情感反应与态度则会使员工将这种消极的态度转移到整个组织身上，对企业产生抵触情绪，产生离职意愿。

②从数据统计分析的角度，要识别变量间的因果关系，最好的方法是采用实验法，即通过控制其他变量的影响，观察某个变量的变化对假设的结果变量是否产生显著影响来识别证明它们之间的因果效应。对此，马什（Marsh，1990）曾提出四点参考意见：第一，采用纵向研究数据，每个变量至少要有两次测量；第二，使用多个指标衡量潜变量；第三，样本要足够大并具有代

表性，使分析结果具有实质意义和普遍性；第四，考虑不同模型的意义，考虑指标误差项相关的意义。参照马什的参考意见，我们可以看出，拉斯伯特（Rusbult，1983）是通过纵向研究数据来分析工作满意度和组织承诺的因果关系的。威廉姆斯和哈泽尔（Williams & Hazer，1986）的结论是通过分析工作满意度影响组织承诺的因果模型和组织承诺影响工作满意度的因果模型的拟合优度得出的。因此，他们对工作满意度和组织承诺因果关系的研究结论是值得信任的。

基于本节相关文献回顾以及对工作满意度和组织承诺关系的分析，本研究认为，在组织学习文化和组织承诺两个变量间，工作满意度是前因变量，组织承诺是结果变量，并提出以下假设：

H3：员工工作满意度对其组织承诺具有显著的正向影响。

H3a：员工工作满意度对其感情承诺具有显著的正向影响。

H3b：员工工作满意度对其继续承诺具有显著的正向影响。

H3c：员工工作满意度对其规范承诺具有显著的正向影响。

进一步地综合以上两方面的分析，本研究认为，工作满意度是组织学习文化与组织承诺间的中介变量。与此同时，组织学习文化不可能完全通过工作满意度影响组织承诺，也就是说，这种中介作用应该是部分中介，而非完全中介。据此，提出研究假设如下：

H4：员工工作满意度在组织学习文化与员工组织承诺间起部分中介作用。

3.2.3 控制变量与组织承诺

在第二章组织承诺文献综述部分，本研究发现一些个体特征变量和组织变量与组织承诺相关。虽然各研究在相关的正负方向方面存在差异，但是两者间关系的显著性毋庸置疑。以下是一些典型的研究结论。

谢尔登（Sheldon，1971）、赫雷比尼亚克（Hrebiniak，1974）和斯蒂尔斯（1977）等的研究均发现年龄与组织承诺正相关。科克和斯蒂尔斯（Koch & Steers，1978）、莫迪等（1982）与罗斯和莱斯金（Ross & Reskin，1992）的研究结果发现，教育程度与组织承诺负相关。林肯和克拉伯格（Lincoln & Kalleberg，1990）的研究表明，女性比男性的组织承诺高。崔勋（2003）的研究发现，员工的人口学特征变量（性别、年龄、学历、婚姻状况、户口）和职务相关变量（职位、连续工龄、离职次数、晋升概率、晋升次数等）对员工的组织承诺都有显著影响。高日光、凌文辁和王碧英（2004）针对国内知识员工的研究表明，在知识员工中，学历越高组织承诺越低，专业知识越稀缺组织承诺越低。杨春江和逯叶（2007）的研究表明，年龄对知识员工的继续承诺水平有着显著影响，现单位工作年限对知识员工的理想承诺和连续承诺有明显影响，企业性质对知识员工的感情承诺、继续承诺等有着明显影响，企业规模对知识员工的继续承诺有着明显影响。

基于以上文献，本研究认为，本研究情境中的组织承诺很可能会受到以上两类变量的影响，因此在本研究的理论模型中将这些变量作为控制变量加入模型。换言之，本研究考察的可能影响组织承诺的控制变量分为两类：一类是员工个体特征，包括年龄、性别、学历、年资和月收入；另一类是企业特征，包括企业性质（所有权性质）和企业规模。

3.2.4　控制变量与工作满意度

同样，在第二章工作满意度文献综述部分，本研究发现一些个体特征变量和组织变量与工作满意度相关。在本研究的理论模型中将这些变量作为控制变量加入模型，梳理相关研究与结论如下。

（1）员工个体特征变量与工作满意度

文献中存在大量研究员工个体特征变量与工作满意度关系的文章，这些文章分析了诸如性别、年龄、学历、年资、月收入、职位等变量对于员工工作满意度的影响。在性别对工作满意度的影响上，福纳特等（Fournet，Distefano，& Priver，1966）和俞文钊（1996）的研究表明，员工性别是工作满意度的影响因素之一，女性比男性的工作满意度高。然而，在这方面的研究结论存在分歧，莫塔兹（Mottaz，1986）的研究发现，男性在总体工作满意度方面均显著高于女性。张和谢林（Chang & Scherling，1999）对中国台湾高科技行业员工的工作满意度研究表明，男性比女性的工作满意度高。张世菊与廖建桥（2007）针对国内 15 家企业进行的调查也得出了同样的结论。

在年龄对工作满意度的影响上，大部分研究认为年长员工工作满意度水平高于年轻员工，例如，莫塔兹（Mottaz，1987）的研究表明，年长员工总体工作满意度水平高于年轻员工，俞文钊（1996）的研究也验证了这一结论。然而，张世菊与廖建桥（2007）的研究结论是，不满 40 岁的员工工作满意度显著高于 40 岁以上的员工。

在学历对工作满意度的影响上，沃尔默和金尼（Vollmer & Kinney，1955）发现二者呈负相关关系。刘金钵（2001）和冯田华（2001）的结论与沃尔默和金尼的结论一致。袁声莉和马士华（2002）发现，本科及以上学历的员工工作满意度最高，其次是高中或中专学历的员工，大专学历的员工工作满意度最低。

在年资对工作满意度的影响上，一部分学者认为年资与工作满意度存在负线性相关，如史密斯（Smith，1969）等；一部分学者认为年资与工作满意度存在显著的正相关关系，如刘凤瑜和张金成（2004）。袁声莉和马士华（2002）对中国员工的总体工作满意度的研究表明，年资和总体工作满意度的关系曲线呈凹形。张世菊与廖建桥（2007）的研究表明，不同工龄的员工在工作满意度各维度和总体工作满意度上不存在显著性差异。可见在年资对工作满意度的影响上，结论相差甚远。

在职位对工作满意度的影响上，俞文钊（1996）对合资企业员工工作满意度的实证研究发现，职位高的员工比职务低的员工工作满意度高。张勉和李树茁（2001）与冯田华（2001）等学者的研究证实了这一结论。冯田华认为，职位之所以对工作满意度具有显著正向影响，是因为较高的职位会带来对工作本身的高度认可，并且职位高意味着较高的福利待遇、较大的自主性、较高的工作责任。

在收入对工作满意度的影响上，张勉和李树茁（2001）的研究表明月收入显著影响工作满意度。

从以上研究结果可以看出，研究者基本认同个体特征变量与工作满意度的显著相关性，但是因为研究情境、研究对象等方面的差异，研究结论存在较大分歧。本书的研究对象是国内知识型企业中的知识员工，是一群具有特异性的员工群体。对于他们而言，个体特征变量是否影响其工作满意度有待检验。鉴于目前大多数研究认同两者间的显著相关关系，结合相关研究结论，本研究将这些个体特征变量作为控制变量纳入模型。

（2）组织特征变量与工作满意度

对于组织特征变量与员工工作满意度的关系，文献也有述及。张勉和李树茁（2001）的研究表明，企业所在行业和企业性质显著影响工作满意度。张世菊与廖建桥（2007）的研究表明，民营企业员工的工作满意度显著高于国有企业员工。彭仁贤与王晓晖（2007）对国内不同性质企业中的知识员工的工作满意度进行了比较研究，结果表明，私有企业知识员工的总体工作满意度最高，外企其次，国企相对最低。

虽然相关文献，特别是针对知识员工的相关文献并不多见，本研究认为，组织特征变量不同，其知识员工的工作满意度将有显著不同，故而将组织规模和组织性质作为控制变量纳入模型。

3.3　理论模型与研究假设

根据上述理论推演，本书汇总了以下各项研究假设，如表 3-2 所示。

表 3-2　研究假设汇总

编号	假设
H1	组织学习文化对员工组织承诺具有显著的正向影响
H1a	组织学习文化对员工感情承诺具有显著的正向影响
H1b	组织学习文化对员工继续承诺具有显著的正向影响
H1c	组织学习文化对员工规范承诺具有显著的正向影响
H2	组织学习文化对员工工作满意度具有显著的正向影响
H3	员工工作满意度对其组织承诺具有显著的正向影响
H3a	员工工作满意度对其感情承诺具有显著的正向影响
H3b	员工工作满意度对其继续承诺具有显著的正向影响
H3c	员工工作满意度对其规范承诺具有显著的正向影响
H4	员工工作满意度在组织学习文化与员工组织承诺间起部分中介作用

根据上述各项研究假设，本研究形成了待检验的理论模型，如图 3-1 所示。

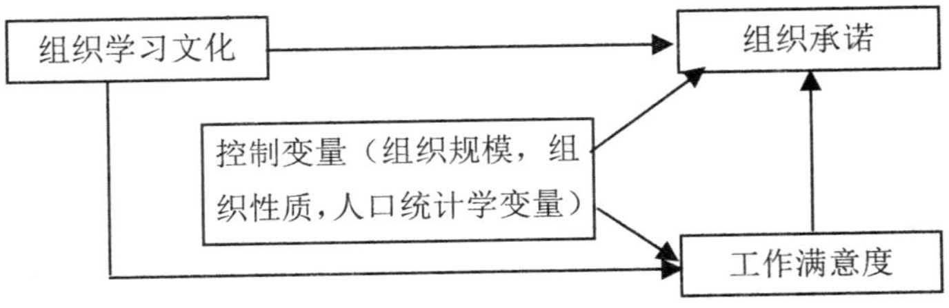

图 3-1　研究理论模型

在这一理论模型中，组织学习文化是影响组织承诺和工作满意度的前因变量。工作满意度是组织学习文化与组织承诺两个变量的中介变量，起部分中介的作用。组织学习文化可能直接影响组织承诺，也可能通过影响工作满意度间接对组织承诺产生影响。当然，组织承诺和工作满意度还受其他一些变量，如组织特征变量与员工个体特征变量的影响，在本模型中，将把这些变量作为控制变量加以分析研究。当然，本模型只是根据现有研究和理论逻辑推理建立的，需要通过实证研究进行检验。

3.4　本章小结

本章主要对研究变量与概念进行了界定，并在文献分析与逻辑推理的基础上对组织学习文化、工作满意度和组织承诺各个变量间的关系进行推理，提出相应假设。此外，本章还对员工个体特征与组织特征变量等控制变量对工作满意度和组织承诺的影响进行了分析，提出相应假设，最终建立了待检验的研究理论模型。

第四章　研究设计与研究方法

本研究采用抽样调查研究，以中国知识型企业内的知识员工为研究对象，通过访谈和问卷两种调查方法获得数据资料；通过统计分析，检验相关假设和理论模型。本章主要介绍研究设计与研究方法，包括研究母体与研究对象、变量的测量维度、问卷设计、抽样方法与样本大小、数据分析方法等，其中详述了问卷设计和小样本预测试的方法、过程与结果。

4.1　研究设计

4.1.1　研究母体与研究对象

本研究选择国内知识型企业作为研究母体，原因如下：知识型企业是以知识和知识员工为核心资源的企业，其核心竞争力在很大程度上取决于其组织学习的能力与效果，而知识员工的忠诚感和工作动力直接影响其绩效和竞争力。因此，以知识型企业为研究母体，考察知识型企业组织学习文化和知识员工工作满意度与组织承诺的关系具有较大的现实意义。然而，现有文献对于知识型企业的组织学习文化研究较少，且未见以国内知识型企业为研究母体，探究其组织学习文化对员工组织承诺影响的文献（也有可能受文献可获得性的限制未发现）。[①]因此，本研究认为有必要选择知识型企业作为研究母体。

本研究选择知识型企业中的知识员工作为研究对象，原因在于：知识型企业中的员工主体是知识员工，他们拥有的知识和创造力是知识型企业最大的无形资产，是知识型企业核心竞争力的源泉。现有研究表明，知识员工的工作满意度和组织承诺对于知识员工的留职意愿和工作绩效有着显著影响，进而会影响知识型企业的绩效与竞争力（Williams & Anderson，1991；Randall，1999；

① 本研究在检索中使用的论文数据库包括：中国期刊网 CNKI 全文数据库、Springer Link、EBSCO、Elsevier 和 Emerald。

刘丹和江璇，2009）。因此，本研究选择以知识型企业的知识员工为研究对象，通过调查知识员工对组织学习文化的感知以及知识员工工作满意度和组织承诺的现状，探讨变量间可能存在的关系，以期对知识型企业的知识管理和人力资源管理提供实证参考。

4.1.2 变量的测量

要科学探讨变量间的关系，首先需要准确地对变量进行测量。本研究主要涉及组织学习文化、工作满意度和组织承诺三个变量，它们均为抽象的构念，无法直接观察或衡量。因此，本研究将依据现有文献确定变量的测量维度（详见 4.2），按照心理学量表的一般构建程序开发量表（详见 4.3），并通过对小样本预测试和大样本数据的分析来检验量表的信度和效度。

4.1.3 抽样方法与样本大小

一般来说，抽样方法可以分为非随机抽样和随机抽样两类。随机抽样的好处是比较有代表性，能较好地代表总体的情况。但是由于受总体规模的大小，研究的人力、物力等限制，也可以采用非随机抽样。本研究在问卷调查过程中，未采用纯粹的随机抽样方法，而采用了非随机抽样，主要原因是：①知识型企业在国内并无官方界定，也无明晰的知识型企业目录。虽然国家科技部、财政部和国家税务总局于 2008 年联合发布的《高新技术企业认定管理办法》对高新技术企业进行了界定，但是本书研究的知识型企业的范围与高新技术企业存在较大差别。因此，本研究无法获得完整的相关企业目录作为抽样框，也无法在此基础上进行随机抽样。②即便此类企业目录存在，随机抽样仍然会受到某些企业参与意愿的影响。③此外，总体规模大、分布广以及研究资源（人力、财力、物力、社会关系）有限等因素也限制了本研究采用随机抽样。

本研究采用的是滚雪球抽样结合随机抽样的方法。在选择研究地区时，主要依据方便原则，即本研究所具备的人力、物力资源与社会资源可以到达的地区，尽可能分布在全国各大区域。在选择研究母体时，主要采用滚雪球的方式，选择支持研究调查的知识型企业，同时兼顾行业分布。在本研究中，每一个企业选择受试者时从目标群体中进行随机抽取。

在样本大小方面，本研究在小样本预测试与大样本调查中所需的样本量不同。小样本预测试主要为量表优化服务，属于探索性研究，因此依据研究惯例，将样本量定为60~70。

至于大样本调查，本研究认为将样本量确定在300~400比较合理，因为本研究将采用结构方程模型分析大样本数据，对研究假设进行检验。关于结构方程所要求的样本量，学者们的看法存在较大差异。布姆萨马（Boomsma，1982）认为样本量在100~200较好，如果样本量小于100，所产生的相关矩阵不够稳定，导致结构方程分析结果的信度低。巴戈席与易（Bagozzi & Yi，1988）认为结构方程模型分析所需的样本数量必须大于50，最好为待估参数数量的5倍以上。海尔等（Hair et al., 1998）认为样本量应大于100，但是不能太大。如果太大（超过400），则最大似然估计法就会变得非常敏感，从而使所有的拟合优度指标变得很不理想。侯杰泰、温忠麟和成子娟（2004）在总结各种文献以及自己研究经验的基础上，认为大多数结构方程模型需要至少100~200个样本。鉴于研究中的验证性因子分析和全模型分析最好采用不同的数据，本研究需要把样本数据随机分为数量均等的两组，所以将样本量确定在300~400。

4.1.4　问卷发放与回收方法

本研究使用自评式问卷，采用匿名形式，通过纸质问卷与电子问卷两种方式收集数据。纸质问卷发放与回收的方法为：委托企业人力资源部工作人员根据随机抽样结果将已装入空白信封的纸质问卷发放到员工个体，问卷填写完毕由员工密封后交还工作人员。电子问卷发放与回收方法为：研究者先将电子问卷上传至问卷调查网站“问卷星”（www.sojump.com），然后逐个邀请企业组织员工在约定的时间在线填写并提交问卷。

问卷回收后，研究者对问卷的有效性进行检查，排除无效问卷。无效问卷的确定原则包括：①问卷漏答过多；②对于问卷中设置的反向条款，回答有前后矛盾现象；③问卷中“既不反对也不赞同”选项超过50%；④问卷填写呈现明显规律性。

4.1.5　数据分析方法

本研究调查数据主要采用SPSS15.0和AMOS 7.0统计分析软件进行分析，所使用的统计方法包括描述性统计、独立样本T检验、探索性因子分析、验证性因子分析、层次回归分析、结构方程模型分析等。

（1）描述性统计

本研究对样本企业信息和员工信息进行了描述性统计。企业信息包括企业性质和规模。员工信息包括员工性别、年龄、文化程度、月收入、年资、职位等。分析结果包括各变量频次统计、百分比与累计百分比。此外，本研究还对变量测量值进行了描述性统计，分析结果包括各变量值的均值、标准差、峰度、偏度等。

（2）独立样本 T 检验

对于电子问卷调查与纸制问卷调查差异分析，本研究运用独立样本 T 检验法对两类问卷对应测量条款取值进行对比检验，考察其均值是否存在显著差异。在检验前，先通过列文方差齐性分析考察方差是否齐性，然后在此基础上判断均值差异是否显著。

（3）探索性因子分析

本研究使用探索性因子分析方法，检验测量条款的单维性，检查共同方法变异的影响。此外，本研究还通过探索性因子分析将因子结构存在争议的变量分解为不同数量的因子，建立多个模型进行比较分析。

（4）验证性因子分析

本研究通过验证性因子分析方法，检验组织学习文化、组织承诺、工作满意度 3 个变量各自的因子模型，验证模型中各测量条款与因子的从属关系是否正确，并根据修正指数和相关理论对模型进行适当修改。与此同时，根据模型的拟合指数、因子负荷与其他一些相关指标，分析模型的收敛效度和区分效度。

（5）层次回归分析

本研究运用层次回归分析来检验员工个体特征和组织特征控制变量对中介变量工作满意度和结果变量组织承诺的影响是否显著。

（6）结构方程模型分析

结构方程模型分析是基于变量的协方差矩阵来分析变量之间关系的一种统计方法（侯杰泰等，2004）。它结合了因子分析与路径分析两大统计技术，既可以分析潜变量与测量指标的关系，也可以分析潜变量之间的结构关系。结构方程模型可分为测量模型和结构模型两部分。测量模型描述的是潜变量与观测指标之间的关系，而结构模型描述的是潜变量与潜变量之间的关系。相对于回归分析而言，结构方程模型具有较多的优势。它可以同时处理多个因变量，允许自变量和因变量存在测量误差，既可以分析潜变量的结构又可以分析潜变量间的关系，也能估计整体模型的拟合度（侯杰泰等，2004）。

由于本研究的变量组织学习文化、工作满意度和组织承诺均属潜变量，本研究运用结构方程模型分析方法来分析调查数据，验证研究模型和假设，探讨 3 个变量之间的关系。

4.2 变量的测量维度

4.2.1 组织学习文化的测量维度

在本研究中，组织学习文化被定义为：一种支持个体、团队与组织层面学习，鼓励知识获取、传播与共享的组织价值观与规范；这种文化重视员工固有个体价值，将学习视为嵌入工作任务和组织结构，并与环境联结的持续过程。这是一个从学习和发展的视角反映组织行为的概念，是一个无法直接观察或测量的抽象构念，需要通过一系列可观测变量来显现（Yang，2003）。人们通常认为文化是一个十分抽象的概念，看不见、摸不着，当然无法测量。作为一个抽象的构念，它的确如此。然而，杨百寅基于沃特金斯与马席克组织学习理论的实证研究显示，组织学习文化可通过一系列可观测变量和行为精确反映（Yang，2003）。在同一篇文章中，杨百寅指出组织学习文化这一构念之所以成立是因为学习文化的抽象概念可以通过组织学习文化量表（DLOQ）中包含的一系列可观测行为加以推定。

根据沃特金斯和马席克（2003）的研究，组织学习文化这一抽象的构念可以从 7 个维度衡量，分别是：持续学习、探询与对话、合作与团队学习、系统嵌入、授权员工、系统联结、战略领导。本研究在对组织学习文化进行测量时，借鉴了沃特金斯与马席克的组织学习文化七维度衡量法。

4.2.2 工作满意度的测量维度

从文献综述部分可以看出，研究者们将工作满意度分为两大类：总体工作满意度和具体工作满意度。总体工作满意度反映的是员工对其工作的总体态度，是一个单维变量；具体工作满意度是从员工内在满意度和外在满意度两方面反映员工对于工作及其所包含因素的满意程度。在本研究从总体工作满意度着眼，将工作满意度定义为员工个体对其工作的情感反应与态度，而且仅将工作满意度作为组织学习文化和组织承诺两个变量的中介变量。因为本研究的重点并非考察组织学习文化对其具体各个维度的影响，因此仅将整体工作满意度放入模型，作为一个单维度变量处理。

4.2.3 组织承诺的测量维度

本研究对组织承诺的定义为：组织承诺是员工基于对组织的感情、个体利益与责任感而对组织产生的认同感、忠诚感和投入意愿。该定义是建立在迈耶和艾伦（1990，1991）定义基础之上的。迈耶和艾伦提出，组织承诺包括三个维度：感情承诺（反映的是员工对组织的感情依附、认同与投入，反映了雇员出于对企业的感情留在企业的愿望）、继续承诺（反映的是个人基于功利性考虑而愿意继续留在组织中的承诺）和规范承诺（反映的是员工由于长期受社会影响形成的社会责任感和义务感而留在组织内的承诺）。本研究把组织承诺作为多维度的变量，根据迈耶与艾伦的理论从感情承诺、继续承诺和规范承诺三个维度对其加以测量。

4.3 问卷设计

4.3.1 问卷设计原则与过程

（1）问卷设计原则

问卷提供了标准化和统一化的数据收集程序，其科学性是确保研究具有较好信度和效度的基础。不恰当的问卷设计会导致不完全的信息与不准确的数据。结合一些学者关于问卷设计原则的讨论，本研究在问卷设计时遵照以下原则：

①问卷设计应尽可能简明、便于回答、具有吸引力（李怀祖，2004）。

②在题项内容设计方面，考虑题项的必要性、敏感性、威胁性和引导性等因素（荣泰生，2005），避免将带有倾向性、难以真实回答的题项或未经确认的事情作为前提假设（李怀祖，2004）。

③在题项答案方面，强调答案的完备性和互斥性（李怀祖，2004）。

④在题项描述方面，用词要简洁易懂，避免专业术语、二合一的问题，还应注意填答者对于一个问题的自我思维架构与填答意愿（荣泰生，2005）。

⑤在题项的次序安排方面，问卷首先需说明研究目的，保证填答者的隐私，由简到难排序，将同一主题的题项放在一起，将敏感性、威胁性题项和人口统计题项放在最后（荣泰生，2005）。

值得特别指出的是，在问卷设计过程中，本研究还强调关注社会称许性反应偏差（social desirability），即受试者给出正向自我描述的倾向（白新文、李峰和陈毅文，2004）。这一偏差产生的主要原因是问卷中包含禁忌性和敏感性题项、自我与社会价值规范间的差异、涉及压力知觉和面子的题项（韩振华和任剑峰，2002；荣泰生，2005）。本研究所使用的问卷为自评式问卷，容易受社会称许反应偏差的影响，降低测量问卷的信度和效度（Ganster et al., 1983）。为避免这一问题，在问卷设计中，除了避免提及禁忌性、威胁性和敏感性题项之外，本研究还遵照其他一些原则：①问卷主要借鉴较成熟的现有量表编制，确保题项的科学性。②在问卷中郑重承诺问卷调查的纯学术研究目的和调查信息的保密性。③在问卷说明页中，真诚地说明研究意义，请求配合，并诚恳致谢。④通过在问卷中平衡综合使用正向、反向陈述题项，减少反应偏差（郭庆科，韩丹和王昭，2006）。⑤在问卷调查实施过程中，采用当场发放、回收的形式，问卷回收时尽量让受试者自己将其密封后提交，以保证问卷的匿名性。对于地理距离较远的受试者，采取逐个邀请参与有密码保护的网络匿名问卷填写的方式进行，同样保证了受试者的信息隐秘性。⑥此外，在进行问卷调查过程中，调查者始终保持真诚的态度与受试者沟通，当面承诺信息的保密性，并诚恳致谢。

（2）问卷设计过程

本研究具体问卷设计过程如图 4-1 所示。

①问卷选择。基于本研究对变量的操作性定义，结合相关文献，梳理现有的变量测量工具。在此基础上，结合本研究的理论构思，选择被国内外学者证实有效的或者相对成熟的量表作为本研究问卷设计的基础。

②问卷翻译。为了确保不同语言版本问卷的语言等值性，保证翻译的质量，本研究采用往返翻译的方式。

③通过文献梳理和深度访谈，修订形成初始问卷。由于本研究是基于中国研究情境的，因而对各变量的测量条款需在参考现有量表的基础上，通过文献梳理和深度访谈，结合中国文化的特点进行修改，编制初始问卷。

④小样本预测试。鉴于不同文化背景下形成的量表在语言、修辞及成语使用上会存在差异，本研究通过小样本预测试，为量表的进一步修订提供依据。

⑤根据小样本预测试的数据分析结果，再次与专家和企业代表交流，对量表作进一步的修改和整合，形成最终调查问卷。

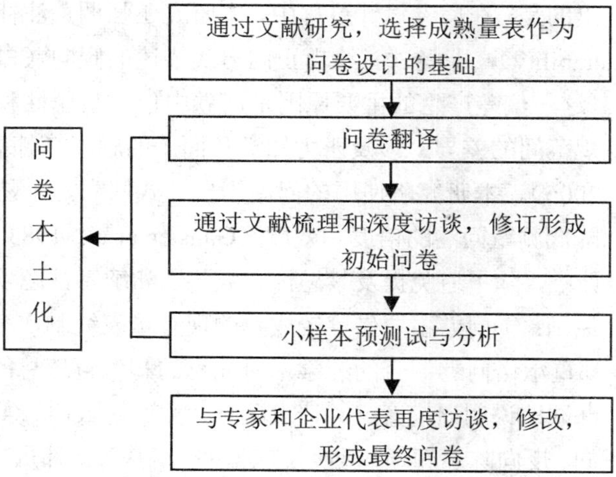

图 4-1 问卷设计流程图

4.3.2 量表选择

（1）组织学习文化量表的选择

本研究对于组织学习文化的测量使用沃特金斯与马席克所设计的 DLOQ 量表。该量表是测量组织学习文化与实践的工具，可用于衡量影响个人与组织学习的组织文化、系统和结构等重要因素（Marsick et al., 2003）。DLOQ 采用里克特五级量表，包含七个维度，每个维度的均值代表该维度的分值。DLOQ 共有两个版本，包括实践者版本（包含 43 个题项）和学术版本（包含 21 个题项)。其最初版本为实践者版本，后来杨百寅、沃特金斯和马席克（Yang，Watkins，& Marsick，2004）通过探索性与验证性因子分析，将实践者版本缩短成包含 21 个题项的学术版本，并证实学术版本的拟合指数优于实践者版本。DLOQ 学术版本中的七个维度分别对应三个题项，如表 4-1 所示。

表 4-1 组织学习文化测量维度与测量条款

测量维度	测量条款
持续学习	1.在我公司，员工互相帮助学习 2.在我公司，公司提供时间支持员工学习 3.我公司奖励那些学习的员工
探询和对话	4.在我公司，人们彼此给予公开又坦诚的意见回馈 5.在我公司，人们愿意花时间建立相互信任的关系 6.在我所属的公司中，每当人们阐述自己的观点时会兼顾别人的想法

续表

测量维度	测量条款
合作与团队学习	7.在我公司，小组或团队有权根据需要调整其目标 8.在我公司，小组或团队会根据搜集的信息和小组讨论的结果，修正他们的想法 9.在我公司，各小组或团队相信公司在决策时会重视他们的建议
系统嵌入	10.我公司建立系统的方法来测量员工当前绩效和期望绩效之间的差距 11.我公司将积累的经验、信息向员工开放，供员工借鉴学习 12.我公司对花在培训上的时间及资源所带来的效果进行评估
授权员工	13.我公司赏识那些具有主动进取、开拓创新精神的人 14.我公司允许员工自行支配完成任务所需的资源 15.我公司支持员工冒有备之险
系统联结	16.我公司鼓励员工从全局和整体的角度来考虑问题 17.我公司注重与外部社区合作，以满足共同的需要 18.我公司鼓励员工在研究解决问题时，从整个公司范围内思考和寻找答案
战略领导	19.在我公司，领导者会提供员工指导与协助 20.在我公司，领导者不断地寻找学习的机会 21.在我所属的公司中，领导者确保公司的行动与公司价值观相符

资料来源：Yang, B., Watkins, K. E. & Marsick, V.J. The Construct of the Learning Organization Dimensions, Measurement, and Validation[J]. Human Resource Development Quarterly, 2004, 15(1): 31-55.

沃特金斯和马席克等学者运用DLOQ量表作了大量研究，对量表的信度和效度进行了分析与检验，他们的研究表明，DLOQ设计科学，可以为组织研究者和管理者提供组织学习文化建设方面的宝贵、实用的策略。

在DLOQ信度方面，杨百寅、沃特金斯和马席克早在1998年就证实，DLOQ的七个维度均具有可接受的信度（α系数为0.75~0.85），与实证数据拟合良好。埃林杰、杨百寅和豪顿（Ellinger，Yang，& Howton，2002）证实DLOQ具有可接受的信度，α系数为0.75~0.85。杨百寅（2003）的研究表明，七个分量表的α值分别为：0.71、0.83、0.83、0.74、0.86、0.83和0.90，而量表总体α值高达0.95。此外，学者们在不同国家或文化情境下使用DLOQ进行的研究同样表明，DLOQ具有可以接受的信度（如：Song & Chermack，2008；Lien，Yang，& Li，2002；D. Zhang，Z. Zhang，& B.Yang，2004）。

对于DLOQ的结构效度，埃林杰等（2002）通过验证性因子分析，证明DLOQ七维度结构与数据拟合良好。杨百寅（Yang，2003）通过验证性因子分析，证明 DLOQ 量表的七因子结构在多个备择测量模型中具有最佳的模型数据拟合度（RMR=0.04，RMSEA=0.08，GFI=0.86，TLI=0.91，IFI=0.93，CFI=0.93）。

对于 DLOQ 的预测效度，学者们也进行了一些研究。杨百寅等（2004）通过结构方程模型分析方法，证实 DLOQ 包含的个体与团队学习行为对组织绩效（知识绩效和财务绩效）具有显著的间接影响；DLOQ 组织层面的分变量是个体、团队学习行为与组织绩效间的中介变量。针对不同类型组织（包括营利性组织、非营利性组织、政府部门）的实证研究也证实了组织学习文化各维度与组织知识绩效和财务绩效的关系（如：Ellinger et al., 2002；McHargue，2003；Davis & Daley，2008）。这些研究结果表明：组织学习文化七维度解释了组织知识和财务绩效方差的绝大部分。可以说，以上研究为 DLOQ 的预测效度提供了充足的实证依据。

值得指出的是，组织学习文化的测量包含了个体、团队和组织层面的学习。那么，在测量团队和组织层面的学习时，使用自评式问卷是否合理？换言之，本研究采用的分析单位用于分析情境特征是否合理呢？结果表明合理，因为虽然在一家既定的企业，管理政策与实践是相同的，但是对于员工个体而言，他们对管理政策与实践的感知却不尽相同。员工对于环境事件的心理感知意义是影响员工态度和行为的关键因素（Amabile，1996），因此，从这个意义而言，员工对于组织学习文化情境因素的感知在本研究情境中非常重要，使用自评式问卷测量组织学习文化是合理的。

（2）工作满意度量表的选择

工作满意度量表很多，主要分为两大类。一类是最常用的多维量表，从多个维度测量工作满意度，如工作描述指数量表（JDI）、工作诊断量表（JDS）、工作特征模型（JC-Model）、工作要求控制模型（JDC-Mode1）、要求控制支持模型（DCS-Mode1）和明尼苏达工作满意度调查表（MSQ）等。另一类是测量员工的综合满意度的整体工作满意度量表，其中最常用的是布雷菲尔德和罗斯（Brayfield & Rothe，1951）编制的整体工作满意度量表（OJS）。考虑本研究将工作满意度作为中介变量，仅考察组织学习文化对整体工作满意度的影响，并不考察组织学习文化对工作满意度各个维度的影响，故选择整体工作满意度量表。

OJS 量表使用 18 个题项描述整体的工作满意度，量表的克朗巴哈系数（Cronbach's α），在 0.88~0.91，信度较好（Shore, Newton，& Thornton，1990；Moorman，1991；Pillai，Schriesheim，& Williams，1999）。该量表后来被修订形成仅包含 6 个项目的版本来测量整体工作满意度。这一版本采用李克特五级量表，其中 5 表示非常同意；4 表示同意；3 表示不能确定；2 表示不同意；1

表示非常不同意。量表包含的题项有：①总的说来，我满意目前的工作；②总的说来，我在工作中感觉愉快；③大多数时间，我对自己的工作抱有热情；④我很少觉得我的工作乏味；⑤每天的工作似乎永无止尽（反向题目）；⑥我的一般同事比我更喜欢这份工作（反向题目）。

6 题版本的 OJS 量表 Cronbach's α 系数在 0.83~0.90（Agho，Price，& Mueller，1992；Agho，Mueller，& Price，1993；Judge et al., 1998）。在效度方面，研究表明，整体工作满意度与分配公正性、上司支持、任务的意义、对公平性的敏感性、员工对绩效的知觉和工作投入正相关（Agho et al., 1993；Judge et al., 1998）。整体工作满意度与家庭—工作冲突、工作常规化、角色混淆以及角色冲突负相关（Agho et al., 1993；Aryee et al., 1999），说明量表的预测效度较好。另外，布鲁克、罗素和普莱斯（Brooke，Russell，& Price，1988）使用验证性因子分析方法考察了该量表，结果发现，对工作满意度的测量在经验上与对组织承诺、工作投入的测量是可以区分的。鉴于该量表良好的信度和效度，结合本研究的实际情况，本研究选择采用 OJS 量表 6 题版本。

（3）组织承诺量表的选择

组织承诺的测量工具主要有十几种，其中较常用的量表为波特和莫迪的组织承诺量表（OCQ）与迈耶和艾伦的雇员组织承诺三维量表。国内学者凌文辁、张治灿和方俐洛（2000）针对中国员工编制的“中国职工组织承诺问卷”以及刘小平（2000）和李华（2006）编制的“组织承诺问卷”信度和效度也较好。

经综合考虑，本研究选择迈耶和艾伦（1991）开发的雇员组织承诺三维量表作为本研究问卷设计的基础。该量表由感情承诺量表（ACS）、继续承诺量表（CCS）和规范承诺量表（NCS）3 个分量表组成（以下总称 ACNC 量表）。3 个分量表各自包含 6 个问题，分别反映了影响雇员去留的 3 种心理状态。ACNC 量表中部分问题为反向题项，在计分时需要转换分数，即 1 分转换为 5 分，2 分转换为 4 分，以此类推。

就 ACNC 量表的信度而言，迈耶和艾伦曾多次对其进行验证，即感情承诺量表、继续承诺量表、规范承诺量表的内部一致性系数分别为：0.79、0.85、0.73。迈耶和艾伦（1998）在一项元分析中表明，感情承诺量表、继续承诺量表、规范承诺量表的内部一致性系数分别是 0.82、0.83 和 0.74。ANCN 量表在很多研究中使用过，均表现出较好的信度（超过 0.7）。其中，瓦斯蒂（Wasti，2003）在土耳其针对企业雇员的研究表明，感情承诺量表、继续承诺量表、规范承诺量表的内部一致性系数分别为 0.79、0.74 和 0.75。高、普莱斯与穆勒（Ko，Price，& Mueller，1997）在韩国的研究以及程（Cheng，2002）在中国香港的研究中发现，感情承诺量表与规范承诺量表的信度在可接受的范围之内。国内学者张勉和张德（2002）以西安 15 家企业的 742 名员工为样本，采用协方差结构等式模型对组织承诺三因素模型在中国企业员工中的适用性进行了考察，发现量表在国内也具有适用性。王颖和张生太（2009）的研究发现，组织承诺三维度斜交模型在中国的样本中得到了支持，感情承诺内部一致性系数（α 系数）为 0.86，继续承诺 α 系数为 0.79，规范承诺 α 系数为 0.83，和大部分其他国家和地区的研究结论相一致。

就其效度而言，迈耶和艾伦（1996）的研究通过因子分析，确立了 ACNC 量表的结构效度，而且证明其收敛效度（convergent validity）和区分效度（discriminant validity）也达到了可接受的水平。此外，张和李（Chang & Lee，2006）的研究也使用因子分析方法探讨组织承诺的因子构成，获得了与迈耶和艾伦一致的结果。

4.3.3 量表翻译与修订

由于 DLOQ、OJS 和 ACNC 量表来自西方国家的研究，因此本研究首要的工作是将其本土化，根据研究情境对这些量表的测量条款进行修订，并检验修订后量表的信度和效度。为此，本研究开展了量表翻译、量表修订和小样本预测试三项工作。本节介绍量表的翻译与修订，下一节介绍小样本预测试及小样本数据分析。

（1）量表翻译

本研究使用的所有原量表均为英文版本，需要翻译成中文。在翻译过程中，语言等值性问题是研究者关注的一大问题。语言等值性指将某种语言表达的概念用另一种语言准确恰当地表达出来。它不是指两句话在词语上的一致,而是指两句话在概念上或意义上的等值性。

为了提高量表的语言等值性，本研究根据胡林和迈耶（Hulin & Mayer，1986）与张力为和符明秋（2000）有关量表翻译的原则主张，采用往返翻译的方式。在进行往返翻译时，研究者请了两组（四位）商务英语专业的大学教师将自评式量表从英语翻译为中文。翻译初稿完成后，先进行组内比较和修订，然后进行组间比较、讨论和修订，最终达成一致意见。这一过程结束后，研究者请另外两位有英国留学经历的管理学在读博士（英语和专业背景均较强）将中文版按照以上同样的步骤回译成英语。然后，研究者与参与翻译和回译的各位译者将自评式量表的原本与经过往返翻译的自评式量表进行比较，察看、讨论差异，然后对中文版本做出必要的修改，以确保量表具有较好的语言等值性。

（2）量表修订

因为中西文化差异和知识型企业的特性，本研究根据研究情境对三个变量的量表进行了修订。研究者通过对知识型企业知识员工的深度访谈，考查受试者对变量测量条款的理解是否符合原意，并收集受试者提出的适合中国文化情境的相关变量测量条款。然后，根据访谈结果和中文量表梳理结果，整理变量测量条款，修改测量条款措辞，补充基本信息部分（包括企业基本信息和填表人基本信息），最终形成初始问卷（详见附录 1）。

修订形成的初始问卷为自评式问卷，采用里克特五级量表，共有 68 个题项，其中组织学习文化问卷包含 31 个题项，工作满意度量表包含 6 个题项，组织承诺量表包含 21 个题项，另有 10 个基本信息题项。问卷中保留了原始量表中的反向题项，用以判断数据的质量。

4.4　小样本预测试

为检验本研究修订形成的初始问卷是否能可靠、稳定地测量中国情境下知识型企业的组织学习文化、员工工作满意度和组织承诺，本研究在大规模调研之前对初始问卷进行了小样本预测试。

4.4.1　预测试问卷的发放与回收

本研究以上海知识型企业的知识员工为样本，使用初始问卷进行了小样本问卷调查。调查采用纸质问卷的形式、现场发放与回收的方式进行，共发放问卷 70 份，收回问卷 66 份。问卷回收后，研究者对问卷的有效性进行了检查，排除无效问卷。经过筛选，最后获得有效问卷 61 份，有效问卷回收率为 87%。

4.4.2　预测试数据分析方法

在预测试数据分析阶段，本研究通过题目鉴别度分析、内部一致性信度分析和探索性因子分析来检验、筛选变量的测量条款。在题目鉴别度分析方面，本研究通过对预测试数据进行校正后题目和与总分的相关系数（Corrected-Item Total Correlation，简称 CITC）分析来净化测量条款。在内部一致性信度分析方面，本研究采用 Cronbach's α 系数检验测量条款的去留对量表信度的影响。探索性因子分析的目的主要是检验测量条款的单因子性。具体的方法和步骤如下：

第一步：同时进行 CITC 分析和内部一致性信度分析以净化测量条款。由于量表中可能存在“垃圾测量条款”，如不净化，可能导致变量产生多个维度，从而难以解释每个因子含义，因此对测量条款进行题目鉴别度分析十分必要。当测量条款和量表总分均为等距变量时，CITC 值是良好的题目鉴别度指标（Murphy & Davidshofer，2001）。CITC 指的是某一测量条款与其所属分量表总分的相关性，其相关系数是介于-1 和 1 的数值，正值越趋近于 1 表明正相关性越高（即该条款越能测量到所属分量表所要测量的概念），越趋近于 0 表明正相关性越低。负值越趋近于-1 表明负相关性越高，越趋近于 0 表明负相关性越低。相关系数越大，表示该测量条款越应该保留。一般认为，如果某个测量条款的 CITC 值低于 0.3，而且删除该测量条款后，α 系数增大，则表示可以删除该条款（卢纹岱，2002）。在测量条款净化前后，都要对 α 系数进行计算。

对于量表的信度，统计学上一般认为，量表的内部一致性信度系数如果在 0.90 以上，表示量表的信度很好；而一致性信度系数在 0.80 以上，则表明量表有较高的信度。多数学者认为如果一致性信度系数达到了 0.7，则量表信度符合要求（Nunnally，1978）。

运用以上方法和标准，本研究以 0.3 作为净化测量条款的标准，删除 CITC 值为负或低于 0.3 的测量条款，以 0.7 作为可接受的量表信度标准。在测量条款净化前后，都重新计算 α 系数，直至 α 系数达到 0.7 以上。

第二步：使用 KMO 样本充分性测度（Kaiser-Meyer-Olykin Measure of Sampling Adequacy）和巴特莱特球形检验（Bartlett Test of Sphericity）判断测量条款是否适合因子分析。如果 KMO 值在 0.6 以下，不进行因子分析；如果 KMO 值在 0.7 以上，则进行因子分析；若 KMO 值在 0.6 至 0.7 之间，则以相关理论为基础，根据实际情况判断是否进行因子分析。另根据马庆国（2002）的建议，在巴特莱特球形检验的统计值显著性概率小于或等于显著性水平时，进行因子分析。

第三步：进行探索性因子分析，以检验测量条款是否归属于单一维度，防止测量条款横跨因子现象。一般可以根据测量条款的因子负荷进行评价。本研究采用主成分分析法和最大方差旋转抽取公因子。在因子个数选择方面，选择特征值大于 1 的因子。

在测量条款的筛选方面，遵循如下几个原则：

①若一个测量条款自成一个因子，因缺乏内部一致性，应予以删除。

②测量条款在所属因子的负荷必须大于 0.5 才具有收敛效度，否则予以删除。

③每一测量条款在所属因子上的负荷越接近 1 越好，但在其他因子上的负荷越接近 0 越好，这样才具有区分效度。如果某一测量条款在两个或两个以上

因子的负荷大于 0.5，或者在所有因子中的负荷均小于 0.5，或者在一个因子中的负荷大于 0.5 而在其他因子中的负荷超过 0.4，均属于横跨因子现象，应该删除或者修改。

第四步：经过上述分析后，重新计算剩余测量条款构成量表的信度。

4.4.3　小样本预测试数据分析[①]

（1）组织学习文化量表预测试数据分析

组织学习文化量表 CITC 和内部一致性信度分析结果如表 4-2 所示。

表 4-2　组织学习文化量表 CITC 统计值与 Cronbach's α 系数

测量条款	CITC	删除该测量条款后的 α 系数	分量表的 α 系数	组织学习文化量表的 α 系数
OLC1	0.764	0.936	0.904	0.940（删除 OLC18 和 OLC27 后，α=0.942）
OLC2	0.631	0.937		
OLC3	0.606	0.938		
OLC4	0.623	0.938		
OLC5	0.711	0.937		
OLC6	0.713	0.937	0.893	
OLC7	0.661	0.937		
OLC8	0.666	0.937		
OLC9	0.639	0.937		
OLC10	0.586	0.938	0.866	
OLC11	0.370	0.940		
OLC12	0.571	0.938		
OLC13	0.530	0.939		
OLC14	0.591	0.938	0.824（删除 OLC18 后，α=0.851）	
OLC15	0.574	0.938		
OLC16	0.715	0.937		
OLC17	0.745	0.936		
~~OLC18~~	~~0.280~~	~~0.941~~		
OLC19	0.504	0.939		
OLC20	0.360	0.940	0.830	
OLC21	0.428	0.940		
OLC22	0.418	0.940		
OLC23	0.441	0.940		

① 在本步骤之前，已经使用 SPSS15.0 的缺失值分析模块对缺失值进行了分析与处理。

续表

测量条款	CITC	删除该测量条款后的 α 系数	分量表的 α 系数	组织学习文化量表的 α 系数
OLC24	0.528	0.939	0.755（删除 OLC27 后，α=0.839）	0.940（删除 OLC18 和 OLC27 后，α=0.942）
OLC25	0.650	0.937		
OLC26	0.620	0.938		
~~OLC27~~	~~0.288~~	~~0.941~~		
OLC28	0.550	0.938	0.821	
OLC29	0.541	0.938		
OLC30	0.499	0.939		
OLC31	0.589	0.938		

从表 4-2 可以看出，组织学习文化量表中有 29 个测量条款的 CITC 值大于 0.3 的最低标准。OLC18 和 OLC27 的 CITC 值小于 0.3，且删除后 α 系数上升，因此应该予以剔除。量表整体的 α 系数为 0.94，信度较高，在删除了 OLC18 和 OLC27 后上升至 0.942。七个分量表的 α 系数均高于 0.7，这表明量表是稳定的、可靠的。

对组织学习文化量表进行的 KMO 检验和巴特莱特球体检验结果表明，KMO 为 0.753，巴特莱特球体检验的显著度为 0.00，表明适合进行因子分析。如表 4-3 所示，探索性因子分析结果表明，可提取出 7 个特征值大于 1 的公因子，这些公因子分别对应组织学习文化的 7 个维度，方差解释率为 74.494%，表明该量表具有较好的结构效度。

表 4-3 组织学习文化探索性因子分析结果

测量条款	因子						
	1	2	3	4	5	6	7
OLC1	0.568	0.194	0.103	0.455	0.123	0.323	0.239
OLC2	0.731	-0.024	-0.001	0.308	0.281	0.196	0.193
OLC3	0.858	0.174	0.100	0.232	-0.072	0.179	0.151
OLC4	0.737	0.152	0.103	0.205	0.279	-0.036	0.243
OLC5	0.654	0.257	0.081	0.123	0.331	0.311	0.140
OLC6	0.110	0.302	0.129	0.310	0.654	0.327	0.076
OLC7	0.200	0.278	0.208	0.164	0.752	0.161	0.084
OLC8	0.171	0.250	0.066	0.176	0.708	0.178	0.314
OLC9	0.223	0.441	-0.094	0.154	0.663	0.175	0.207

续表

测量条款	因子						
	1	2	3	4	5	6	7
OLC10	0.208	0.731	0.123	0.035	0.287	0.194	0.094
OLC11	0.049	0.834	-0.032	0.135	0.087	-0.038	0.039
OLC12	0.180	0.771	0.003	0.073	0.239	0.123	0.247
OLC13	0.037	0.728	0.117	0.090	0.235	-0.018	0.419
OLC14	0.238	0.163	0.049	0.731	0.243	0.097	0.043
OLC15	0.187	-0.137	0.106	0.712	0.085	0.249	0.385
OLC16	0.263	0.261	0.315	0.680	0.118	0.210	0.068
OLC17	0.235	0.226	0.328	0.640	0.288	0.068	0.228
OLC19	~~0.289~~	~~0.013~~	~~0.398~~	~~0.432~~	~~0.042~~	~~0.246~~	~~-0.058~~
OLC20	-0.166	0.012	0.803	0.115	0.159	0.274	-0.023
OLC21	-0.044	0.096	0.762	0.255	-0.086	0.292	0.029
OLC22	0.268	0.028	0.768	-0.082	0.351	-0.013	0.019
OLC23	0.169	0.011	0.740	0.213	-0.065	0.097	0.179
OLC24	0.237	0.251	0.128	0.092	0.217	-0.101	0.783
OLC25	0.195	0.248	0.054	0.317	0.090	0.192	0.742
OLC26	0.334	0.261	-0.042	0.059	0.212	0.305	0.636
OLC28	0.088	0.005	0.256	0.059	0.378	0.631	0.141
OLC29	0.185	0.002	0.396	0.063	0.215	0.704	-0.068
OLC30	0.216	0.031	0.059	0.197	0.062	0.697	0.114
OLC31	0.079	0.183	0.181	0.222	0.107	0.796	0.077
特征根 λ 值	11.341	3.229	2.133	1.561	1.206	1.097	1.036
累积方差解释率%	39.108	50.241	57.597	62.981	67.140	70.922	74.494

注：阴影部分突出显示了在各个因子上标准化因子负荷超过 0.5 的测量条款。

从表 4-3 中还可以看出，OLC19 在各因子的负荷均低于 0.5，应予以删除。至此，本研究通过对组织学习文化量表的初步净化和探索性因子分析，总共删除 3 个测量条款。在删除了这些条款后，本研究对剩余条款再次进行了探索性因子分析，结果表明，所有剩余条款的归因不变，而累积方差解释率上升至 75.655%。

（2）工作满意度量表预测试数据分析

工作满意度量表 CITC 和内部一致性信度分析结果如表 4-4 所示。

表 4-4 工作满意度量表 CITC 统计值与 Cronbach's α 系数

测量条款	CITC	删除该测量条款后的 α 系数	α 系数
OJS1	0.674	0.408	0.593 （删除 OJS5 和 OJS6 后，α=0.922）
OJS2	0.781	0.364	
OJS3	0.716	0.384	
OJS4	0.646	0.409	
~~OJS5~~	~~-0.370~~	~~0.784~~	
~~OJS6~~	~~0.039~~	~~0.707~~	

从表 4-4 可以看出，OJS5（每天的工作似乎永无止尽）和 OJS6（我的同事比我更喜欢这份工作）的 CITC 值低于 0.3，如果删除可以大大提高量表的 α 值，所以应予以删除。在删除了这两个测量条款后，量表的 α 系数提高至 0.922。

对工作满意度量表进行的 KMO 检验和巴特莱特球体检验结果表明，KMO 为 0.820，巴特莱特球体检验的显著度为 0.00，表明适合进行因子分析。探索性因子检验结果表明，可提取一个公因子，其特征值为 3.248，方差解释率为 81.203%，表明该量表具有良好的结构效度。各测量条款的因子负荷如表 4-5 所示。

表 4-5 工作满意度探索性因子分析结果

测量条款	因子（单因子）
OJS1	0.883
OJS2	0.940
OJS3	0.885
OJS4	0.896

（3）组织承诺量表预测试数据分析

组织承诺量表的 CITC 与内部一致性信度分析结果如表 4-6 所示。

从表 4-6 可见，OC4、OC6、OC7、OC9 和 OC12 的 CTIC 系数均小于 0.3，删除后可提高 Cronbach's α 值，应予以删除。在删除了以上测量条款后，组织承诺量表的总体 α 系数从 0.882 上升到 0.915，感情承诺分量表的 α 系数从 0.743 上升到 0.831，继续承诺分量表的 α 系数从 0.738 上升到 0.790，而规范承诺分量表的 α 系数为 0.874，均符合信度要求。值得注意的是，以上需删除的测量条款中，除了 OC7 以外，其余条款均为反向条款。马戈热尼、L.J.威廉姆斯和 M.J.威廉姆斯（Magazine，L.J. Williams，& M.J. Williams，1996）的实证研究表明，组织承诺量表中的反向题目在各个分量表中表现较差。本研究的小样本数据分析也获得了类似的结果。

表 4-6　组织承诺量表 CITC 统计值与 Cronbach's α 系数

测量条款	CITC	删除该测量条款后的 α 系数	分量表的 α 系数	组织承诺量表的 α 系数
OC1	0.694	0.870	0.743（删除所示测量条款后，α=0.831）	0.882（删除所示测量条款后，α=0.915）
OC2	0.506	0.876		
OC3	0.544	0.875		
~~OC4~~	~~-0.021~~	~~0.890~~		
OC5	0.497	0.876		
~~OC6~~	~~0.261~~	~~0.884~~		
~~OC7~~	~~0.291~~	~~0.883~~		
OC8	0.656	0.871		
~~OC9~~	~~0.244~~	~~0.885~~	0.738（删除所示测量条款后，α=0.790）	
OC10	0.507	0.876		
OC11	0.596	0.873		
~~OC12~~	~~0.256~~	~~0.884~~		
OC13	0.560	0.875		
OC14	0.466	0.877		
OC15	0.449	0.878		
OC16	0.525	0.876	0.874	
OC17	0.630	0.872		
OC18	0.630	0.872		
OC19	0.690	0.870		
OC20	0.644	0.872		
OC21	0.604	0.874		

在删除以上测量条款后，本研究对剩余测量条款进行了 KMO 检验和巴特莱特球体检验。结果表明，KMO 为 0.801，巴特莱特球体检验的显著度为 0.00，说明适合进行因子分析。在此基础上，本研究对于组织承诺进行了探索性因子分析，结果表明，可提取出 4 个特征值大于 1 的公因子，各因子所包含的测量条款及其因子负荷如表 4-7 所示。

表 4-7 组织承诺量表的探索性因子分析结果

测量条款	因子			
	1	2	3	4
OC1	0.324	0.680	0.286	0.181
OC2	0.133	0.832	0.009	0.168
OC3	0.280	0.760	0.184	-0.101
~~OC5~~	~~0.204~~	~~0.310~~	~~0.047~~	~~0.410~~
OC8	0.277	0.777	0.082	0.361
OC10	-0.002	0.201	0.644	0.570
OC11	0.288	0.263	0.774	-0.036
OC13	0.129	0.330	0.398	0.592
OC14	0.213	-0.092	0.731	0.322
OC15	0.287	-0.005	0.109	0.801
OC16	0.707	0.141	0.190	0.086
OC17	0.816	0.173	0.230	0.114
~~OC18~~	~~0.497~~	~~0.404~~	~~0.461~~	~~0.025~~
OC19	0.643	0.449	0.034	0.293
OC20	0.735	0.196	0.217	0.200
OC21	0.687	0.329	0.006	0.286
特征根 λ 值	6.969	1.606	1.243	1.002
累积方差解释率%	43.557	53.593	61.360	67.622

注：阴影部分突出显示了在各个因子上标准化因子负荷超过 0.5 的测量条款。

由表 4-7 可以看出，提取的 4 个公因子解释了方差变异的 67.622%，说明该量表具有较好的结构效度。其中因子 1 和因子 2 分别对应规范承诺和感情承诺，另外两个因子包含的测量条款均属继续承诺（表明继续承诺可能是二维结构）。关于连续承诺是否单维，不同的实证研究结果并不一致。其中，麦吉和福特（McGee & Ford，1987）的研究发现它可以分为两个维度，并将其分别命名为个人损失（high sacrifice）和缺少机会（low alternative）。其他国外学者也质疑继续承诺的单维性（如：Dunham et al., 1994；Jaros，1997），而国内学者张勉和张德（2002）基于实证研究结果指出，继续承诺中不包括缺少机会的分量表。鉴于以上分歧，本研究将基于大样本数据，通过验证性因子分析来比较包含三因子和四因子（将继续承诺分为两个因子）的组织承诺模型，检验哪种结构与数据拟合更好。

从测量条款的因子负荷来看，问卷中许多测量条款在本研究情境下的单维性不是很好。其中，OC5 和 OC18 在所有因子上的负荷均小于 0.5，仔细观察，OC5 和 OC18 是反向题项，这一结果再次证明，组织承诺量表中的反向题项在各个分量表中表现较差，因此本研究将这两个题项删除。再观察 OC10，它在因子 3 和因子 4 上的因子负荷均大于 0.5，不具有单维性。然而，考虑到因子 3 和因子 4 中的测量条款均反映 ACNC 量表中继续承诺维度，为谨慎起见，暂时保留 OC10，以进一步考察。

4.5　初始问卷的修订

在小样本预测试后，研究者再次访谈了部分被调查者与专家，并基于预测试数据分析结果，结合被调查者和专家的反馈，对初始问卷作了进一步修订。

（1）进一步修改测量条款措辞

本研究修改了部分翻译痕迹较重、容易产生歧义的测量条款。例如：对于 OC2“我乐于同公司以外的人谈论本公司的情况”这一测量条款，被调查者和专家认为“乐于谈论公司的情况”可以是正面的也可能是负面的，容易让人产生不同的理解。但如果在谈论公司时流露的是一种自豪的感觉，那无疑是对公司感情承诺的表现。鉴于此，本研究决定选用莫迪（Mowday，1979）的组织承诺量表（OCQ）中的相似条款“我常告诉朋友，本公司是一家不错的工作单位”来取代它。又例如，OC19“本公司值得我对它忠诚”在迈耶和艾伦的组织承诺量表中归属于规范承诺，但被调查者和专家认为，OC19 的内容体现的是对公司的情感，如果修改为“我认为员工有义务对企业忠诚”更能体现规范承诺的内涵。

（2）删除部分测量条款

对于组织学习文化量表，本研究删除了 OLC3、OLC18、OLC19 和 OLC27 测量条款。对于组织承诺量表，本研究删除了 OC4、OC5、OC6、OC7、OC9、OC12 和 OC18 测量条款。对于工作满意度量表，本研究删除了 OJS5 和 OJS6 测量条款。

（3）增加部分测量条款

因为感情承诺分量表在删除了 4 个测量条款后仅剩 4 题，α 值降低到 0.793。为了提高量表的信度，本研究查阅了更多相关文献，并根据迈耶和艾伦对感情承诺的定义，选择添加莫迪（1979）的组织承诺量表 OCQ 中的相似问项两条：

一是“当别人谈及我是本公司一员时，我感到自豪”，二是“我觉得本公司的价值准则与自己的价值准则相符”。

经过上述调整，本研究将进一步修改后的问卷确定为最终调查问卷（详见本书附录 2），用于后续的大样本调查。

4.6　本章小结

本章主要陈述本研究的研究设计与研究方法，确定研究母体与研究对象，明确变量的测量维度，介绍问卷的设计原则与过程。此外，本章还详细介绍了小样本预测试的过程和数据分析方法和分析结果，并对初始问卷的修订进行了必要的说明。

第五章　大样本调查与数据分析

本章陈述研究的大样本调查和数据分析，主要介绍数据的收集、描述性统计、数据的正态性检验、调查偏差分析，以及模型的信度、效度检验和交叉验证。

5.1　调查问卷的发放与回收

本研究选择国内一、二线城市的知识型企业为研究母体，以这些知识型企业内的知识员工为调查对象，在上海、北京、杭州、深圳、成都、重庆、南京等 12 个城市共 50 家知识型企业中抽取知识员工参与问卷调查。问卷有纸质问卷和电子问卷两种形式，共发放问卷 500 份，回收问卷 411 份，回收率为 82.2%。其中，纸质问卷共发放 420 份，回收 343 份，回收率为 81.7%；网络问卷 80 份，回收问卷 68 份，回收率为 85%。在所有问卷回收之后，研究者对问卷的有效性进行了检查，排除无效问卷。经过筛选，最后共获得有效问卷 396 份，有效问卷回收率为 79.2%，其中纸质问卷 335 份、网络问卷 61 份。

5.2　数据分析方法

本研究采用 SPSS15.0 和 AMOS7.0 统计分析软件对大样本数据进行分析，本章使用的数据分析方法主要包括描述性统计、独立样本 T 检验、验证性因子分析、多组分析等，如表 5-1 所示。

表 5-1 研究内容与统计分析方法

研究内容	统计分析方法
样本结构分析	描述性统计
电子问卷与纸质问卷的差异分析	独立样本 T 检验
检查共同方法变异的影响	探索性因子分析
检验量表的信度	内部一致性信度分析
检验变量因子模型的结构效度	验证性因子分析（结构方程模型）
检验变量因子模型的交叉效度	多组分析（结构方程模型）

5.3 样本数据的描述性统计

本研究从企业信息和员工信息两个层面对所有 396 个样本进行了描述性统计分析。企业信息包括企业性质和企业规模，个体信息包括被调查者的性别、年龄、学历、月收入、年资和职位。具体分析结果如下。

5.3.1 企业信息的描述统计

（1）企业性质

在本次调查中，受试者所属企业为国有企业（含国有控股）的有 86 例，占 21.7%；受试者所属企业为民营企业（含民营控股）的有 168 例，占 42.4%；受试者所属企业为外资企业（含外资控股）的有 142 例，占 35.9%。

（2）企业规模

受试者所在企业员工人数在 50 人以下的有 80 例，占 20.2%；50~100 人的有 136 例，占 34.4%；101~200 人的企业有 56 例，占 14.2%；201~500 人的有 39 例，占 9.8%；501~1000 人的有 10 例，占 2.5%；1000 人以上的有 75 例，占 18.9%。

5.3.2 样本个体特征描述统计

本研究对样本的性别、年龄、文化程度、职位、年资、月收入等个体特征进行了描述性统计分析。结果如下：

在性别方面，被调查者中男性有 237 位，占 59.8%；女性有 159 位，占 40.2%。

在年龄方面，被调查者中年龄在 20~30 岁的有 175 位，占 44.2%；31~40 岁的有 198 位，占 50%；41~50 岁的有 18 位，占 4.5%；50 岁以上的有 5 位，占 1.3%。

在文化程度方面，被调查者中文化程度为本科学历的受访者最多，有 235 位，占总数的 59.3%。其他依次为硕士或以上学历者，有 131 位，占总数的 33.1%；大专及以下学历的受访者，有 30 位，占总数的 7.6%。

在职位方面，被调查者中为一般员工的有 199 位，占样本总数的 50.3%；被调查对象为基层管理人员的有 66 位，占样本总数的 16.7%；被调查对象为中层管理人员的有 91 位，占样本总数的 23%；被调查对象为高层管理人员的有 40 位，占样本总数的 10%。

在年资方面，被调查者中年资在 1 年及以下者有 46 位，占样本总数的 11.6%；1~5 年者有 230 位，占样本总数的 58.1%；5~10 年者有 77 位，占样本总数的 19.4%；11~15 年者有 28 位，占样本总数的 7.1%；16~20 年者有 10 位，占样本总数的 2.5%；20 年及以上者有 5 位，占样本总数的 1.3%。

在月收入方面，被调查者中月收入在 5000 元以下的有 129 位，占样本总数的 32.6%；月收入在 5000~7499 元的有 91 位，占样本总数的 23%；月收入在 7500~10000 元的有 63 位，占样本总数的 15.9%；月收入在 10000 元以上的有 113 位，占样本总数的 28.5%。

5.4　样本数据的正态性检验

对于数据的正态性检验一般包括两个部分，一是一元正态分布检验，二是多元正态分布检验。检验数据是否服从正态分布，可以通过查看峰度和偏度两个指标进行。一般认为，当数据近似服从正态分布时，当偏度绝对值小于 2、峰度绝对值小于 3 时，表明数据近似服从正态分布。也有一些学者认为应该采用更严格的标准，即偏度绝对值小于 1，峰度绝对值小于 1。

本研究样本数据的一元正态分布检验表明，所有测量条款的数据偏度绝对值均小于 1，而峰度绝对值均小于 1，各测量条款的值近似服从正态性分布。

此外，鉴于本研究中的验证性因子分析和假设检验要通过结构方程模型方法进行，而结构方程模型的重要假设之一是数据呈多元正态分布，本研究需要检验数据的多元正态性。多元正态分布检验可以通过 Mardia 统计值检验（Mardia statistic）进行，检验标准为：基于峰度与偏度函数的 Mardia 系数值应小于 3，其对应的临界比应小于 1.96，才能接受数据呈多元正态分布的假设。

SPSS 不支持 Mardia 统计值检验，但是 LISREL 和 AMOS 均可计算 Mardia 系数值。

经计算，本研究的组织学习文化、工作满意度和组织承诺样本数据的 Mardia 系数值均大于 3，临界比 CR 值均大于 2，多元正态分布不成立。在结构方程模型分析中，当数据呈非正态分布时，可以使用 bootstrap 分析法评估参数估计值的稳定性，并采用 Bollen-Stine p 值而非最大似然估计的 p 值来评估模型的整体拟合度。当 Bollen-Stine p 值大于 0.05 时，模型成立（Byrne，2001）。[①]

5.5 调查的偏差分析

为了确保测量的质量，本研究参考王庆喜（2005）的做法，结合本研究调查的实际情况，进行了两种偏差分析。第一，对电子问卷调查与纸制问卷调查两种方式进行了差异分析，以检验通过这两种调查方式所得到的数据样本的分布是否存在显著差异。第二，对共同方法变异的影响进行了分析。

（1）电子问卷调查与纸制问卷调查差异分析

本研究运用独立样本 T 检验法对两类问卷对应测量条款的均值进行了对比检验。检验结果表明：除极个别测量条款外，绝大多数测量条款在电子问卷调查与纸制问卷调查两组之间均值不存在显著性差异。由此可以推断，这两种调查方式所获取的信息数据不存在显著差异。

（2）共同方法变异的影响

本研究使用哈曼（Harman）的单因子检验方法来检验共同方法变异的影响。这一方法的设想在于：如果数据中存在明显的共同方法变异，那么将问卷中所有测量条款纳入探索性因子分析，将会出现唯一的因子，或者一个因子能够解释变量的大部分变异。本研究对问卷中所有组织学习文化、工作满意度和组织承诺测量条款进行了探索性因子分析，结果得到了 10 个特征值大于 1 的因子，共解释了 66.688%的总变异，其中最大的一个因子仅解释了总变异的 33.381%，表明共同方法变异的影响并不严重。

① 对 bootstrap 分析法的说明详见本书 5.7 部分。

5.6　信度分析[①]

信度是指采用同样的方法对同一对象重复测量时所得结果的一致性程度。本研究采用 Cronbach's α 系数检验量表的内部一致性信度，并根据彼得森（Peterson，1994）的建议以 0.7 作为最低信度标准。所使用的样本数据为测定组数据。各量表信度分析结果如表 5-2 所示，各量表和分量表的 Cronbach's α 值均在 0.7 以上，具有可接受的信度。

表 5-2　信度分析结果

<table>
<tr><th>变量</th><th>因子</th><th>测量条款</th><th>CITC</th><th>删除该测量条款后的α系数</th><th colspan="2">α系数</th></tr>
<tr><td rowspan="20">组织学习文化</td><td rowspan="4">持续学习</td><td>OLC1</td><td>0.625</td><td>0.948</td><td rowspan="4">0.863</td><td rowspan="20">0.950</td></tr>
<tr><td>OLC2</td><td>0.600</td><td>0.948</td></tr>
<tr><td>OLC3</td><td>0.654</td><td>0.948</td></tr>
<tr><td>OLC4</td><td>0.698</td><td>0.947</td></tr>
<tr><td rowspan="4">探询对话</td><td>OLC5</td><td>0.701</td><td>0.947</td><td rowspan="4">0.865</td></tr>
<tr><td>OLC6</td><td>0.688</td><td>0.947</td></tr>
<tr><td>OLC7</td><td>0.538</td><td>0.949</td></tr>
<tr><td>OLC8</td><td>0.649</td><td>0.948</td></tr>
<tr><td rowspan="4">团队学习</td><td>OLC9</td><td>0.606</td><td>0.948</td><td rowspan="4">0.828</td></tr>
<tr><td>OLC10</td><td>0.644</td><td>0.948</td></tr>
<tr><td>OLC11</td><td>0.674</td><td>0.948</td></tr>
<tr><td>OLC12</td><td>0.627</td><td>0.948</td></tr>
<tr><td rowspan="4">系统嵌入</td><td>OLC13</td><td>0.597</td><td>0.948</td><td rowspan="4">0.852</td></tr>
<tr><td>OLC14</td><td>0.612</td><td>0.948</td></tr>
<tr><td>OLC15</td><td>0.623</td><td>0.948</td></tr>
<tr><td>OLC16</td><td>0.713</td><td>0.947</td></tr>
<tr><td rowspan="4">授权</td><td>OLC17</td><td>0.623</td><td>0.948</td><td rowspan="4">0.825</td></tr>
<tr><td>OLC18</td><td>0.551</td><td>0.949</td></tr>
<tr><td>OLC19</td><td>0.583</td><td>0.949</td></tr>
<tr><td>OLC20</td><td>0.667</td><td>0.948</td></tr>
</table>

① 在进行信度和效度分析之前，本研究将大样本问卷调查所得的数据随机分成两组，一组作为测定组（calibration sample）用于信度、效度检验，检视与修正假定的理论模型，以获得拟合良好的待验证模型（以下称为测定组数据）；一组作为验证组（validation sample），用于检验该模型在不同样本数据中的稳定性，并用于第六章中的假设检验（以下称为验证组数据）。

续表

变量	因子	测量条款	CITC	删除该测量条款后的α系数	α系数	
组织学习文化	系统联结	OLC21	0.655	0.948	0.848	0.950
		OLC22	0.571	0.949		
		OLC23	0.642	0.948		
	战略领导	OLC24	0.624	0.948	0.822	
		OLC25	0.593	0.948		
		OLC26	0.603	0.948		
		OLC27	0.572	0.949		
组织承诺	感情承诺	OC1	0.696	0.899	0.905	0.908
		OC2	0.681	0.900		
		OC3	0.724	0.898		
		OC4	0.594	0.902		
		OC5	0.670	0.900		
		OC6	0.480	0.906		
	继续承诺	OC7	0.538	0.904	0.828	
		OC8	0.400	0.908		
		OC9	0.499	0.905		
		OC10	0.443	0.907		
		OC11	0.582	0.903		
	规范承诺	OC12	0.663	0.900	0.858	
		OC13	0.598	0.902		
		OC14	0.597	0.902		
		OC15	0.495	0.906		
		OC16	0.724	0.898		
工作满意度		OJS1	5.943	0.729	0.867	
		OJS2	6.126	0.719		
		OJS3	5.823	0.734		
		OJS4	5.743	0.691		

5.7 效度检验

效度是指测量工具能正确测量出想要衡量的性质的程度，即数据与理想值的差异程度。效度包括内容效度（content validity）、效标关联效度（criterion-related validity）、结构效度（construct validity）。效度检验可以通过检验测量工具的结构效度来进行（Shook et al., 2004）。结构效度是指量表测量结果与设计该量表时所依据的理论之间的契合程度，主要包括收敛效度（convergent validity）和区分效度（discriminant validity）。其中，收敛效度是指同一概念不同项目之间应该具有显著的相关性，区分效度所探讨的是排他性的问题（荣泰生，2005）。

5.7.1　效度检验方法

本研究采用验证性因子分析方法检验模型的结构效度，其典型步骤与衡量标准如下。

（1）模型构建

根据理论或以往的研究成果来建构假设的初始理论模型，包括指定潜变量个数、观测变量个数、观测变量与潜变量的关系以及各潜变量间的关系。

（2）模型识别

验证性因子分析模型一般分为不可识别（模型参数估计有无限个可能解）、恰好识别（模型参数估计只有一个可能解）和超识别（模型参数估计超过一个可能解）三种。一个可识别的因子模型应该满足一定的必要条件和充分条件。必要条件是模型中待估参数个数 t 必须小于或等于[q（q+1）]/2，其中 q 为观测变量个数（称为 t 法则）。充分条件可根据情况采取二指标或三指标法则。二指标法则是指对于多个因子的模型，其可识别的充分条件为每个潜变量至少有两个测量指标；每个测量指标只测量一个潜变量；每一个潜变量至少有另一个潜变量与之相关；误差之间不相关。三指标法则是指：对于多个因子的模型，其可识别的充分条件为每个潜变量至少有三个测量指标（测量条款）；每个测量指标只测量一个潜变量；误差之间不相关（侯杰泰等，2004）。

（3）参数估计

在测量方程验证性因子分析中，常用的参数估计方法有广义最小二乘法（GLS）、未加权最小二乘法（ULS）和极大似然法（ML）。其中极大似然法（ML）是验证性因子分析中最常用的参数估计方法。

（4）模型评价

得到参数估计值后，需要对模型与数据间是否拟合进行评价，并与备择模型拟合指数进行比较。

（5）模型修正

在得到模型的估计值后，需检查参数估计值是否恰当，检查拟合指数是否良好。如果参数估计值不恰当或模型不能很好地拟合数据，就需要对模型进行修正。模型的修正涉及删除、增加和变动模型自由参数的设定，以改善模型的拟合优度。当然，模型修正不能只看数据，要结合学科理论和研究背景才有意义。

本研究按照以上步骤进行验证性因子分析，但是在参数估计与模型评价之前先检验数据的多元正态性，这是因为验证性因子分析属结构方程模型中的测量模型评价，它的一个重要假设为数据近似服从多元正态分布。当数据近似服从多元正态分布时，可以使用最大似然估计法（ML）或广义最小二乘法（GLS）进行参数估计。如果数据呈非多元正态分布，使用 ML 或 GLS 估计的 x^2 将被高估（侯杰泰等，2004），TLI 和 CFI 等拟合指数会被低估，而且会产生虚假的低标准误差（Byrne，2001）。遗憾的是，大多数数据都不满足多元正态分布（Byrne，2001；侯杰泰等，2004）。对此，许多学者提出，可以在数据违反多元正态分布的情况下使用 bootstrap 方法来做分析（West，Finch，& Curran，1995；Yung & Bentler，1996；Zhu，1997）。bootstrap 分析法是一种利用计算机手段进行的重新抽样过程。这种方法利用样本数据计算统计量和估计样本分布，可以用于计算任意估计的标准误差，也被用来估计置信区间和偏差。bootstrap 的一个优势在于它可以使研究者得以评估参数估计值的稳定性，更精确地报告这些估计值（Byrne，2001）。拜恩（Byrne，2001）建议在做 bootstrap 分析时采用固定负荷法而不要用固定方差法，因为使用固定方差法会使 bootstrap 标准误差高估。

5.7.2　效度评价标准

对于结构效度的评价，因子模型的拟合优度是个非常重要的方面，主要的拟合指数包括以下各项。

（1）卡方指数。x^2 指数是模型拟合最基本的检验指标。给定显著性水平，若 x^2 值小于对应的临界值，则认为模型与数据拟合得好。然而，x^2 的大小受样本容量影响较大。当样本很小时，x^2 往往很小，使得与真实数据相距很远的错误模型也给人拟合很好的感觉。当样本很大时，x^2 值更容易达到显著，从而导致理论模式被拒绝（侯杰泰等，2004）。因此，很多学者建议采用卡方自由度比（x^2/df）指标来降低样本量的影响。x^2/df 值越小，表示模型拟合度越高。对其取值，学者一般认为小于 3 则可接受模型（Carmines & Mclver，1985）。惠顿等（Wheaton et al., 1977）认为该指标小于 5 也可以接受。

（2）拟合优度指数（GFI）和调整拟合优度指数（AGFI）。GFI 是一种非统计的测量，类似于回归中的 R^2。AGFI 利用自由度和变量个数的比例来调整 GFI。这两个指数取值范围介于 0 与 1 之间，越接近 1 表示模型拟合越好。一般而言，当 GFI 和 AGFI 的值在 0.9 以上则认为模型拟合观测数据（Bagozi & Yi，1988）。GFI 和 AGFI 早期使用较多，后来发现其问题不少。即使拟合的模型离真模型很远，这两个值也可能很高。有研究表明，GFI 和 AGFI 对总体渐进值的估计是有偏差的（侯杰泰等，2004）。目前，学界普遍建议最好不要使用这两个拟合指数，故本研究对此也不再考虑。

（3）残差均方根指数（RMR）与近似误差均方根指数（RMSEA）。RMR是样本方差和协方差减去对应估计的方差与协方差的平方和，再取平均值的平方根。RMR的值越小，模型拟合越好。然而，该值受样本量的影响较大。与之相较，RMSEA受样本量影响较小，对错误模型比较敏感，且惩罚了复杂模型，是一个比较理想的绝对拟合指数。RMSEA的值大于0且越接近于0，模型拟合越好。当RMSEA低于0.1表示可接受的拟合，低于0.05表示非常好的拟合（侯杰泰等，2004）。

（4）规范拟合指数（NFI）、非规范拟合指数（NNFI）、修正拟合指数（IFI）和比较拟合指数（CFI）。NFI是一种相对拟合指数，可理解为相对于基准模型的卡方，是理论模型的卡方减少的比例（侯杰泰等，2004）。其值易受样本大小的影响，而且通常模型参数越多，NFI的值越大。这一指数现在用得很少。NNFI（即Tucker-Lewis指数TLI）是以虚无模型为基准来衡量模型的拟合改进程度，许多新近的拟合指数研究推荐使用NNFI而非NFI（侯杰泰等，2004）。IFI是对NFI的修正，减少了对样本大小的依赖。CFI则克服了NFI在套嵌模式上所产生的缺失，通过与独立模型相比较来评价拟合度，对模型拟合度的估计表现相当好（黄芳铭，2005）。一般而言，NFI、NNFI、IFI和CFI的取值范围在0~1，大于0.9表示假设模型拟合良好，可以接受（Bagozi & Yi，1988；Bollen，1989）。

（5）期望交叉效度指数（Expected Cross-validation Index，简称ECVI）和阿凯克信息准则（Akaike's Information Criterion，简称AIC）。ECVI度量由样本得到的拟合协方差矩阵和由其他具有相同样本数的样本得到的预期协方差矩阵之间的距离。其值越小，表明不同组别的样本之间一致性越高。由于ECVI的值的显著性无法检验，因此常常用于不同模型的拟合度比较。一般而言，其值越小越好。但是如果不用于备择模型的选择，一般判断接受或拒绝模型的方法是：如果理论模型的ECVI值同时小于饱和模型与独立模型的ECVI值，表明该理论模型可以接受。AIC是由日本学者赤池（Akaike）根据统计信息理论提出的一个模型拟合指标。AIC是表示根据某一样本估计所得的模型参数在使用另一样本进行估计时的有效程度的指数，从这种意义上讲，它也是一种交叉效度指数。AIC主要用于不同模型的比较，其值越小，表示模型的拟合度越好。

对于应该选择何种拟合指数一直是研究方法论的学者们争论的焦点。雅卡尔和万（Jaccard & Wan，1996）建议使用至少三种拟合指数以反映不同的拟合标准。克兰（Kline，1998）建议至少使用四种拟合指数，如x^2、GFI/NFI/CFI、NNFI/TLI和SRMR/RMSEA，还有学者建议报告x^2、AGFI、TLI和RMSEA。

本研究在选择拟合指数时遵循的原则有：①选择至少三种不同类别的拟合指数；②选择对样本量较不敏感的拟合指数，如 RMSEA 和 CFI 等；③在比较备择模型时，报告信息指数 ECVI 和 AIC。据此，本研究选择报告 x^2/df、IFI、TLI、CFI、RMSEA 这几个拟合指数，并在模型比较时额外报告 AIC 和 ECVI。各拟合指数的判断标准为 x^2/df 不超过 5，IFI、TLI、CFI 高于 0.9，RMSEA 低于 0.08。AIC 和 ECVI 用于备择模型比较时判断标准是值越小越好。

除了上述拟合指数，在具体评价收敛效度时，经常采用的衡量指标包括测量条款的标准化因子负荷、潜变量（因子）的组合信度（composite reliability，主要评估一组潜在建构指标的一致性程度）和潜变量（因子）的平均方差抽取量（Average Variance Extracted，简称 AVE，用于评价潜变量相对于测量误差而言所解释的方差总量）。对于标准化因子负荷而言，推荐的标准化因子负荷最低水平为 0.6，且达到统计显著性水平（Fornell & Larcker，1981）。对于组合信度而言，其最低门槛值为 0.7。对于平均方差抽取量而言，如果其值在 0.5 或以上，则表示潜变量的测量有足够的收敛效度（Fornell & Larcker,1981；Bagozzi & Yi，1988）。本研究按照标准化因子负荷大于 0.6 且达到统计显著性水平、组合信度大于 0.7、AVE 大于 0.5 的标准来检验各潜变量的收敛效度。

对潜变量区分效度的检验，本研究参照福内尔和拉克尔（Fornell & Larcker，1981）的建议，采取比较两个潜变量的 AVE 的平方根与这两个潜变量之间的相关系数的方法。如果两个潜变量（或因子）的 AVE 平方根大于这两个潜变量之间的相关系数，则具有可接受的区分效度。

5.7.3　一阶因子模型结构效度分析过程与结果

按照上述结构效度评价方法与标准，本研究针对测定组数据，利用 AMOS7.0 软件对组织学习文化、工作满意度和组织承诺三个变量的一阶因子模型进行验证性因子模型分析，以检验各个变量因子模型的结构效度。

（1）一阶因子模型构建

本研究首先构建了组织学习文化（OLC）、工作满意度（OJS）和组织承诺（OC）一阶因子模型，如图 5-1、图 5-2 和图 5-3 所示。其中，调查问卷定稿中组织学习文化量表的 27 个测量条款归属于两两相关的 7 个潜变量。它们分别为持续学习（用 conln 表示）、探询与对话（用 I & D 表示）、团队学习（用 teamln 表示）、系统嵌入（用 embed 表示）、授权（用 empw 表示）、系统联结（用 syscon 表示）、战略领导（用 leader 表示）。持续学习、探询与对话、团队学习、系统嵌入、授权和战略领导各包含 4 个测量指标，系统联结包含 3 个测量指标。工作满意度是一个单因子潜变量，包含 4 个测量指标。组织承诺量表的 16 个测量条款归属于两两相关的 3 个潜变量：感情承诺（用 AC 表示）、继续承诺（用 CC 表示）和规范承诺（用 NC 表示）。感情承诺有 6 个测量指标，继续承诺有 5 个测量指标，规范承诺有 5 个测量指标。[①]

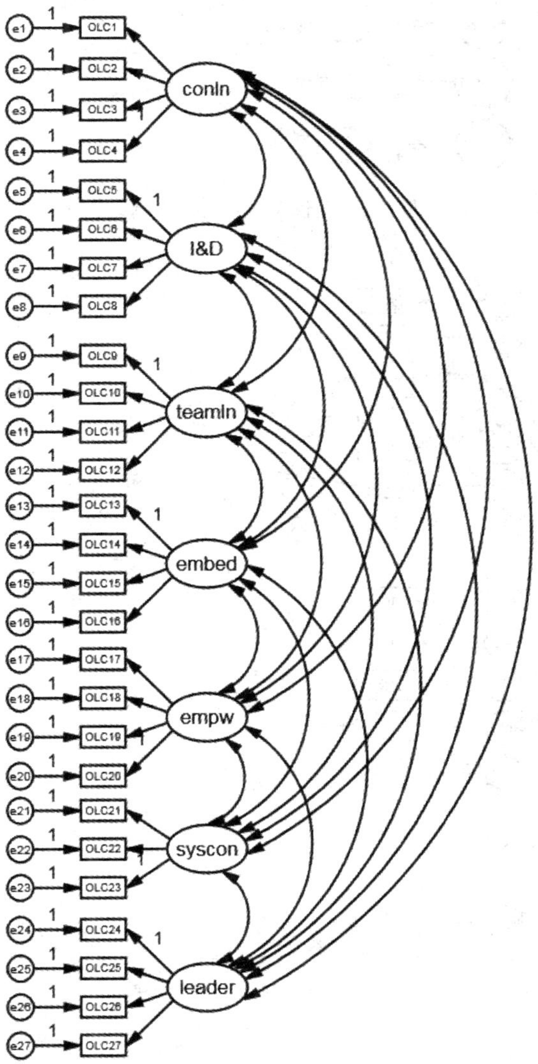

图 5-1　组织学习文化一阶因子模型

① 测量指标编号对应调查问卷定稿中的题项编号，如 OLC1 为组织学习文化量表第 1 题，OC6 代表组织承诺量表第 6 题。

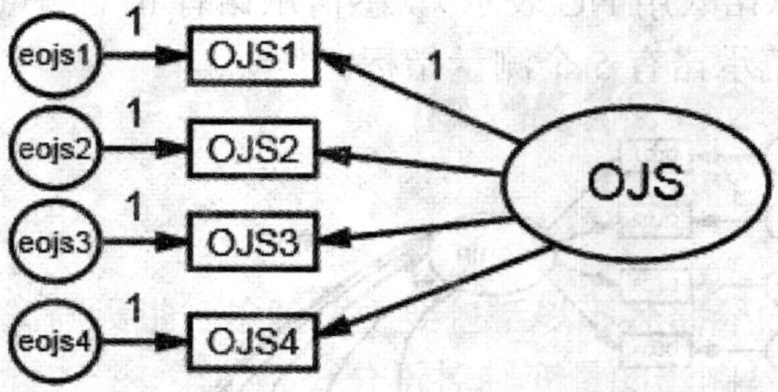

图 5-2 工作满意度因子模型

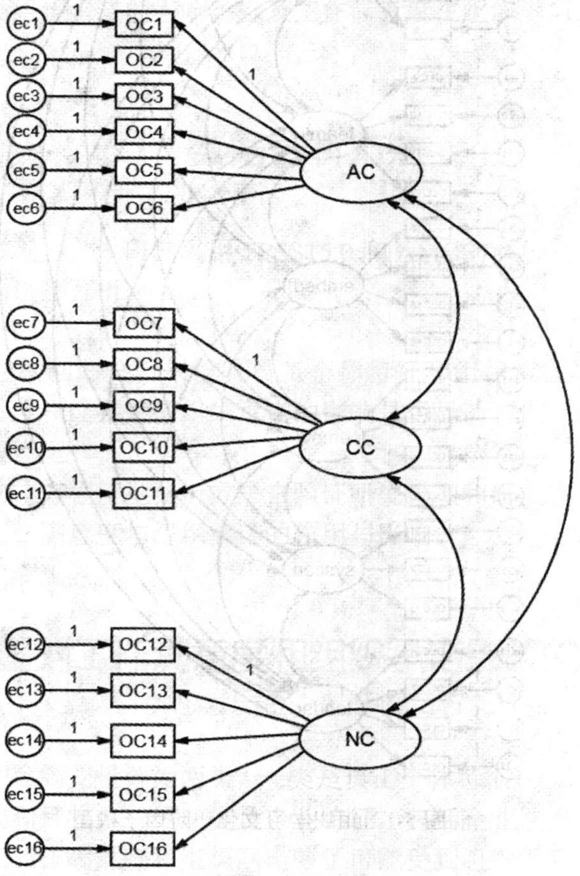

图 5-3 组织承诺一阶因子模型

（2）模型识别

根据 t 规则，组织学习文化、工作满意度和组织承诺的一阶因子模型均满足模型识别的必要条件。从验证性因子分析模型识别三指标法则上看，各模型中的潜变量均有 3~4 个测量指标，每个测量指标只测量一个潜变量，误差之间不相关，满足识别的充分条件。因此，三个模型均为可识别模型。

（3）多元正态分布检验

运用 AMOS7.0 的正态性检验模块，本研究计算出了数据的 Mardia 多元峰度值（Mardia's multivariate kurtosis value）及对应的临界比。遗憾的是，数据的 Mardia 多元峰度值大于 3，其对应的临界比大于 2，数据的多元正态分布不成立。当数据呈非正态分布时，应使用 Bollen-Stine p 值而非最大似然估计的 p 值来评估模型的整体拟合度，当 $P>0.05$ 时，模型成立（Byrne，2001）。本研究选用 bootstrap 方法对使用 ML 方法得出的估计值进行比较分析。

（4）参数估计与模型评价

本研究运用 AMOS7.0 软件，基于固定负荷法，分别选择最大似然估计法（ML）和 bootstrap 最大似然估计法（bootstrap ML）对模型进行了分析。模型拟合指数如表 5-3 所示。利用 ML 法和 bootstrap ML 法得出的标准化因子负荷估计值、模型的组合效度和平均方差抽取量（AVE）如表 5-4 所示。

表 5-3　一阶因子模型拟合指数

测量模型	结构	Bollen-Stine p	x^2/df	IFI	TLI	CFI	RMSEA
OLC	七因子	0.050	1.937	0.910	0.894	0.909	0.069
OJS	单因子	0.388	1.155	0.999	0.997	0.999	0.028
OC	三因子	0.055	1.532	0.967	0.960	0.966	0.052

注：此处 OLC、OJS 和 OC 分别代表组织学习文化一阶因子模型、工作满意度单因子模型和组织承诺一阶因子模型。

从表5-3显示的模型拟合指数来看，工作满意度和组织承诺模型的 Bollen-Stine p 值均不显著，说明可以接受假设的理论模型。x^2/df、IFI、TLI、CFI 均大于 0.9，RMSEA 均小于 0.08，表明模型拟合较好。组织学习文化模型的 Bollen-Stine p 值为 0.05，刚好在临界值上，TLI=0.894，略低于 0.9 的下限，表明模型拟合效果可以接受，但是并不理想，需要对模型进行修正。

表 5-4 一阶因子模型的收敛效度分析

测量模型	因子	测量条款	标准化因子负荷（ML估计值）	标准化因子负荷（bootstrap ML估计值）	bootstrap 误差修正百分比置信区间			组合信度	AVE
					区间下限	区间上限	*P*		
组织学习文化	持续学习	OLC1	0.707*	0.698	0.609	0.817	0.004	0.864	0.615
		OLC2	0.775*	0.776	0.71	0.836	0.012		
		OLC3	0.819*	0.82	0.757	0.855	0.026		
		OLC4	0.830*	0.831	0.753	0.87	0.026		
	探询和对话	OLC5	0.843*	0.844	0.787	0.88	0.021	0.865	0.616
		OLC6	0.837*	0.837	0.762	0.89	0.02		
		OLC7	0.718*	0.713	0.632	0.807	0.007		
		OLC8	0.734*	0.733	0.666	0.794	0.012		
	团队学习	OLC9	0.715*	0.71	0.628	0.793	0.006	0.830	0.550
		OLC10	0.751*	0.754	0.642	0.83	0.02		
		OLC11	0.789*	0.785	0.72	0.838	0.01		
		OLC12	0.709*	0.701	0.626	0.797	0.006		
	系统嵌入	OLC13	0.765*	0.759	0.693	0.845	0.005	0.832	0.590
		OLC14	0.775*	0.772	0.699	0.831	0.012		
		OLC15	0.769*	0.764	0.702	0.827	0.007		
		OLC16	0.763*	0.761	0.625	0.826	0.025		
	授权	OLC17	0.808*	0.806	0.728	0.871	0.008	0.829	0.548
		OLC18	0.722*	0.722	0.634	0.803	0.011		
		OLC19	0.711*	0.71	0.614	0.783	0.012		
		OLC20	0.716*	0.715	0.607	0.786	0.016		
	系统联结	OLC21	0.812*	0.816	0.747	0.868	0.02	0.848	0.650
		OLC22	0.803*	0.799	0.716	0.883	0.007		
		OLC23	0.804*	0.803	0.752	0.87	0.006		
	战略领导	OLC24	0.702*	0.706	0.599	0.769	0.019	0.833	0.556
		OLC25	0.813*	0.809	0.74	0.878	0.008		
		OLC26	0.658*	0.663	0.546	0.73	0.028		
		OLC27	0.799*	0.797	0.701	0.855	0.02		
工作满意度	工作满意度	OJS1	0.805*	0.804	0.692	0.854	0.034	0.868	0.621
		OJS2	0.791*	0.791	0.702	0.85	0.014		
		OJS3	0.804*	0.802	0.734	0.86	0.009		
		OJS4	0.752*	0.751	0.664	0.841	0.01		

续表

测量模型	因子	测量条款	标准化因子负荷（ML 估计值）	标准化因子负荷（bootstrap ML 估计值）	bootstrap 误差修正百分比置信区间			组合信度	AVE
					区间下限	区间上限	*P*		
组织承诺	感情承诺	OC1	0.821*	0.820	0.763	0.871	0.01	0.908	0.624
		OC2	0.829*	0.828	0.771	0.881	0.009		
		OC3	0.786*	0.786	0.723	0.851	0.009		
		OC4	0.659*	0.658	0.548	0.714	0.016		
		OC5	0.834*	0.837	0.77	0.874	0.026		
		OC6	0.795*	0.793	0.715	0.866	0.009		
	继续承诺	OC7	0.697*	0.701	0.613	0.79	0.014	0.830	0.493
		OC8	0.698*	0.699	0.609	0.77	0.012		
		OC9	0.712*	0.709	0.597	0.791	0.012		
		OC10	0.680*	0.674	0.574	0.778	0.007		
		OC11	0.724*	0.721	0.622	0.793	0.013		
	规范承诺	OC12	0.766*	0.764	0.695	0.821	0.012	0.859	0.551
		OC13	0.769*	0.770	0.678	0.821	0.023		
		OC14	0.697*	0.693	0.625	0.785	0.005		
		OC15	0.775*	0.772	0.699	0.846	0.01		
		OC16	0.699*	0.693	0.613	0.765	0.007		

注：*表示 $P<0.05$。

从表 5-4 显示的测量条款对各潜变量（因子）的标准化因子负荷来看，所有测量条款的标准化因子负荷均大于 0.6，而且所有因子负荷的 *P* 值均在 0.05 水平显著。bootstrap ML 法估计出的各个参数与 ML 法估计出的各个参数相差不大。其中，两种方法计算出的标准化因子负荷偏差绝对值最大为 0.009。结合 bootstrap 误差修正百分比置信区间（bias-corrected percentile confidence interval）分析结果我们可以看出，所有测量条款的标准化因子负荷置信区间中均不包含 0，所有 *P* 值都小于 0.05，说明各测量条款在对应因子上的标准化因子负荷均在 0.05 水平显著。就模型的收敛效度而言，各潜变量的组合信度与 AVE 值高于 0.7 和 0.5 的门槛值，表明模型具有可以接受的收敛效度。

模型的区分效度分析如表 5-5 和表 5-6 所示。组织学习文化和组织承诺各潜变量（维度）AVE 的平方根都大于其所在行和列的相关系数值，因此区分效度成立。

表 5-5 组织学习文化一阶因子模型的区分效度分析

	持续学习	探询和对话	团队学习	系统嵌入	授权	系统联结	战略领导
持续学习	(0.784)						
探询和对话	0.677	(0.785)					
团队学习	0.731	0.698	(0.742)				
系统嵌入	0.717	0.643	0.739	(0.768)			
授权	0.610	0.706	0.719	0.659	(0.740)		
系统联结	0.614	0.625	0.696	0.606	0.641	(0.806)	
战略领导	0.577	0.634	0.640	0.640	0.679	0.687	(0.746)

注：对角线数字为组织学习文化各维度的 AVE 平方根。非对角线数字为各维度的相关系数。

表 5-6 组织承诺一阶因子模型的区分效度分析

	感情承诺	继续承诺	规范承诺
感情承诺	(0.790)		
继续承诺	0.407	(0.700)	
规范承诺	0.682	0.502	(0.740)

注：对角线数字为组织承诺各维度的 AVE 平方根。非对角线数字为各维度的相关系数。

（5）组织学习文化模型修正

鉴于组织学习文化模型的拟合并不理想，本研究根据模型的修正指数对其进行修正。从模型的修正指数项，本研究发现在协方差修正指数部分，最大的修正指数位于 e12<-->embed，为 20.424，说明 OLC12 的残差与系统嵌入维度的相关度很高。同时，在因子负荷修正指数部分，OLC12<--embed 的修正指数为 5.391，说明 OLC12 与系统嵌入维度联系紧密，在较大程度上可以归属于该维度。e12<-->e13 的修正指数也很高，为 11.347，说明 OLC12 与 OLC13 的残差相关很高。然而，OLC12 在团队学习维度的标准化因子负荷又较高，为 0.709，说明 OLC12 具有多维性，应该删除。为了便于检验删除 OLC12 后对于模型拟合度的影响，本研究将原理论模型命名为 OLC 模型一，将删除 OLC12 后的模型称为 OLC 模型二。

在删除 OLC12 后，本研究对 OLC 模型二进行验证性因子分析，计算出的模型拟合指数值如表 5-7 所示，Bollen-Stine p=0.10，x^2/df =1.934，IFI=0.914，TLI=0.898，CFI=0.913，RMSEA=0.069，AIC 和 EVCI 的值分别为 735.652 和 3.734。比较两个模型的拟合指数，OLC 模型二的拟合较好。

观察 OLC 模型二的修正指数，最高的修正指数位于 e27<-->e25，为 16.699，这表明 OLC27 的残差 e27 与 OLC25 的残差 e25 高度相关，而且 e27<-->e26 的修正指数为 10.540，也很高，表明 OLC27 的残差 e27 与 OLC26 的残差 e26 高度相关，可以考虑删除 OLC27（在此将删除 OLC12 和 OLC27 后的模型称为 OLC 模型三）。

在删除 OLC12 与 OLC27 后，本研究对 OLC 模型三进行验证性因子分析，计算出的模型拟合指数值如表 5-7 所示，Bollen-Stine p=0.10，x^2/df =1.773，IFI=0.931，TLI=0.917，CFI=0.929，RMSEA=0.063，AIC 和 EVCI 的值分别为 642.315 和 3.260，小于模型二的对应数值。所有拟合指数表现良好，模型拟合优度有所提高。

表 5-7 组织学习文化备择模型拟合指数比较

拟合指数	Bollen-Stine p	x^2/df	IFI	TLI	CFI	RMSEA	AIC	ECVI
OLC 模型一	0.05	1.937	0.910	0.894	0.909	0.069	790.815	4.014
OLC 模型二	0.10	1.934	0.914	0.898	0.913	0.069	735.652	3.734
OLC 模型三	0.10	1.773	0.931	0.917	0.929	0.063	642.315	3.260

由表 5-7 可见，OLC 模型三与数据的拟合优度比模型一和模型二相对较好。结合探索性因子分析与验证性因子分析结果，本研究认为，修订后的组织学习文化的七因子模型具有较好的结构效度。

（6）组织承诺备择模型比较

虽然组织承诺的三因素模型与本研究大样本数据拟合较好，但是其他一些实证研究结果与迈耶和艾伦的三维组织承诺实证研究结果并不一致，部分研究表明，继续承诺并非单维。麦吉和福特（McGee & Ford，1987）发现继续承诺可分为个人损失（high sacrifice）和缺少机会（low alternative）两个维度。哈克特等（Hackett，Bycio，& Hausdorf，1994）基于 LISREL 模型的研究表明，组织承诺四因素模型与数据的拟合更好，继续承诺可分为两个维度，印证了麦吉和福特的研究。此外，科恩（Cohen，1996）的研究证实，继续承诺量表的收敛效度不符合要求，并发现个人损失与感情承诺正相关（r=0.193，P<0.01），缺少机会与感情承诺负相关（r=－0.201，P<0.01），由此认为这两个维度与感情承诺的相反关系解释了为什么继续承诺量表与组织承诺整体构念呈不显著关系。此外，一些研究发现，感情承诺和规范承诺存在高度相关，它们之间存在概念上的重叠。例如，在程与斯托克代尔等

（Cheng & Stockdale，2002）的研究中，感情承诺与规范承诺的相关系数为0.64；在王颖和张生太（2009）的研究中，感情承诺与规范承诺的相关系数超过了0.50。即使迈耶和艾伦也承认二者的相关性较高，但是他们同时也认为，尽管这样，感情承诺和规范承诺与一些结果变量表现出不同的关系，因而值得作为独立的成分保留。王颖和张生太（2009）通过梳理相关文献指出，感情承诺与规范承诺的相关度在北美以外的地区更强一些，这可能意味着在其他文化中，这两个构念之间更加接近。

考虑到前人对于组织承诺结构做出的不同结论，本研究决定对组织承诺的二因素模型、三因素模型和四因素模型进行比较。首先，通过探索性因子分析强制提取两个、三个和四个因子，[①]并根据各测量条款在二因子、三因子和四因子结构中的归属形成组织承诺二因素模型、组织承诺三因素模型以及组织承诺四因素模型；然后，通过验证性因子分析比较这三个模型与数据的拟合优度。

三个模型所包含的测量条款如表5-8所示，拟合指数如表5-9所示。

从表5-9可以看出，组织承诺二因素模型的拟合较差，而组织承诺三因素模型和组织承诺四因素模型的拟合较好，且组织承诺四因素模型的拟合指数明显高于组织承诺三因素模型的各项拟合指数。似乎组织承诺四因素模型最为理想。然而，检查组织承诺四因素模型各因子间的相关系数，包含继续承诺测量条款的因子3和因子4相关系数很高，为0.87。这两个因子的AVE的平方根分别为0.774和0.69，小于0.87，说明这两个因子（维度）的区分效度不能接受。另外，从测量条款内涵来看，OC9、OC11反映的是机会的缺乏，而OC7反映的是离职的难度，不一定是机会缺乏引起的。另外，OC8反映的是离职对个人带来的损失，而OC10明显反映的是机会的缺乏。由于测量条款归属的混乱和继续承诺两个维度区分效度的不成立，因此在本研究情境下，组织承诺三因素模型是在区分效度可以接受的前提下与数据拟合最好的模型。

① 本研究使用对照组数据强制提取组织承诺四因子模型并未成功，因为OC8和OC10在因子3和因子4上的因子负荷均大于0.5。表中因子3和因子4是单独针对OC7~OC11进行探索性因子分析提取的结果。

表 5-8　组织承诺因子模型与测量条款

二因子模型		三因子模型			四因子模型			
1	2	1	2	3	1	2	3	4
OC1		OC1			OC1			
OC2		OC2			OC2			
OC3		OC3			OC3			
OC4		OC4			OC4			
OC5		OC5			OC5			
OC6		OC6			OC6			
	OC7			OC7			OC7	
	OC8			OC8				OC8
	OC9			OC9			OC9	
	OC10			OC10				OC10
	OC11			OC11			OC11	
OC12			OC12			OC12		
OC13			OC13			OC13		
OC14			OC14			OC14		
OC15			OC15			OC15		
OC16			OC16			OC16		

表 5-9　组织承诺不同因子模型的拟合指数比较

拟合指数 模型	Bollen-Stine p	x^2/df	IFI	TLI	CFI	RMSEA	AIC	ECVI
组织承诺二因素模型	0.005	3.146	0.863	0.838	0.861	0.104	389.989	1.980
组织承诺三因素模型	0.055	1.532	0.967	0.960	0.966	0.052	224.695	1.141
组织承诺四因素模型	0.100	1.435	0.974	0.967	0.973	0.047	216.672	1.100

5.7.4　二阶因子模型结构效度分析

在一阶因子模型分析的基础上，本研究对组织学习文化和组织承诺构建了二阶验证性因子分析模型，以检验其二阶测量模型的结构效度。所使用样本数据为测定组数据。

（1）二阶因子模型构建

组织学习文化和组织承诺的二阶因子模型，如图 5-4 和图 5-5 所示。组织学习文化由七个潜变量构成，组织承诺由三个潜变量构成。两个变量中各个潜变量间不再是两两相关关系，而是二阶因子模型中的一阶因子。

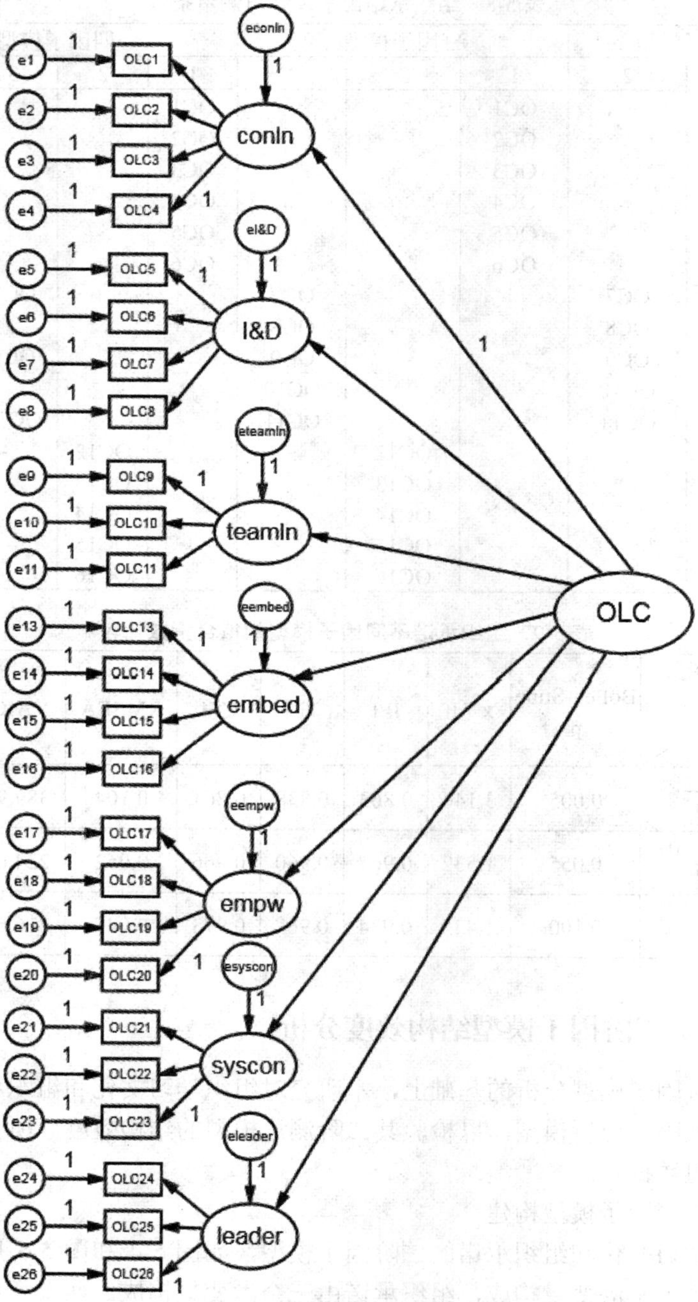

图 5-4 组织学习文化二阶因子模型

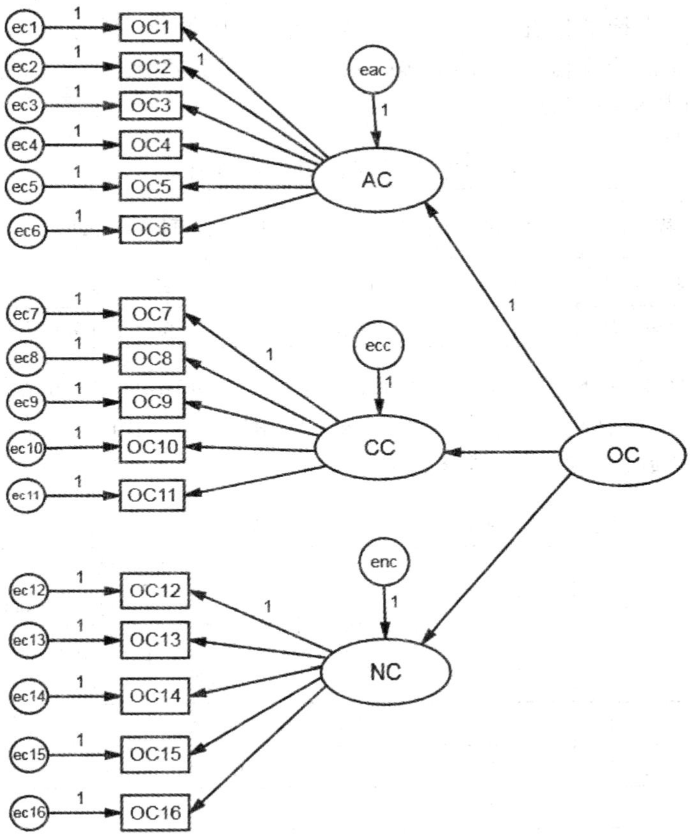

图 5-5　组织承诺二阶因子模型

（2）模型识别

根据 t 规则，组织学习文化和组织承诺的二阶因子模型均满足模型识别的必要条件。从验证性因子分析模型识别三指标法则上看，各模型中的潜变量均有 3~4 个测量指标，每个测量指标只测量一个潜变量，误差之间不相关，满足识别的充分条件。因此，两个模型均为可识别模型。

（3）数据正态性检验

因为二阶因子模型分析使用的数据与一阶因子模型使用的数据相同，不服从多元正态分布，因此二阶因子模型同样需要使用 bootstrap 法进行分析比较。

（4）参数估计与模型评价

本研究运用 AMOS7.0 软件，基于固定负荷法，选择最大似然估计法（ML）

和 bootstrap 最大似然估计法（bootstrap ML）分别对组织学习文化和组织承诺二阶因子模型进行了分析。模型拟合指数如表 5-10 所示。利用 ML 法得出的标准化因子负荷估计值和利用 bootstrap ML 法得出的标准化因子负荷估计值分别如表 5-11 和表 5-12 所示。

表 5-10　二阶因子模型拟合指数

拟合指数	Bollen-Stine p	x^2/df	IFI	TLI	CFI	RMSEA
OLC 二阶因子模型	0.010	1.733	0.930	0.921	0.929	0.061
OC 二阶因子模型	0.055	1.532	0.967	0.960	0.966	0.052

从表 5-10 显示的模型拟合指数来看，两个模型的 Bollen-Stine p 值均在 0.05 水平不显著，表明模型可接受。另外，x^2/df、RMSEA、IFI、TLI、CFI 等拟合指数均表现良好，表明模型拟合效果比较理想。

表 5-11　组织学习文化二阶因子模型标准化因子负荷

因子归属	因子负荷（ML 估计值）	因子负荷（bootstrap ML 估计值）	标准化因子负荷的 bootstrap 误差修正百分比置信区间		
			区间下限	区间上限	*P*
OLC1　<---　conln	0.709*	0.699	0.606	0.820	0.004
OLC2　<---　conln	0.782*	0.784	0.717	0.840	0.014
OLC3　<---　conln	0.817*	0.820	0.760	0.852	0.034
OLC4　<---　conln	0.825*	0.825	0.753	0.868	0.016
OLC5　<---　I & D	0.843*	0.844	0.782	0.877	0.025
OLC6　<---　I & D	0.835*	0.835	0.762	0.885	0.021
OLC7　<---　I & D	0.719*	0.714	0.639	0.807	0.006
OLC8　<---　I & D	0.737*	0.737	0.673	0.802	0.009
OLC9　<---　teamln	0.732*	0.726	0.641	0.811	0.005
OLC10　<---　teamln	0.781*	0.784	0.703	0.850	0.013
OLC11　<---　teamln	0.768*	0.765	0.695	0.825	0.009
OLC13　<---　embed	0.758*	0.752	0.707	0.836	0.011
OLC14　<---　embed	0.780*	0.777	0.707	0.837	0.005
OLC15　<---　embed	0.766*	0.760	0.620	0.827	0.026
OLC16　<---　embed	0.767*	0.766	0.726	0.867	0.011

续表

因子归属			因子负荷（ML 估计值）	因子负荷（bootstrap ML 估计值）	标准化因子负荷的 bootstrap 误差修正百分比置信区间		
					区间下限	区间上限	*P*
OLC17	<---	empw	0.808*	0.806	0.624	0.801	0.012
OLC18	<---	empw	0.723*	0.722	0.600	0.775	0.013
OLC19	<---	empw	0.704*	0.703	0.613	0.789	0.015
OLC20	<---	empw	0.722*	0.721	0.743	0.864	0.019
OLC21	<---	syscon	0.809*	0.812	0.723	0.885	0.008
OLC22	<---	syscon	0.806*	0.803	0.757	0.867	0.005
OLC23	<---	syscon	0.805*	0.804	0.656	0.800	0.020
OLC24	<---	leader	0.740*	0.742	0.588	0.777	0.013
OLC25	<---	leader	0.696*	0.695	0.638	0.808	0.014
OLC26	<---	leader	0.726*	0.732	0.548	0.738	0.023
Conln	<---	OLC	0.803*	0.802	0.731	0.872	0.008
embed	<---	OLC	0.804*	0.801	0.695	0.869	0.014
Empw	<---	OLC	0.83*	0.833	0.767	0.894	0.014
I & D	<---	OLC	0.825*	0.829	0.731	0.903	0.016
leader	<---	OLC	0.848*	0.842	0.756	0.944	0.006
syscon	<---	OLC	0.778*	0.775	0.688	0.848	0.012
teamln	<---	OLC	0.864*	0.861	0.794	0.92	0.009

注：*表示 *P* 值<0.05。

表 5-12　组织承诺二阶因子模型标准化因子负荷

因子归属			因子负荷（ML 估计值）	因子负荷（bootstrap ML 估计值）	标准化因子负荷的 bootstrap 误差修正百分比置信区间		
					区间下限	区间上限	*P*
OC1	<---	AC	0.821*	0.820	0.763	0.871	0.01
OC2	<---	AC	0.659*	0.828	0.771	0.881	0.009
OC3	<---	AC	0.786*	0.786	0.723	0.851	0.009

续表

因子归属			因子负荷（ML 估计值）	因子负荷（bootstrap ML 估计值）	标准化因子负荷的 bootstrap 误差修正百分比置信区间		
					区间下限	区间上限	*P*
OC4	<---	AC	0.659*	0.658	0.548	0.714	0.016
OC5	<---	AC	0.834*	0.837	0.77	0.874	0.026
OC6	<---	AC	0.795*	0.793	0.715	0.866	0.009
OC7	<---	CC	0.697*	0.701	0.613	0.79	0.014
OC8	<---	CC	0.698*	0.699	0.609	0.77	0.012
OC9	<---	CC	0.712*	0.709	0.597	0.791	0.012
OC10	<---	CC	0.680*	0.674	0.574	0.778	0.007
OC11	<---	CC	0.724*	0.721	0.622	0.793	0.013
OC12	<---	NC	0.766*	0.764	0.695	0.821	0.012
OC13	<---	NC	0.769*	0.770	0.678	0.821	0.023
OC14	<---	NC	0.697*	0.693	0.625	0.785	0.005
OC15	<---	NC	0.775*	0.772	0.699	0.846	0.01
OC16	<---	NC	0.699*	0.693	0.613	0.765	0.007
AC	<---	OC	0.917*	0.936	0.737	0.961	0.012
CC	<---	OC	0.547*	0.546	0.375	0.706	0.011
NC	<---	OC	0.744*	0.735	0.543	0.862	0.012

注：*表示 *P* 值<0.05。

从表 5-11 和 5-12 可见，两个变量的二阶因子模型中所有测量条款的标准化因子负荷均大于 0.6，一阶因子对二阶因子的标准化因子负荷也均大于 0.6，bootstrap ML 法估计出的因子负荷与 ML 法估计出的因子负荷差值绝对值最大仅为 0.018。所有标准化因子负荷的 bootstrap 误差修正百分比置信区间中均不包含 0，且 *P* 值均小于 0.05，说明组织学习文化和组织承诺的二阶模型结构效度较好。

5.8 组织学习文化、工作满意度与组织承诺因子模型的交叉验证

交叉验证（cross-validation）指验证测量的结果是否具有跨样本或跨情境的有效性（交叉效度）。交叉验证的具体作法通常是将某一个研究的样本切割为两个样本，或是将同一套测量工具实施于另一个样本，然后利用统计分析来进行效度数据的跨样本检验。这两个样本当中，被用来产生参数估计者称为测定样本（calibration sample），被用作复核检验的样本称为验证样本（validation sample）。

因子模型的交叉验证可以采用结构方程模型分析实现，其目的是检验同一模型在不同样本中的稳定性或交叉效度。卡德克和布朗（Cudeck & Browne，1983）建议把调查数据随机分成两组作交叉效度检查。一组数据作为测定组（calibration sample），用于检验和修正假定的理论模型，以获得拟合良好的待验证模型。另一组数据作为验证组（validation sample），用于检验该模型在不同样本数据中的稳定性。在结构方程模型分析的大框架下，有几种方法可以用于此类检验。例如：卡德克和布朗（1983）建议计算交叉效度指数（Cross-validation Index，简称 CVI），用于衡量测定组样本和验证组样本的拟合协方差矩阵之间的距离。其值越小，表明不同组别样本之间的一致性越高。拜恩（2001）建议使用模型等价性检验策略（Invariance Testing Strategy）来验证模型在来自同一总体的不同样本数据中的可复制性，具体分为五个步骤：第一，基于测定样本对假设的理论模型进行检验和修正，形成与数据拟合良好、简洁且具有理论意义的基准模型（baseline model）。第二，检验基准模型与验证样本数据是否拟合良好。如果拟合良好，则验证了形态等同性（pattern invariance），可以继续下面的第三步；如果拟合不好，则说明该基准模型在两个样本中等价性不成立，需要修改。第三，运用基准模型，建立基于测定组和验证组两组数据的多组基准模型 I（Multi-group Baseline Model）。在这个模型中，两组参数分别自由估计，计算出其卡方和自由度。第四，运用基准模型，建立基于测定组和验证组两组数据的多组基准模型 II（Multi-group Baseline Model）。在这个模型中，两组参数限制为相等，计算出其卡方和自由度。第五，比较多组基准模型 I 和多组基准模型III的卡方和自由度，检查 Δx^2 的显著性。如果 Δx^2 不显著，则模型等价成立。这样做的理由是：当模型为嵌套模型（nested model）时，Δx^2 呈 x^2

分布，其自由度等于两个模型自由度之差。这一过程可以使用 LISREL、AMOS 等结构方程模型分析软件中的“多组分析”模块进行此项分析。

本研究借鉴拜恩（2001）的模型等价性检验策略，使用验证组数据，以本书确定的组织学习文化七因子模型、工作满意度单因子模型和组织承诺三因子模型作为基准模型，对各变量的因子模型进行了交叉验证。

各模型与验证组数据的拟合指数如表 5-13 所示。

表 5-13　变量因子模型与验证组数据拟合指数

模型 \ 拟合指数	Bollen-Stine p	x^2/df	IFI	TLI	CFI	RMSEA
组织学习文化七因子模型	0.114	1.404	0.961	0.953	0.960	0.045
工作满意度单因子模型	0.274	1.602	0.995	0.985	0.995	0.055
组织承诺三因子模型	0.060	1.652	0.950	0.940	0.950	0.058

表 5-13 中的拟合指数表明，组织学习文化七因子模型、工作满意度单因子模型和组织承诺三因子模型与验证组数据的拟合均良好，说明这些因子模型在两组样本数据中形态等同性成立。

此外，本研究运用 AMOS 7.0 的多组分析模块，建立了组织学习文化、工作满意度和组织承诺各变量的多组基准模型 I 和多组基准模型 II，计算出其卡方和自由度并进行比较，如表 5-14 所示。

表 5-14　变量多组基准模型 I 和多组基准模型 II 比较表

模型	x^2	df	x^2/df	Δdf	Δx^2	*P* 值
组织学习文化多组基准模型 I	807.016	508	1.589			
组织学习文化多组基准模型 II	852.954	554	1.540	46	45.838	0.475
工作满意度多组基准模型 I	5.516	4	1.379			
工作满意度多组基准模型 II	7.208	8	0.901	4	1.692	0.792
组织承诺多组基准模型 I	321.544	202	1.592			
组织承诺多组基准模型 II	344.380	221	1.558	19	22.736	0.245

比较组织学习文化、工作满意度和组织承诺的多组基准模型 I 和多组基准模型 II 可知，各变量的 Δx^2 在 0.05 的水平均不显著，说明模型等价性成立。

5.9　本章小结

本章主要论述大样本问卷调查过程与结果分析，首先对数据的收集进行了说明，其次对大样本数据进行了描述性统计，最后对测量的信度和效度进行了检验，对模型进行了修正，为下一章的假设检验奠定了基础。

第六章　假设检验

本章主要对研究假设进行检验，主要包括以下几部分内容：第一部分陈述本章使用的数据分析方法。第二部分分析控制变量的影响，主要检验不同性别、年龄、学历、年资、月收入组别以及不同企业规模和企业性质组别对中介变量工作满意度和结果变量组织承诺是否具有显著影响。第三部分检验组织学习文化对工作满意度、组织承诺的影响，以及工作满意度在组织学习文化与组织承诺间的中介效应。

6.1　数据分析方法

在假设检验过程中，本研究采用 SPSS15.0 和 AMOS7.0 统计分析软件，使用以下方法对数据进行分析。

（1）层次回归分析

本研究运用层次回归分析来检验员工个体特征和组织特征等控制变量对中介变量工作满意度和结果变量组织承诺的影响是否显著。

（2）结构方程模型分析

本研究使用结构方程模型分析方法来验证研究模型和研究假设，探讨组织学习文化对员工工作满意度与组织承诺的作用与影响。

6.2　控制变量对工作满意度和组织承诺影响的回归分析

本研究考察的控制变量分为两类，一类是员工个体特征，包括年龄、性别、学历、年资、职位和月收入；另一类是企业特征，包括企业性质和企业规模。本研究认为，员工工作满意度和组织承诺除了可能受到组织学习文化的影响以外，还会受上述控制变量的影响，因此将通过层次回归分析的方法，检验各控制变量对工作满意度和组织承诺的影响是否显著。具体步骤如下：

第一步，对中介变量和结果变量赋值。本研究考量的变量，除了控制变量外，其余均是不可直接观测的潜变量，需要对其赋值。对潜变量赋值的方法有两种，第一种是因子分析方法，计算出它们的因子值作为潜变量的计算值；第二种是均值的方法，直接计算潜变量的计算值。大多数研究采用第二种方法计算潜变量值。本研究也遵循此方法对变量进行了赋值，赋值后变量的描述性统计结果如表 6-1 所示。

表 6-1　赋值后潜变量的描述性统计结果

研究变量	最小值	最大值	均值	标准差
OLC	1.78	4.93	3.426	0.642
OJS	1.00	5.00	3.616	0.770
AC	1.17	5.00	3.339	0.787
CC	1.20	5.00	2.978	0.732
NC	1.00	5.00	3.217	0.758
OC	1.63	5.00	3.189	0.627

第二步，把属于定类变量的性别、职位、学历、企业性质等控制变量转换成虚拟变量，如表 6-2 所示。

表 6-2　虚拟变量的设置

变量	类别	虚拟变量		
性别	女		0	
	男		1	
学历		EDU1	EDU2	
	专科及以下	0	0	
	本科	1	0	
	硕士及以上	0	1	
职位		P1	P2	P3
	一般员工	0	0	0
	基层管理	1	0	0
	中层管理	0	1	0
	高层管理	0	0	1
企业性质		OWN1	OWN2	OWN3
	国有	0	0	
	民营	1	0	
	外资	0	1	

第三步，共线性检验。本研究在对各个变量进行回归分析之前进行共线性检验，采用容忍度（tolerance）和方差膨胀因子（Variance Inflation，简称 VIF）来判断是否存在共线性问题。在容忍度小于 0.1 时，VIF 大于 5 时，判定存在严重的多重共线性（张文彤，2004）。

第四步，建立回归模型 1（以下简称模型 1）。在该模型中，年龄、性别、学历、年资、职位、月收入、企业规模和企业性质（所有权性质）为自变量，对工作满意度和组织承诺进行回归分析，观察控制变量对于工作满意度和组织承诺的影响效应。回归方程如下：

$$Y = \beta_0 + \beta_1 gend + \beta_2 age + \beta_3 edu + \beta_4 pos + \beta_5 inc + \beta_6 tenr + \beta_7 size + \beta_8 own + \varepsilon$$

其中，Y 对应工作满意度和组织承诺两个变量，β 为回归系数，ε 为回归误差项。性别、职位、学历和企业性质为虚拟变量。

第五步，在模型 1 的基础上，加入本研究的前因变量组织学习文化（OLC）建立回归方程模型 2（以下简称模型 2），以考察控制变量与组织学习文化对工作满意度和组织承诺的共同影响。对应的回归方程如下：

$$Y = \beta_0 + \beta_1 gend + \beta_2 age + \beta_3 edu + \beta_4 pos + \beta_5 inc + \beta_6 tenr + \beta_7 size + \beta_8 own + \beta_9 OLC + \varepsilon$$

其中，Y 对应工作满意度、组织承诺两个变量，β 为回归系数，ε 为回归误差项。性别、职位、学历和企业性质为虚拟变量。

第六步，比较模型 1 与模型 2，察看各个控制变量回归系数在模型 1 和模型 2 中的区别，并且关注判定系数的变化（ΔR^2）。如果 ΔR^2 为正，且至少在 0.05 水平显著，说明加入前因变量组织学习文化后模型的解释能力显著上升，同时也暗示了相对于控制变量而言，组织学习文化对工作满意度和组织承诺具有更大的影响。

6.2.1 关于组织承诺的回归分析

对组织承诺的回归分析结果如表 6-3 所示。从共线性检验结果来看，模型 1 和模型 2 中各变量容忍度均超过 0.1，方差膨胀因子均小于 5，说明进入模型的各个变量间不存在严重的多重共线性。

表 6-3　控制变量和组织学习文化对组织承诺的回归结果

变量	模型 1		模型 2		共线性诊断			
					模型 1		模型 2	
	回归系数	标准化回归系数	回归系数	标准化回归系数	容忍度	方差膨胀因子	容忍度	方差膨胀因子
性别	0.065	0.050	0.032	0.025	0.943	1.061	0.940	1.064
年龄	0.062	0.072	0.075	0.088	0.566	1.767	0.566	1.768
学历-EDU1	-0.066	-0.052	0.030	0.024	0.234	4.266	0.233	4.296
学历-EDU2	-0.100	-0.076	0.060	0.046	0.226	4.424	0.222	4.503
年资	0.107*	0.168	0.101*	0.158	0.683	1.464	0.683	1.465
职位-P1	0.009	0.006	0.015	0.010	0.726	1.377	0.726	1.377
职位-P2	-0.158	-0.104	0.021	0.014	0.668	1.498	0.636	1.572
职位-P3	0.082	0.033	0.055	0.023	0.713	1.403	0.713	1.403
月收入	0.153**	0.284	0.078	0.145	0.541	1.848	0.512	1.952
企业性质-OWN1	0.091	0.070	0.018	0.014	0.445	2.249	0.441	2.266
企业性质-OWN2	-0.327**	-0.259	-0.258**	-0.205	0.520	1.924	0.516	1.940
企业规模	-0.051*	-0.157	-0.030	-0.091	0.750	1.334	0.737	1.357
组织学习文化			0.475***	0.486			0.799	1.252
R^2	0.289		0.478					
Adjusted R^2	0.243		0.441					
ΔR^2			0.189					
F	6.281***		12.960***					
F change			66.443***					
sig	0.000		0.000					

注：必须在数字右上角表明 $P<0.001$，必须在数字右上角表明 $P<0.01$，必须在数字右上角表明 $P<0.05$。

从F统计量来看，回归模型1和模型2的F统计量分别为6.281和12.960，两模型的回归效果0.001概率水平下显著，因此回归模型的设定可以接受。

在模型1中，年资、月收入、企业规模、企业性质-OWN2这些控制变量的影响均在0.05水平下显著。从系数的正负来看，年资、月收入对组织承诺的影响效应均为正向，表明年资越长，月收入越高，员工对企业的组织承诺越高。企业规模对组织承诺的影响效应均为负向，表明企业规模越大，其员工的组织承诺相对会较低。至于企业性质-OWN2，它代表国营企业与外资企业两种性质的企业中员工组织承诺的差异。分析结果表明，这两种企业的员工组织承诺存在显著差异，其中国营企业员工的组织承诺高于外企员工的组织承诺。

从模型的解释能力来看，模型1的R^2为0.289，意味着对组织承诺而言，本研究中的控制变量仅可以解释组织承诺变异的28.9%。[①]

在模型2中，加入了组织学习文化这一前因变量后，回归系数的显著性产生了一定的变化。月收入与企业规模这两个控制变量的影响变得不显著。员工年资与企业性质-OWN2，仍然在0.05水平显著，系数正负不变。组织学习文化的回归系数为正，且在0.001水平下显著，表明企业的组织学习文化越浓厚，员工对企业的组织承诺将越高。这初步验证了研究假设H1：组织学习文化对员工组织承诺有显著的正向影响。

从模型的解释能力来看，模型2的R^2为0.478，意味着加入组织学习文化的模型2可以解释组织承诺变异的47.8%，较模型1提高了18.9%。说明相对于本研究设定的所有控制变量而言，组织学习文化对于组织承诺的影响力更大。为了模型的简洁性，本书在后续采用结构方程模型方法进行假设检验的过程中，将不再考虑控制变量对组织承诺的影响。

6.2.2 关于工作满意度的回归分析

对工作满意度的层次回归分析结果如表6-4所示。从共线性检验结果来看，模型1和模型2中各变量容忍度均超过0.1；方差膨胀因子均小于5，说明进入模型的各个变量间不存在严重的多重共线性。

从F统计量来看，模型1和模型2的F统计量分别为3.628和9.232，两模型的回归效果均在0.001概率水平下显著，因此回归模型的设定可以接受。

---

① 科恩（Cohen，1988）指出，在行为科学研究中，R^2效应量小、中、大的判断标准分别为0.02、0.13、0.26。与之对应的R的效应量小、中、大的判断标准分别为0.14、0.36、0.51。

表 6-4　控制变量与组织学习文化对工作满意度的回归结果

变量	模型 1		模型 2		共线性诊断			
					模型 1		模型 2	
	回归系数	标准化回归系数	回归系数	标准化回归系数	容忍度	方差膨胀因子	容忍度	方差膨胀因子
性别	0.087	0.056	0.046	0.030	0.943	1.061	0.940	1.064
年龄	0.005	0.005	0.022	0.021	0.566	1.767	0.566	1.768
学历-EDU1	-0.044	-0.029	0.075	0.050	0.234	4.266	0.233	4.296
学历-EDU2	-0.084	-0.054	0.115	0.073	0.226	4.424	0.222	4.503
年资	0.139*	0.182	0.132*	0.172	0.683	1.464	0.683	1.465
职位-P1	0.167	0.097	0.174	0.101	0.726	1.377	0.726	1.377
职位-P2	-0.028	-0.016	0.193	0.107	0.668	1.498	0.636	1.572
职位-P3	0.377	0.130	0.344	0.118	0.713	1.403	0.713	1.403
月收入	0.140*	0.217	0.046	0.072	0.541	1.848	0.512	1.952
企业性质-OWN1	0.057	0.037	-0.034	-0.022	0.445	2.249	0.441	2.266
企业性质-OWN2	-0.104	-0.069	-0.018	-0.012	0.520	1.924	0.516	1.940
企业规模	-0.061*	-0.156	-0.034	-0.088	0.750	1.334	0.737	1.357
组织学习文化			0.588***	0.506			0.799	1.252
R^2	0.190		0.395					
Adjusted R^2	0.138		0.392					
ΔR^2			0.204					
F	3.628***		9.232***					
F change			62.099***					
sig	0.000		0.000					

注：***表明 $P<0.001$，**表明 $P<0.01$，*表明 $P<0.05$。

在模型 1 中，年资、月收入与企业规模这 3 个控制变量对工作满意度的影响均在 0.05 水平下显著。从系数的正负来看，年资与月收入对工作满意度的影响效应均为正向，表明总体而言，年资越高，月收入越高，工作满意度越高。企业规模（员工人数）对工作满意度的影响效应为反向，企业规模越大，员工工作满意度越低。

从模型的解释能力来看，模型 1 的 R^2 为 0.190，意味着对工作满意度而言，本研究中的控制变量仅可以解释工作满意度变异的 19%。

在回归模型 2 中，加入了组织学习文化这一前因变量后，回归系数的显著性产生了一定的变化。企业性质与月收入这两个控制变量对工作满意度的影响不再在 0.05 水平下显著。年资仍然显著。组织学习文化的回归系数为正，且在 0.001 水平下显著。表明企业的组织学习文化越浓厚，则其员工的工作满意度将越高。这初步验证了研究假设 H2：组织学习文化对于员工工作满意度具有显著的正向影响。

从模型的解释能力来看，回归模型 2 的 R^2 为 0.395，意味着加入组织学习文化的模型 2 可以解释工作满意度变异的 39.5%，与模型 1 相比提高了 20.4%。这说明，相对于本研究设定的控制变量而言，组织学习文化对于工作满意度的影响力更大。为了模型的简洁性，本书在后续采用结构方程模型分析方法进行假设检验的过程中，将不再考虑控制变量对工作满意度的影响。

6.3 组织学习文化、工作满意度和组织承诺关系的假设检验

本节将使用结构方程模型分析法进行全模型分析，检验组织学习文化、工作满意度和组织承诺间关系的相关假设。与验证性因子分析一样，使用结构方程模型技术做全模型分析也遵循模型构建、模型识别、参数估计、模型评价和模型修正 5 个步骤。唯一的区别是，在模型识别环节，不仅需要检查测量模型是否符合二指标或三指标法则，还要检查结构模型是递归模型还是非递归模型。通常来说，递归模型都是可识别的。如果是非递归模型，则根据阶条件和秩条件来判断模型是否可识别（侯杰泰等，2004）。

6.3.1 组织学习文化对组织承诺的影响分析

对于组织学习文化与组织承诺的关系，本研究提出了假设 H1：组织学习文化对组织承诺有显著的正向影响。针对验证组数据，本研究按照结构方程模型分析的一般步骤，对以上研究假设进行了检验，检验过程与结果陈述如下。

（1）模型设定

为检验以上假设，本研究根据本书第三章的理论分析与逻辑推理，设定了组织学习文化与组织承诺结构方程模型，如图 6-1 所示。

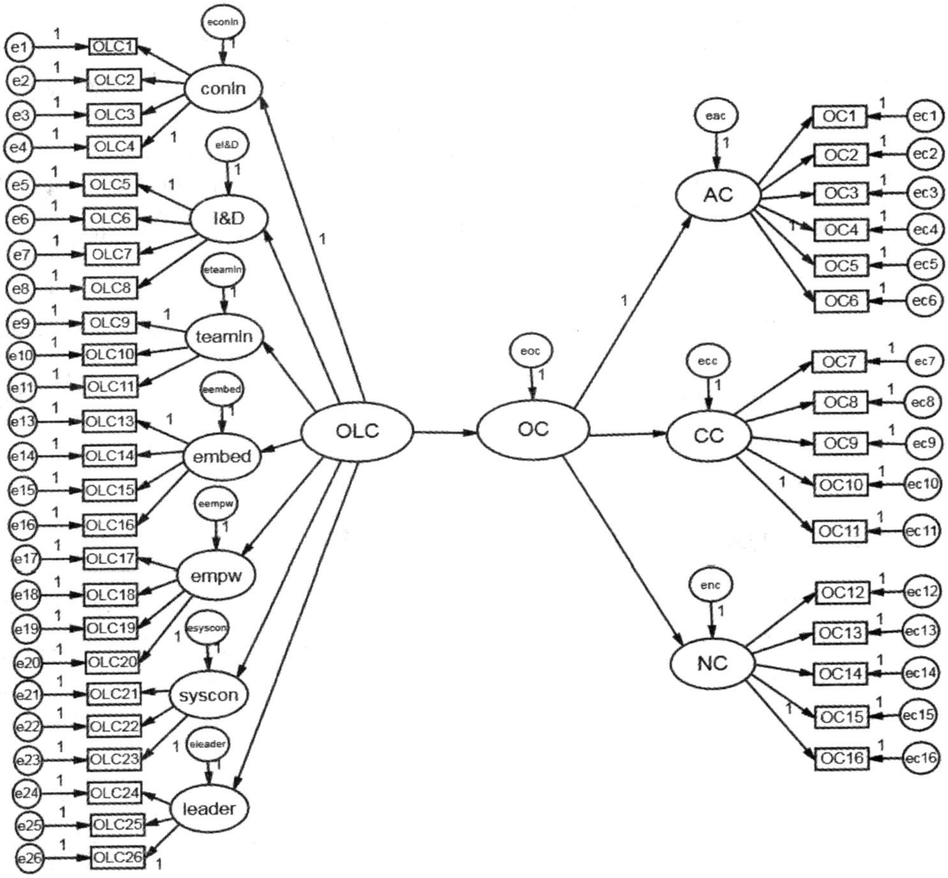

图 6-1　组织学习文化与组织承诺关系的结构方程模型图

（2）模型识别

本结构方程模型为可识别模型。首先，本模型满足 t 规则，模型中共有 41 个测量指标，因此[q(q+l)]/2=861，模型要估计 93 个参数，t=93<861，满足模型识别的必要条件。其次，本模型中的测量模型满足三指标法则，每个潜变量至少有 3 个测量指标（测量条款）；每个测量指标只测量一个潜变量；误差之间不相关。最后，本模型中的结构模型为递归模型，不存在双向因果关系。

（3）参数估计与模型评价

运用 AMOS 7.0 统计软件，采用 bootstrap 方法对以上结构方程模型中的相关参数进行估计，得出参数估计值与模型拟合指数，如表 6-5 所示。

表 6-5　组织学习文化与组织承诺结构方程模型参数估计值与模型拟合指数

变量间关系	bootstrap 标准化回归系数估计值	置信区间		P 值（双尾）	假设是否成立
		下限	上限		
组织学习文化→组织承诺	0.725	0.645	0.806	0.010	是
拟合指数：Bollen-Stine p=0.075，x^2/df =1.445，IFI=0.918，TLI=0.912，CFI=0.917，RMSEA=0.048					

从表 6-5 可见，Bollen-Stine p=0.075；x^2/df =1.445，小于 5；IFI=0.918；TLI=0.912；CFI=0.917，大于 0.9；RMSEA=0.048，小于 0.08，表明模型拟合效果较好。使用 bootstrap 法以及误差纠正百分比方法（bias-corrected percentile method）估计得出的组织承诺对组织学习文化的标准化回归系数为 0.725，在 0.01 水平显著，表明研究假设 H1 成立。

6.3.2　组织学习文化对工作满意度的影响分析

对于组织学习文化与工作满意度的关系，本研究提出了假设 H2：组织学习文化对员工工作满意度具有显著的正向影响。针对验证组数据，本研究按照结构方程模型分析的一般步骤，对以上研究假设进行了检验，检验过程与结果陈述如下。

（1）模型设定

为了检验组织学习文化与工作满意度之间的关系假设，本研究根据第三章的理论分析和逻辑推理，设定组织学习文化与工作满意度的结构方程模型，如图 6-2 所示。

（2）模型识别

本结构方程模型为可识别模型。首先，本模型满足 t 规则，模型中共有 29 个测量指标，因此[q(q+l)]/2=435，模型要估计 66 个参数，t=66<435，满足模型识别的必要条件。其次，本模型中的测量模型满足三指标法则，每个潜变量至少有 3 个测量指标（测量条款）；每个测量指标只测量一个潜变量；误差之间不相关。最后，本模型中的结构模型为递归模型，不存在双向因果关系。

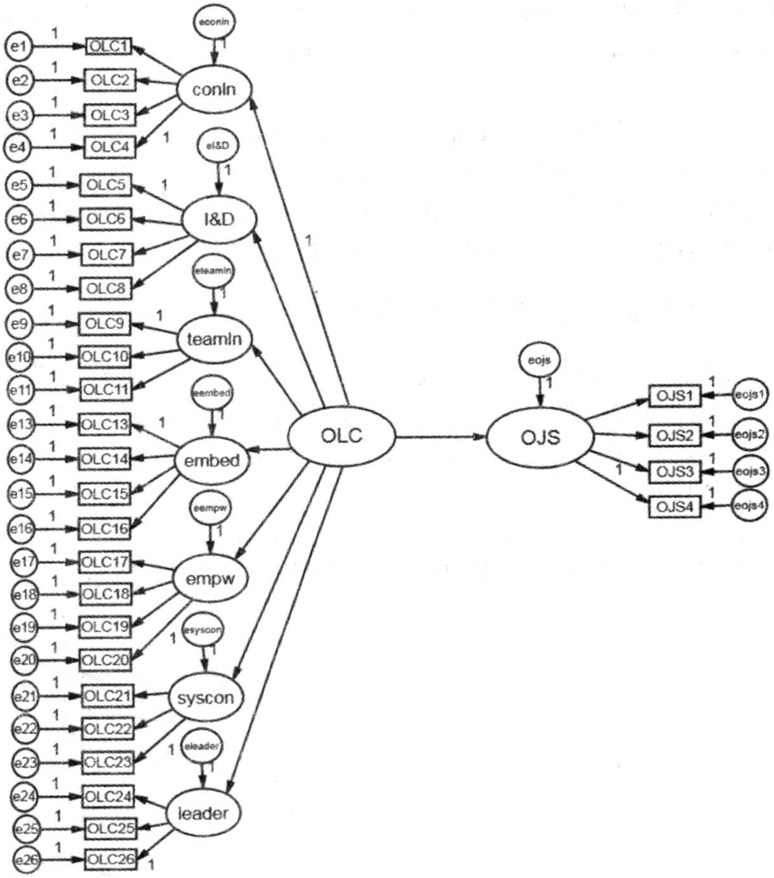

图 6-2　组织学习文化与工作满意度关系的结构方程模型图

（3）参数估计与模型评价

运用 AMOS 7.0 统计软件，通过 bootstrap 法对以上结构方程模型中的相关参数进行估计，得出参数估计值与模型拟合指数，如表 6-6 所示。

表 6-6　组织学习文化与工作满意度关系模型参数估计值与拟合指数

变量间关系	bootstrap 标准化回归系数估计值	置信区间		P 值（双尾）	假设是否成立
		下限	上限		
组织学习文化→工作满意度	0.630	0.501	0.736	0.008	是
拟合指数：Bollen-Stine p=0.139，x^2/df=1.412，IFI=0.948，TLI=0.942，CFI=0.948，RMSEA=0.046					

从模型拟合指数来看，Bollen-Stine p=0.139；x^2/df =1.412，小于 5；IFI=0.948；TLI=0.942；CFI=0.948，大于 0.9；RMSEA=0.046，小于 0.08，表明拟合效果较好。

表 6-6 还显示了使用 bootstrap 法以及误差纠正百分比方法（bias-corrected percentile method）估计得出的工作满意度对组织学习文化的标准化回归系数及双尾检验结果。我们可以看出，工作满意度对组织学习文化的标准化回归系数为 0.630，在 0.01 水平显著，表明研究假设 H2 成立。

6.3.3　工作满意度对组织承诺的影响分析

对于工作满意度与组织承诺的关系，本研究提出了假设 H3：工作满意度对组织承诺具有显著的正向影响。针对验证组数据，本研究按照结构方程模型分析的一般步骤，对以上研究假设进行了检验，检验过程与结果陈述如下。

（1）模型设定

为检验工作满意度与组织承诺的假设，本研究根据第三章的理论分析基础，设定工作满意度与组织承诺的结构方程模型，如图 6-3 所示。

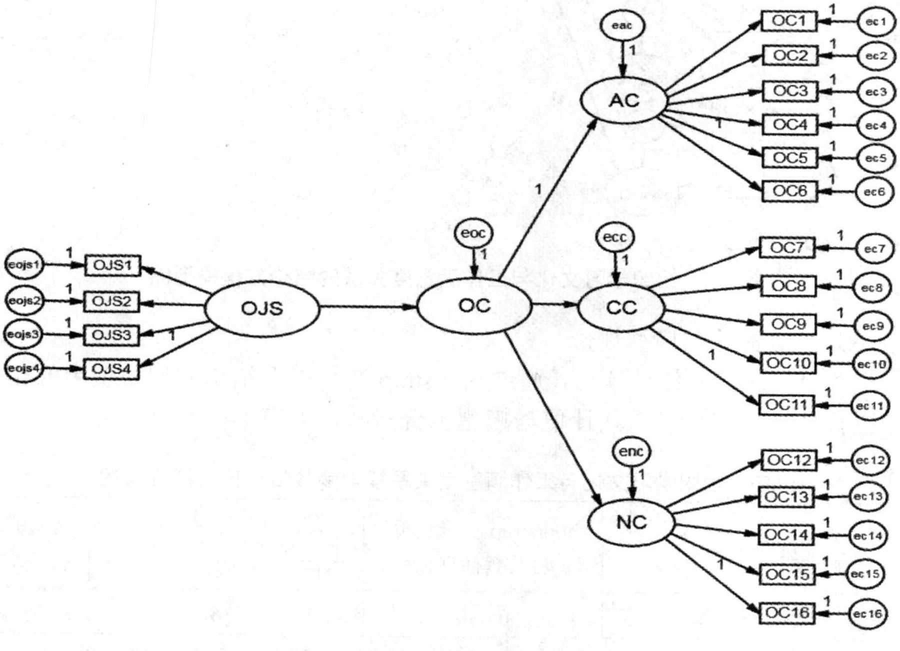

图 6-3　工作满意度与组织承诺关系的结构方程模型图

（2）模型识别

本结构方程模型为可识别模型。首先，本模型满足 t 规则，模型中共有 20 个测量指标，因此[q(q+l)]/2=210，模型要估计 44 个参数，t=44<210，满足模型识别的必要条件。其次，本模型中的测量模型满足三指标法则：每个潜变量至少有 3 个测量指标（测量条款）；每个测量指标只测量一个潜变量；误差之间不相关。最后，本模型中的结构模型为递归模型，不存在双向因果关系。

（3）参数估计与模型评价

运用 AMOS7.0 统计软件，通过 bootstrap 法对以上结构方程模型中的相关参数进行估计，得出参数估计值与模型拟合指数，如表 6-7 所示。

表 6-7 工作满意度与组织承诺关系模型参数估计值与拟合指数

变量间关系	bootstrap 标准化回归系数估计值	置信区间		*P* 值（双尾）	假设是否成立
		下限	上限		
工作满意度→组织承诺	0.806	0.702	0.885	0.006	是
拟合指数：Bollen-Stine p=0.040，x^2/df=1.651，IFI=0.937，TLI=0.927，CFI=0.936；RMSEA=0.057					

从模型拟合指数来看，Bollen-Stine p=0.040；x^2/df =1.651，小于 5；IFI=0.937；TLI=0.927；CFI=0.936，大于 0.9；RMSEA=0.057，小于 0.08。虽然 Bollen-Stine *P*<0.05，但是其他拟合指标均表现良好，说明模型拟合效果较好，可以接受。

表 6-7 还显示了使用 bootstrap 法以及误差纠正百分比方法（bias-corrected percentile method）估计得出的组织承诺对工作满意度的标准化回归系数及双尾检验结果。我们可以看出，组织承诺对工作满意度的标准化回归系数为 0.806，在 0.01 水平显著，表明研究假设 H3 成立。

6.3.4 工作满意度的中介效应检验

（1）中介效应与中介效应检验方法

中介变量是自变量对因变量发生影响的中介，是自变量对因变量产生影响的实质性的、内在的原因，表现自变量对因变量的影响机理。中介变量的作用原理如图 6-4 所示。其中，c 是 X 对 Y 的总效应，a×b 是经过中介变量 M 的中介效应（或称间接效应），c′是直接效应。所有这些路径系数（a, b, c, c′）均可通过回归系数加以量化。当只有一个自变量、一个中介变量时，X 对 Y 的总效应可以表示为：c=c′+a×b，即直接效应与间接效应之和；而直接效应 c′=c−a×b，即总效应减去间接效应。当 M 与 Y 为连续变量时，这些关系等式在回归分析和结构方程模型中均成立（Preacher & Hayes，2008）。

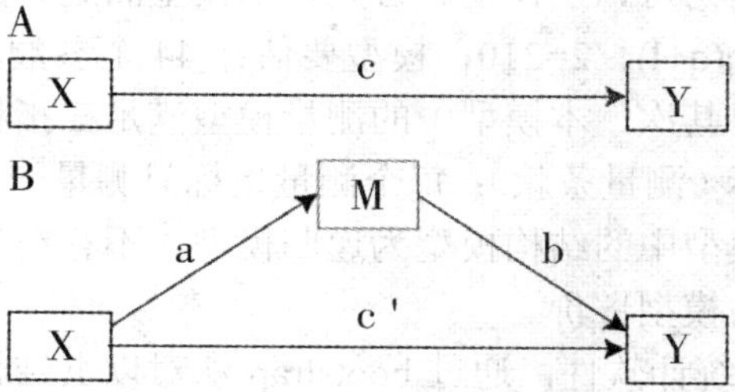

图 6-4　中介效应关系图

资料来源：Preacher, K.J. & Hayes, A.F. Asymptotic and Resampling Strategies for Assessing and Comparing Indirect Effects in Multiple Mediator Models[J]. Behavior Research Methods, 2008, 40 (3): 879-891.

中介效应的检验方法有很多，常用的有以下几种：

第一种也是最常用的一种方法是巴伦和肯尼（Baron & Kenny，1986）与贾德和肯尼（Judd & Kenny，1981）提出的中介作用判定步骤与相关条件。这一方法通常被称为因果逐步检验法（causal step approach），具体步骤为：①做因变量 X 对自变量 Y 的回归分析，如果回归系数达到显著性水平，则表明 Y 与 X 相关（或者说 c 显著），可以进行第 2 步；②做中介变量 M 对自变量 X 的回归分析，如果回归系数达到显著性水平，则表明 M 与 X 相关（或者说 a 显著），可以进行第 3 步；③控制自变量，做 Y 对 M 的回归分析，如果回归系数达到显著性水平，说明 b 显著，可进行第 4 步；④因变量同时对自变量和中介变量的回归，当因变量 Y 对自变量 X 的回归系数减小到不显著水平，说明中介变量 M 起到完全中介作用，自变量完全通过中介变量影响因变量；当因变量 Y 对自变量 X 的回归系数减少但仍然达到显著性水平时，中介变量 M 只起到部分中介作用，即前因变量一方面通过中介变量影响因变量，同时也直接对因变量起作用。以上步骤可以通过最小二乘估计回归或结构方程模型分析实现。

第二种方法是乘积检验法（Sobel 检验），通过计算 a×b 与其标准误估计值之比和该比率的 *P* 值来检验中介效应。如果 *P* 值显著，则表明中介作用显著。Sobel 检验要求 a×b 呈正态分布（Sobel，1982）。

第三种方法是温忠麟等（2004）提出的检验方法。该方法结合 Sobel 检验，改进了因果逐步检验法，其检验程序是：①检验回归系数 c，如果显著，继续下面的第 2 步，否则停止分析。②依次检验系数 a、b，如果都显著，意味着 X 对 Y 的影响至少有一部分是通过了中介变量 M 实现的，第一类错误率小于或等于 0.05，继续下面第 3 步。如果至少有一个不显著，则还不能下结论，转到第 4 步。③检验系数 c′，如果不显著，说明是完全中介过程，即 X 对 Y 的影响都是通过中介变量 M 实现的。如果显著，说明只是部分中介过程，即 X 对 Y 的影响只有一部分是通过中介变量 M 实现的，检验结束。④做 Sobel 检验。如果显著，意味着 M 的中介效应显著，否则中介效应不显著，检验结束。整个程序如图 6-5 所示。

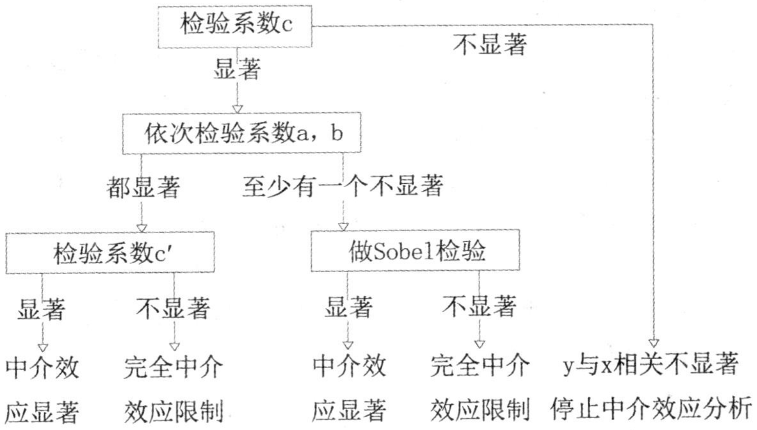

图 6-5 中介效应检验方法与步骤

资料来源：温忠麟，张雷，侯杰泰，刘红云.中介效应检验程序及其应用[J].心理学报，2004(05).

第四种方法是 bootstrapping 法。这种方法在检验中介效应时不需要样本数据呈正态分布。这个方法涉及从数据集中重复取样，并且每个重新抽取的数据集中对间接效应进行估计。通过上千次地重复这一过程，实现 a×b 样本分布的经验近似（empirical approximation of the sampling distribution），并借此构建间接效应的置信区间（Preacher & Hayes，2008）。麦金农等（MacKinnon et al., 2002，2004）进行了多次仿真分析来比较各种中介效应检验方法，其结果表明，bootstrapping 优于 Sobel 检验和因果逐步检验。bootstrapping 的检验效能更强，而且可以更好地控制第一类错误。

为了检验工作满意度对组织学习文化和组织承诺的中介作用，本研究采用温忠麟等（2004）提出的检验程序，辅以 bootstrapping 法，运用结构方程建模技术来进行分析。采用温忠麟等的检验程序的理由是：该方法结合了

Sobel 检验，改进了因果逐步检验法。采用 bootstrapping 的理由是：该方法不要求数据呈正态分布，而且检验效能较高，生成的置信区间较为可靠。采用结构方程模型的理由是：结构方程模型可以得到逐步回归分析法的效果，而且还能综合考虑测量误差项目造成的影响，并且最重要的是，它既可以检验显变量的中介效应，又可检验潜变量的中介效应（温忠麟等，2004；侯杰泰等，2004）。

（2）工作满意度中介效应检验过程与结果

有关组织承诺对组织学习文化的回归系数（相当于图 6-4 中的总效应 c）、工作满意度对组织学习文化的回归系数（相当于图 6-4 中的 a）、组织承诺对工作满意度的回归系数（相当于图 6-4 中的 b），本研究已在上文进行了检验，并证明 c、a 与 b 均显著。本研究将继续在加入了工作满意度这一中介变量的模型中，检验组织承诺对组织学习文化的回归系数 c′（直接效应）是否显著。如果组织承诺对组织学习文化的回归系数减小到不显著水平，说明工作满意度起到完全中介作用；如果组织承诺对组织学习文化的回归系数仍然达到显著性水平但变小的话，则工作满意度只起到部分中介作用。

①模型设定

为检验这一假设，本研究首先根据第三章的理论分析和逻辑推理，设定包含所有这三个变量的结构方程模型，具体如图 6-6 所示。

②模型识别

本结构方程模型为可识别模型。首先，本模型满足 t 规则，模型中共有 45 个测量指标，因此[q(q+l)]/2=1035，模型要估计 103 个参数，t=103<1035，满足模型识别的必要条件。其次，本模型中的测量模型满足三指标法则，每个潜变量至少有 3 个测量指标（测量条款）；每个测量指标只测量一个潜变量；误差之间不相关。最后，本模型中的结构模型为递归模型，不存在双向因果关系。

③参数估计与模型评价

运用 AMOS 7.0 统计软件，采用 bootstrap 最大似然估计法对以上结构方程模型中的相关参数进行估计，得出参数估计值与模型拟合指数，如表 6-8 所示。从模型拟合指数来看，Bollen-Stine p=0.070；x^2/df =1.486，小于 5；IFI=0.902；TLI=0.895；CFI=0.901，大于 0.9；RMSEA=0.050，小于 0.08。这些拟合指数中，仅 TLI 不甚理想，但是也非常接近 0.9 的标准，模型拟合度可以接受。

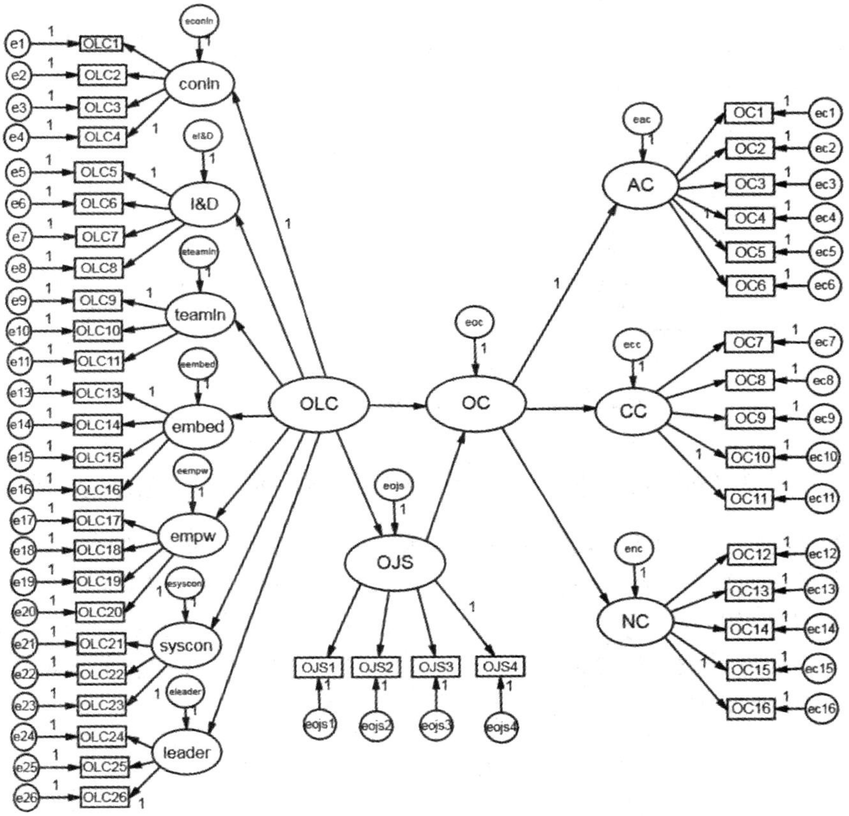

图 6-6　组织学习文化、工作满意度与组织承诺关系的结构方程模型图

表 6-8　组织学习文化、工作满意度与组织承诺关系模型参数估计值与拟合指数

变量间关系	bootstrap 标准化回归系数估计值	*P* 值（双尾）	是否显著
组织学习文化→组织承诺	0.380	0.0501	否
组织学习文化→工作满意度	0.633	0.007	是
工作满意度→组织承诺	0.549	0.004	是
拟合指数：Bollen-Stine p=0.070，x^2/df =1.486，IFI=0.902，TLI=0.895，CFI=0.901，RMSEA=0.050			

从表 6-8 显示的组织学习文化、工作满意度和组织承诺三者间的标准化回归系数及其显著性检验结果来看，组织承诺对组织学习文化的标准化回归系数在加入工作满意度后从原来的 0.725（*P*=0.01）降至 0.380（*P* =0.0501），在 0.05

水平不显著，说明工作满意度在组织学习文化与组织承诺起完全中介作用，研究假设 H4“工作满意度在组织学习文化和组织承诺间起部分中介作用”不成立。据此，本研究理论模型应作相应修正，如图 6-7 所示。

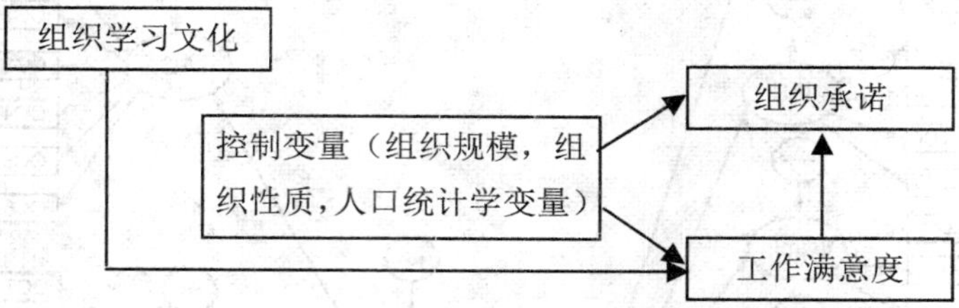

图 6-7　修正的理论模型

6.3.5　组织学习文化、工作满意度与组织承诺关系的全模型分析

本节将通过对组织学习文化、工作满意度与组织承诺关系的全模型分析，探讨变量间的直接效应、间接效应与总效应，检验相关研究假设。

本研究使用 AMOS 7.0 统计软件，选择估计直接效应、间接效应与总效应，运用 bootstrap 最大似然估计法对图 6-6 所示的结构方程模型的相关参数进行了估计，得出参数估计值与模型拟合指数，如表 6-9 所示。

表 6-9　全模型参数估计值与拟合指数

变量间关系	bootstrap 标准化回归系数估计值	置信区间		P 值（双尾）	假设是否成立
		下限	上限		
组织学习文化→组织承诺（总效应）	0.728	0.567	0.804	0.021	是
组织学习文化→组织承诺（直接效应）	0.380	0.089	0.540	0.0501	否
组织学习文化→组织承诺（间接效应）	0.348	0.232	0.540	0.002	是
组织学习文化→感情承诺（间接效应）	0.669	0.442	0.783	0.021	是
组织学习文化→继续承诺（间接效应）	0.467	0.350	0.593	0.007	是
组织学习文化→规范承诺（间接效应）	0.585	0.502	0.681	0.005	是
组织学习文化→工作满意度（直接效应）	0.633	0.523	0.741	0.007	是
工作满意度→组织承诺（直接效应）	0.549	0.380	0.780	0.004	是
工作满意度→感情承诺（间接效应）	0.505	0.338	0.647	0.007	是
工作满意度→继续承诺（间接效应）	0.353	0.211	0.539	0.005	是
工作满意度→规范承诺（间接效应）	0.442	0.243	0.669	0.008	是
模型拟合指数：Bollen-Stine p=0.075，x^2/df =1.486，IFI=0.902，TLI=0.895，CFI=0.901，RMSEA=0.050					

从表 6-9 显示的模型拟合指数来看，Bollen-Stine p=0.075；x^2/df =1.486，小于 5；IFI=0.902；TLI=0.895；CFI=0.901，大于 0.9；RMSEA=0.050，小于 0.08，模型拟合度可以接受。从各变量间的标准化回归系数及其显著性检验结果可以看出，组织学习文化对于组织承诺总效应的标准化回归系数为 0.728，在 0.05 水平显著；直接效应的标准化回归系数为 0.380，在 0.05 水平不显著；间接效应的标准化回归系数为 0.348，在 0.01 水平显著。这表明研究假设 H1“组织学习文化对员工组织承诺具有显著的正向影响”成立。同时，这也表明工作满意度在组织学习文化与员工组织承诺间起完全中介作用，而非部分中介作用，研究假设 H4 不成立。

组织学习文化对感情承诺的间接效应的标准化回归系数为 0.669，在 0.05 水平显著，说明因为组织学习文化对感情承诺的间接效应，组织学习文化每上升一个标准差，感情承诺就会上升 0.669，这表明研究假设 H1a“组织学习文化对员工感情承诺具有显著的正向影响”成立。

组织学习文化对继续承诺间接效应的标准化回归系数为 0.467，在 0.05 水平显著，说明因为组织学习文化对继续承诺的间接效应，组织学习文化每增加一个标准差，继续承诺就会增加 0.467，表明研究假设 H1b“组织学习文化对员工继续承诺具有显著的正向影响”成立。

组织学习文化对规范承诺间接效应的标准化回归系数为 0.585，在 0.05 水平显著，表明因为组织学习文化对规范承诺的间接效应，组织学习文化每增加一个标准差，规范承诺就会增加 0.585，表明研究假设 H1c“组织学习文化对员工规范承诺具有显著的正向影响”成立。

此外，从标准化回归系数的大小，我们可以看出，组织学习文化对于感情承诺的影响最强，规范承诺次之，对继续承诺的影响最小。

从组织学习文化对工作满意度的影响来看，组织学习文化对工作满意度的直接效应的标准化回归系数为 0.633，在 0.01 水平显著。这说明，因为组织学习文化对工作满意度的直接影响，组织学习文化每增加一个标准差，员工工作满意度将增加 0.633，研究假设 H2“组织学习文化对员工工作满意度具有显著的正向影响”成立。

从工作满意度对组织承诺及其各个子变量的影响来看，工作满意度对组织承诺直接效应的标准化回归系数为 0.549，在 0.01 水平显著；工作满意度对感情承诺、继续承诺和规范承诺间接效应的标准化回归系数分别为 0.505、0.353、0.442，均在 0.01 水平显著。这表明，研究假设 H3、H3a、H3b、H3c 均成立，工作满意度作为组织承诺的一个预测变量，对于组织承诺具有显著的正向影响，对于感情承诺、继续承诺和规范承诺也有显著的正向影响。

6.4 假设检验结果与初步结论

本研究理论模型中所包含的各项假设检验的结果如表 6-10 所示。

表 6-10 假设检验结果一览表

编号	假设内容	假设是否成立
H1	组织学习文化对员工组织承诺具有显著的正向影响	是
H1a	组织学习文化对员工感情承诺具有显著的正向影响	是
H1b	组织学习文化对员工继续承诺具有显著的正向影响	是
H1c	组织学习文化对员工规范承诺具有显著的正向影响	是
H2	组织学习文化对员工工作满意度具有显著的正向影响	是
H3	员工工作满意度对其组织承诺具有显著的正向影响	是
H3a	员工工作满意度对其感情承诺具有显著的正向影响	是
H3b	员工工作满意度对其继续承诺具有显著的正向影响	是
H3c	员工工作满意度对其规范承诺具有显著的正向影响	是
H4	员工工作满意度在组织学习文化与员工组织承诺间起部分中介作用	否

6.5 本章小结

本章对理论模型和相关假设进行了检验，首先通过层次回归法对员工个体特征与组织特征等相关控制变量进行了分析，其次通过结构方程模型检验了各个变量之间的关系，包括组织学习文化与组织承诺及其各个子变量的关系、组织学习文化与工作满意度的关系、工作满意度与组织承诺及其各个子变量的关系以及工作满意度在组织学习文化与组织承诺间的中介作用。

在控制变量的分析中，本研究发现员工年资与企业性质-OWN2 在包含了组织学习文化的模型中对组织承诺具有显著但是相对较弱的影响。员工年资在包含了组织学习文化的模型中对工作满意度具有显著但是相对较弱的影响。

通过结构方程模型分析，本研究验证了组织学习文化对组织承诺及其子变量的显著正向影响、组织学习文化对工作满意度的显著正向影响、工作满意度对组织承诺及其各个子变量的显著正向影响。此外，通过对判定中介作用的 4 个条件进行分析，证实工作满意度在组织学习文化与组织承诺间起完全中介作用。

第七章 研究结论与展望

基于前六章对组织学习文化、工作满意度和组织承诺关系的研究与分析，本章将着眼于阐明研究的主要结论、实践启示、研究局限以及未来研究展望，主要包括五部分：第一部分对研究结论进行归纳、总结。第二部分分析本书研究结论对企业管理实践的启示，为知识型企业的组织学习文化建设和员工管理提供相应的探索性建议。第三部分总结陈述本研究的局限性。第四部分对未来研究方向与方法提出了探索性建议与展望。第五部分为结语。

7.1 研究结论

在知识经济日趋复杂、多变的竞争环境下，知识日益成为企业最重要的战略资源，对知识的创造和运用能力成为企业获取竞争优势的源泉。在企业中，大部分关键知识都存在于人的头脑中，因此，作为知识所有者和承载者的知识员工成为了企业重要的战略资产。只有提升知识员工的工作热情及对组织的忠诚度和认同感，并充分调动知识员工为组织目标服务的积极性，企业才能获得成功。

伴随知识与知识员工对企业重要性的日益显著，对于知识员工工作态度的研究出现了热潮，理论界和企业界都表现出浓厚的兴趣。近年来，有关知识员工工作满意度与组织承诺的研究论文数量激增，而企业界也在为如何提高知识员工的工作满意度和组织承诺进行着积极的探索。

知识型企业是一种以知识为主要资源，以知识员工为主要人力资源，依靠知识的创造和使用而获取经济利益的组织，是知识经济时代一种发展迅猛的重要经济实体。本书着眼于组织学习这一对知识型企业而言举足轻重的组织行为视角，探讨作为组织情境变量的组织学习文化对于知识型企业中知识员工的工作满意度和组织承诺的影响。研究以国内知识型企业为研究母体，以知识型企业中的知识员工为调查对象，开展了实证研究与分析，形成了一些主要研究结论。

7.1.1 研究结论一

在本研究情境下，知识型企业组织学习文化对于知识员工的组织承诺具有显著的正向影响。

在第六章假设检验中，本研究通过对国内知识型企业中知识员工样本调查数据进行分析，得出组织承诺对组织学习文化的标准化回归系数（总效应）为0.728（$P<0.05$），验证了组织学习文化对组织承诺有显著的正向影响这一研究假设。这一研究结论表明，如果知识型企业创造出鼓励、支持学习与发展的良好机制与氛围，将有助于企业内部知识员工组织承诺的提高。

此外，为了更深入地探讨组织学习文化对组织承诺的影响，本书还探讨了组织学习文化对感情承诺、继续承诺和规范承诺这三个组织承诺子变量的影响，研究结果表明，组织学习文化对三者均有显著的正向影响，其中对感情承诺影响最强（标准化回归系数=0.669，$P<0.05$），规范承诺次之（标准化回归系数=0.585，$P<0.05$），对继续承诺的影响相对较小（标准化回归系数=0.467，$P<0.05$）。这些研究结果表明，如果一家企业注重知识员工的学习与发展，从个体、团队和组织层面建立学习的鼓励、支持、指导机制，并且授权员工参与愿景的构想与决策，使员工能看到自己的工作与决策对于企业的作用，这将有利于提高该企业知识员工对企业的认同感和归属感，产生愿意留在企业、为之奉献的情感意愿，即对企业产生感情承诺。员工会因为企业对自身学习与发展的投入、与企业内团队成员的互动、获得授权等而产生对企业和同事的责任感以及留在企业的义务感，即对企业产生规范承诺。此外，就继续承诺而言，这种承诺是员工基于利益和离职成本考虑而产生的留在组织的意愿。对于组织学习文化对继续承诺有显著正向影响这一研究结论，本书认为可以这样理解：在组织学习文化浓厚的企业，员工具有较为有利的学习与发展环境，如果离开该企业，势必要牺牲这样的环境与机会。鉴于知识员工是一群具有强烈学习与发展需求的员工群体，良好学习机会的失去无疑是一大损失，因此，他们会出于这种可能损失的考虑而对企业产生忠诚感。另外，在知识工作分工日益细化、专业化的知识经济社会中，知识员工在一家企业中通过长期工作与学习所掌握的技能和知识可能具有较高的专用性，这对于他们在就业市场上寻找合适的新工作机会可能产生一定的限制作用，由此产生对企业的忠诚感。基于以上原因，组织学习文化对知识员工继续承诺具有显著正向影响具有合理性。

7.1.2 研究结论二

在本研究情境下，知识型企业组织学习文化对于知识员工的工作满意度具有显著的正向影响。

在第六章假设检验中，本研究通过对大样本数据进行分析，得出工作满意度对组织学习文化的标准化回归系数为 0.633（$P<0.01$），说明组织学习文化对工作满意度有显著的正向影响。这一结论印证了一些相关研究（如 Egan et al., 2004; Su-Chao Chang & Ming-Shing Lee，2007; Lee-Kelley，Blackman，& Hurst，2007）。

本研究的研究母体为国内知识型企业。在知识型企业中，知识员工作为知识的承载者和所有者是企业重要的资源之一，是企业创新的主体。对于知识员工而言，学习与发展的机会、工作本身的意义和挑战以及工作成就感较之金钱奖励激励作用更大（Harpaz & Meshoulam，2004）。如果知识型企业能够提供持续的学习机会，鼓励对话与探询，支持团队学习，对员工进行授权，注重企业与企业内外环境的有机联系，让员工看到自身工作与企业内外环境的联系，并为组织内的学习行为提供战略领导，将会有利于提高知识员工的工作满意度。

7.1.3 研究结论三

在本研究情境下，知识员工的工作满意度对于知识员工的组织承诺产生显著的正向影响。

工作满意度与组织承诺是两个密切相关却又有显著区别的概念。工作满意度反映的是员工对其日常工作和工作环境的情感反应与态度，而组织承诺则是员工基于情感或非情感因素而对组织产生的认同、忠诚和投入意愿。本研究通过对国内知识型企业中知识员工样本调查数据进行分析，得出组织承诺对工作满意度的标准化回归系数为 0.549（$P<0.01$）。这一结论印证了前人（如 Lincoln & Kalleberg，1990；Bartlett，2001；康锦江等，2004）的一些研究结论，即工作满意度对组织承诺有显著的正向影响，是组织承诺重要的预测变量之一。具体而言，工作满意度是影响员工对组织情绪反应的重要因素，员工对于工作的情感反应会转移到对组织的认同与忠诚上。这一点在国内知识型企业的知识员工中同样成立。

此外，通过分析工作满意度对组织承诺子变量，即感情承诺、继续承诺和规范承诺的影响，本研究发现，工作满意度对感情承诺、继续承诺和规范承诺均有显著的正向影响，标准化回归系数分别为 0.505（$P<0.01$）、0.353（$P<0.01$）、0.442（$P<0.01$）。就影响强度而言，工作满意度对感情承诺影响最强，规范承诺次之，继续承诺最低。

7.1.4 研究结论四

在本研究情境下，知识员工的工作满意度在知识型企业的组织学习文化和知识员工的组织承诺间起完全中介作用。

本研究通过对国内知识型企业中知识员工样本调查数据进行分析，验证了工作满意度在组织学习文化与组织承诺间的完全中介作用，即组织学习文化通过影响员工工作满意度进而影响员工组织承诺。这解释了组织学习文化对员工组织承诺的影响机理。

前人的研究表明，工作满意度是教育与组织承诺间的中介变量（Griffeth，Horn，& Gaertner，2000），是培训和组织承诺间的中介变量（Barlett，2001）。虽然教育与培训只是反映组织学习文化的一个侧影，但无疑证明了工作满意度是传递一些相关预测变量对组织承诺影响的媒介，从一定程度上印证了研究结论四。

7.1.5 研究结论五

在我国文化情境下，在知识型企业中，组织学习文化的七维结构成立，组织学习文化七维量表的信度、效度较好。

本研究基于国内外组织学习文化研究文献的回顾，借鉴国外组织学习文化测量量表，结合对本国文化因素的考虑编制形成适用于本研究情境（即国内知识型企业）的组织学习文化七维量表，并通过对小样本测试数据和小规模访谈结果的分析对该量表进行了修订、改进。对小样本数据进行探索性因子分析，得出组织学习文化可以抽取出 7 个特征根大于 1 的公因子。基于大样本数据，本研究对组织学习文化七维结构进行了验证性因子分析，结果表明，组织学习文化七因子模型拟合指数均表现较好。

基于大样本问卷调查所获取的数据，本研究对组织学习文化七维量表的信度和效度进行了检验。信度分析结果表明，本研究使用的组织学习文化七维量表的 α 系数为 0.950，持续学习分量表的 α 系数为 0.863，探询和对话分量表的 α 系数为 0.865，团队学习分量表的 α 系数为 0.828，系统嵌入分量表的 α 系数为 0.852，授权分量表的 α 系数为 0.825，系统联结分量表的 α 系数为 0.848，战略领导分量表的 α 系数为 0.822，量表和分量表均具有较高的内部一致性信度。在组合信度方面，以上各分量表的组合信度依次为 0.864、0.865、0.830、0.832、0.829、0.848、0.833，均表现良好。

量表收敛效度的分析结果表明，量表各测量条款的因子负荷均大于 0.6。各分量表的 AVE 均超过下限 0.5，其中，持续学习分量表的 AVE 为 0.615，探询和对话分量表的 AVE 为 0.616，团队学习分量表的 AVE 为 0.550，系统嵌入分量表的 AVE 为 0.590，授权分量表的 AVE 为 0.548，系统联结分量表的 AVE 为 0.650，战略领导分量表的 AVE 为 0.556。这就表明组织学习文化七维量表具有较好的收敛效度。另外，量表区分效度的分析结果表明，各因子（分量表）AVE 的平方根均大于各因子间的相关系数值，具有较好的区分效度。

从以上分析可知，在我国文化背景下的知识型企业中，组织学习文化七因子模型结构成立，组织学习文化七维量表在本研究情境下的信度和效度均符合心理测量量表的要求。这在一定程度上印证了相关国外研究的结论（如 Ellinger et al., 2002；Yang et al., 1998，2004；Song，2008）。

值得注意的是，组织学习文化的七个维度间均表现出较高的相关性（介于 0.577 与 0.739 之间），它们通过相互间紧密有机的联系共同构成员工所能感知到的组织学习文化。换言之，组织学习文化是这七个维度的有机统一体，是基于这七方面因素的互动形成的支持学习的组织文化氛围。从另一方面来看，虽然组织学习文化的七个维度有机相关，它们却是可区分的不同概念，这一点从各分量表的区分效度成立可以看出。

组织学习文化的七个维度代表着组织学习有机联系的三个层次，即个体学习、团队学习与组织学习（Watkins & Marsick，1996）。持续学习、探询与对话代表组织学习的个体学习层面，团队学习与合作代表组织学习的团队层面，而系统嵌入、授权、系统联结和提供学习的战略领导这四个维度代表组织学习的组织层面。杨百寅（2003）认为，这七个维度也代表着组织学习文化的两大层面，一是组织中人的层面（包含持续学习、探询与对话、团队学习与授权）；二是组织中的结构、系统层面（包含系统联结、系统嵌入与提供学习的战略领导）。他认为，组织学习，毫无疑问，始于组织中的个体与个体构成的团队。组织学习有赖于组织成员个体持续学习、与他人互动学习和在团队中合作学习。然而要个体与团队有学习的动力，须使其具有自主权，即获得组织的授权。系统联结、系统嵌入与提供学习的战略领导这三个维度代表组织学习文化中的组织结构和系统层面。虽然组织有赖于成员通过学习引发革新，但是组织必须创造辅助或支持性的组织系统与结构来支持学习、捕获学习成果，以逐步实现组织使命。这些论述清晰表明了组织学习文化七维度间的有机联系与区别，以及各个维度的不可或缺性。

7.1.6　研究结论六

在我国文化情境下，在知识员工群体中，组织承诺的三维结构成立，但是量表部分测量条款需要修正。

本研究对组织承诺的测量选用了国外成熟量表，即迈耶和艾伦的组织承诺三维量表。该量表由三个分量表构成，分别测量员工的感情承诺、继续承诺和规范承诺。在中国文化情境下，对于组织承诺的三维结构尤其是在本研究的研究对象群体中（即中国知识型企业中的知识员工群体）是否成立，本研究通过小样本调查数据和大样本调查数据，运用探索性因子分析和验证性因子分析方法进行了检验与验证。针对小样本调查数据的探索性因子分析结果表明，可以提取出 4 个特征值大于 1 的公因子。鉴于国内外相关文献中存在对组织承诺三维结构的质疑，尤其是对继续承诺是否能独立成为一个维度还是应该分为两个维度存在争议，本研究利用大样本调查数据对组织承诺的二因子、三因子和四因子模型进行了验证性因子分析。通过比较各个模型的拟合度与结构效度，本研究发现，虽然组织承诺的四因子模型拟合度比三因子模型好，但是其中继续承诺分成的两个因子区分效度并不成立，而且测量条款含义难以概括，或者说缺乏理论依据。因此，本研究认为，在我国文化情境下，在知识员工群体中，组织承诺三维结构成立，而且比二维结构和四维结构更为合理。

在对组织承诺量表与测量条款进行检验的过程中，本研究还发现，迈耶和艾伦的组织承诺三维量表在中国文化情境下知识员工群体中使用存在以下问题：

第一，一些条款翻译起来十分困难，难以找到准确的本土化翻译，致使一些测量条款对于本研究受试者而言难以理解或容易产生歧义，这包括“本公司对我而言蕴含着诸多的个人意义”“如果现在离开公司，我的生活将被严重扰乱”“我感觉欠公司很多”和“本公司值得我对它忠诚”等测量条款。例如，对于量表初稿中的 OC19“本公司值得我对它忠诚”，数据分析结果表明，它在规范承诺和感情承诺上的因子负荷均较高，说明本研究受试者认为它既体现了对企业忠诚的义务感，又体现了对公司的情感。这与它在迈耶和艾伦三维量表中归属于规范承诺有些出入，说明对该测量条款的理解存在歧义。事实上，其他一些学者也发现了迈耶和艾伦的组织承诺三维量表翻译困难这一问题。例如，李、艾伦和迈耶（Lee，Allen，& Meyer，2001）发现，当量表被翻译成韩语时，使用标准的双向翻译很难回译成原量表。张勉和张德（2002）认为有必要筛选和提炼更多中国文化环境下特有的新测量条款，而不仅仅依靠标准的双向翻译。

第二，组织承诺量表中的反向题目在各个分量表中表现较差。本研究的小样本数据分析结果表明，问卷初稿中反向题目 OC4、OC6、OC9、OC12 的 CITC 均小于 0.3，直接拖累量表的内部一致性系数，应该予以删除，而反向题目 OC5 和 OC18 不具有单维性，同样应该予以删除。反向题目表现较差这一研究结论与马戈热尼等（Magazine et al., 1996）的研究结论一致。虽然本研究已经将反向题目部分加黑显示，而且对所回收的问卷中反向题目作答存在明显问题的问卷予以剔出，但是这一问题未能避免。由此本研究认为，测量条款的正向与反向陈述对于本研究情境下的被调查者的作答会产生较大的影响。本研究认为，其原因可能与中国的被调查者不适应对反向题目作答或者对反向题目的理解存在歧义所致。限于调查资源和时间，本研究未能就此问题产生的原因另做单独调查加以深入研究，但是对于这一问题的探讨无疑将是笔者未来的研究任务之一。

第三，从量表信度、效度分析结果看，在删除了上述反向题目后，组织承诺量表及各个分量表的内部一致性信度系数均大于 0.7 的最低要求，感情承诺与规范承诺的结构效度也较好。但是，继续承诺量表的收敛效度存在一定问题。其收敛效度指标之一 AVE 刚好达到临界值，说明其收敛效度仅勉强符合要求。事实上，在多项组织承诺的研究中，学者们发现继续承诺量表的信度和效度存在一定问题。其中，张勉和张德（2002）发现继续承诺量表的信度处于较低的水平；王太生等（2008）发现继续承诺的收敛效度存在一定问题，其中有两个测量条款的因子负荷值都不超过 0.5。在本研究情境中，虽然继续承诺量表的信度符合心理测量量表的一般要求，但是其收敛效度的确存在一定问题，说明继续承诺量表测量条款在中国文化情境下的知识员工群体中使用时有进一步修订的必要。

7.2　研究结果对知识型企业管理实践的意义与启示

7.2.1　研究结果对知识型企业管理实践的意义

本书研究结果的实践意义在于知识型企业的组织学习文化建设与知识员工工作态度管理两方面。

（1）组织学习文化建设方面

在竞争日趋激烈、变化无所不在的知识经济时代，知识与技术更新的速度不断加快，学习对于任何一家企业而言都非常重要。圣吉（1998）指出，未来真正出色的企业，将是那些能够设法使组织成员全身心投入、有能力促进组织学习的企业。组织学习对于知识型企业的生存和成功显然至关重要。本研究修改验证的组织学习文化七因素模型为国内知识型企业的学习文化建设提供了具有可操作性的行动要义，说明知识型企业的组织学习文化可以从七个方面着手营造、建设，即创造持续学习机会、促进探询与对话、鼓励合作与团队学习、创建知识捕获和共享系统、授权员工形成共同愿景、将组织与环境相联系，以及提供学习的战略领导。

（2）知识员工工作态度管理方面

在知识经济时代，知识员工的管理问题一直是困扰知识型企业的重要问题。知识员工作为一个知识经济时代典型的工作群体，具有高度自主、独立的特点，他们拥有的知识资本使其在人才市场具有高度的竞争力和议价能力，因此，这一群体具有高度的流动性。

知识员工过高的流失率会对企业造成诸多负面的影响，如关键岗位空缺，影响企业正常运作与管理；核心技术或商业机密的泄露，削弱企业竞争力；企业知识资本的流失；企业招聘费用、培训费用、管理成本的上升；打击在岗员工的士气，削弱企业的凝聚力和向心力；影响企业的公众形象等。因此，如何留住知识员工已成为知识型企业管理中亟待解决的一大问题。此外，如何提高知识员工的工作勤勉度，提升知识员工的知识转移倾向、创新行为等也是企业界和学界关注的重要课题。

根据社会心理学的传统理论，态度影响行为意图，进而影响实际行为。大量组织行为学领域的实证研究表明，员工工作满意度和组织承诺作为两种重要的工作态度，对员工的离职倾向、离职行为、缺勤、工作勤勉度等行为意图与实际行为有着显著且稳定的影响。近年来，随着知识员工管理研究热潮的涌现，有关知识员工工作满意度与组织承诺的研究文献数量激增，而其中不少文献剖析并验证了知识员工工作满意度和组织承诺对于其行为倾向和实际行为的影响。例如，康锦江等（2004）的研究表明，知识员工工作满意度与组织承诺和其工作努力度正相关。伊根等（2004）的研究证实，知识员工工作满意度对其知识转移倾向具有显著的正向影响。高丽（2007）和陈子彤（2009）的研究证明，知识员工工作满意度和组织承诺与其离职意向和离职行为负相关。这些研究清晰地表明了知识员工工作态度管理的重要性。

要管理好知识员工的工作态度，我们就必须了解影响其工作态度的因素。本书通过以国内知识型企业的知识员工为样本的实证研究，探讨了知识型企业的组织学习文化是否对知识员工工作满意度和组织承诺这两种重要工作态度产生显著影响。研究结果表明，组织学习文化通过影响知识员工工作满意度对其组织承诺产生正向影响。鉴于知识员工的工作满意度和组织承诺对其多种行为具有显著影响，本研究的结论对于知识员工管理特别是知识员工的留存与激励管理具有积极的意义，说明如果一家企业能够建设良好的组织学习文化，将组织学习文化实践有机融入人力资源管理体系中，可以对该企业员工的工作满意度和组织承诺产生积极影响，从而增强企业对知识员工的凝聚力，降低企业知识员工的流失率，激励知识员工更主动、更高质量地参与组织学习、开展知识工作，实现组织学习绩效与员工工作绩效的双重提升。

7.2.2　研究结果对知识型企业管理实践的启示

那么知识型企业应采取何种行动营造浓厚的组织学习文化氛围呢？知识型企业又应如何将组织学习文化建设与知识员工的工作态度管理有机融合，从而实现组织学习绩效提升与员工工作态度改善的双赢呢？本研究认为，组织学习文化的七因素模型为企业在这方面的管理实践提供了有益的启示，揭示了具有可操作性的行动要义。结合相关文献与本研究的研究结果，本书将从以下 7 个方面对行动要义进行陈述。

（1）创造持续的学习机会

知识员工的价值取决于其知识、智力资本存量的高低与稀缺性程度。持续参与学习，扩大自身知识存量，对知识员工提升自身价值、保持职场竞争力十分重要。因此，持续学习是知识员工最迫切的需要之一。事实上，学习机会已经成为决定知识经济时代雇员态度和行为的重要因素之一（Lankau & Scandura，2002）。此外，组织学习主要是具有共同思维模式的个体行为的结果，需要持续不断的个体学习作为基础和前提。如果企业注重知识员工学习需求，创造持续的学习机会，不仅可以有效激励知识员工，发展企业的人力资源，也可以促进企业的组织学习。要创造持续的学习机会，企业可以从以下 5 个方面着手。

①企业应从制度、政策着手，把学习和培训纳入员工激励机制，建立支持与鼓励学习的机制，从经费预算、时间等方面为员工学习提供保障。企业也可以把学习与培训纳入绩效考核指标。

②企业应该根据工作与员工个体发展需求，开展正式的员工学习、培训项目与员工发展项目。

③企业可在工作设计中包含学习，融学习于工作之中（即工作学习），使员工在参与真实工作任务过程中获得知识和技能。马席克和沃特金斯（2003）指出，工作学习可以视为“微型研发”，它提供持续试验的空间，在学习成果和知识绩效间建立联系。

④企业还可通过非正式的知识共享小组、师徒制、辅导制等多种方式向员工提供持续的学习机会，使员工得以发展。

⑤马席克等（2001）建议，企业可通过公开讨论错误、从错误中学习以及帮助员工明确未来工作所需技能来创造持续的学习机会。

（2）促进探询与对话

探询和对话主要指企业成员自身的反思性探究以及企业成员间的相互提

问、对话、互动和反馈等，对于推动组织学习与增进员工工作满意度、组织承诺有着积极的意义。从组织学习层面看，组织学习是一种社会化过程，需要个体之间的互动、反馈、对话、沟通方能实现。企业内的探询和对话活动促进员工相互提问、对话、沟通，激发反思与创造，实现良好的知识共享，进而推动组织学习。从员工对工作和组织的态度和情感层面看，探询和对话可以增进员工间的互动、沟通与理解、发展合作、建立互信与情感联系，进而对员工的工作满意度和组织承诺产生积极的影响。鉴于此，企业应该努力营造一种鼓励反思性探究、提问、对话、反馈、试验的文化。要促进探询与对话，企业可以采用以下方法：

①建立互信的组织氛围，鼓励企业成员开诚布公地交流思想、公开讨论决策理由等。

②建立有效的常设反馈机制，鼓励企业成员间（包括平级与上下级）相互提出公开和真诚的反馈意见。

③为企业成员提供深度汇谈、积极倾听、会议管理、沟通技巧等方面的培训。

④鼓励员工提问或提出质疑。为此，企业可建立员工参与决策机制、匿名建议机制，领导者应以身作则鼓励质疑精神与行为。

（3）鼓励团队学习与合作

如今，团队在组织中已渐渐成为关键的学习单位。团队学习是发展团队成员整体搭配（alignment）与实现共同目标能力的过程（圣吉，1998），是通过团队成员的互动产生共有知识的动态过程，是一个团队达成共识并采取合作行动的过程。团队学习与合作使得员工在企业基层的组织单元中充分互动与交流，促使员工个体的隐性知识转化为显性知识，进入企业知识库。进一步地，由于知识分工的日益细化，知识员工只有通过团队合作的工作模式，整合和充分利用个体的专有知识和技能，才能创造知识的协同效应，推动创新目标的实现（孙锐和石金涛，2005）。鼓励团队学习与合作不仅有利于知识型企业绩效的提升，也有利于知识员工间增进相互理解、发展合作、建立互信与情感联系，进而对工作和企业产生积极的情感与态度。因此，充分发挥团队的作用是十分重要的。那么如何充分发挥团队学习与合作的作用呢？本书认为可以从以下 8 个方面着眼。

①在建立工作和学习团队时，企业要注重团队成员的能力多元化，因为由不同能力组合而成的团队有助于加快团队学习和知识创造过程。同时，企业又要注重成员的态度一致性，因为态度的相似性有助于强化员工间的相互信任，减少防御性倾向，有助于团队学习（Jackson，1996）。

②努力在团队中通过深度会谈等方式（圣吉，1998）建立互信的氛围。这对于知识员工团队而言尤为重要，因为知识员工的权力来源于其拥有的专长，如果团队成员缺乏互信，就会出现较强的防御性心态，不愿分享自己的知识，从而阻碍团队学习。

③赋予团队一定的自主决策权力与自由度，鼓励团队探索新创意、思考团队目标以及团队在企业内外环境中应发挥的作用。

④鼓励团队成员平等参与讨论与决策，建立相应规则避免某些员工在团队内的绝对主导性。

⑤鼓励团队成员角色互换，发展团队成员的多元技能，包括领导能力。

⑥为企业成员提供团队管理、会议管理等方面的培训。

⑦建立团队奖励机制，既给予单个成员对团队的贡献加以奖励，又对团队整体的卓越表现进行奖励。

⑧企业应重视团队的建议与意见，在充分考虑团队意见的基础上做出决策。

（4）创建知识捕获与共享系统

知识型企业应努力建立和维护知识捕获与知识共享的机制与系统。知识的捕获与共享是知识积累、转移、整合与创造等得以实现的前提和基础。只有通过员工间的知识共享，才能使得个体层面的知识升华为组织层面的知识，实现知识的协同效应，实现其价值的成倍增长和知识创新（宝贡敏和徐碧祥，2007）。此外，知识捕获与共享直接影响组织内信息的可获得性，减轻雇员感知的环境不确定性，从而使其产生安全感，增强其工作满意度和组织承诺（Putti，Aryee，& Phua，1990）。为了建立并维护良好的知识捕获和共享系统，企业可以考虑以下 5 个方面内容。

①建立适合企业的有效的信息管理系统，使员工能随时便捷地获取必要的信息。这包括使用 Lotus Notes 等群件实现数据的共享，建立、维护并定期更新企业数据库或知识库等，以保证员工能便捷地检索信息和交换知识。这些系统必须是与工作整合的系统，而且向组织成员开放。

②建立有效的实体信息管理系统固然重要，但是真正意义上的信息系统是建构于人际沟通之上的，其中包含丰富、动态的隐性知识的交流与分享，而隐性知识的分享、利用，可以为组织带来竞争优势。从这个意义上来讲，鼓励组织成员间的人际沟通显得非常重要。为此，企业应建立良好的双向沟通系统（如建立局域网、公司电话、电子邮件系统、公开会议、建议系统等多种沟通方式）

使员工能积极参与双向的正式与非正式沟通。此外，企业还可以考虑鼓励知识社群和实践社群等非正式组织/网络的建立，使有着共同关注点、共同问题或相同兴趣的员工之间（甚至员工、供应商、合作伙伴、客户之间）能够就某一领域的知识和技能进行持续的沟通与交流，共享隐性与显性知识，将个体知识转变为组织/团队共有知识，并在共同诊断和处理复杂的商务问题的过程中创造新的知识。

③知识的共享有赖于员工间的互信。任何有损这种互信氛围的组织行为或实践都会挫伤员工个体知识共享的意愿。因此，构建互信的文化氛围也是不可或缺的一项措施。

④企业应该建立相应的知识共享鼓励机制，从物质和精神两方面对知识共享行为进行肯定和鼓励。

⑤企业必须建立和定期更新雇员技能数据库，并且通过科学的绩效评价体系来衡量员工当前绩效与期望绩效的差距，找出原因，然后对员工进行技能培训以弥补差距。此外，企业还应建立系统的培训效果评价体系，并将其与绩效评价和培训决策系统进行整合。

（5）授权员工建立共同愿景

知识员工作为一个具有特异性的员工群体，从事的大多为创造性劳动。他们依靠自身的专业知识，运用头脑进行创造性思维，并不断形成新的知识成果。因此，知识员工更倾向于高度自主的工作环境，注重强调工作中的自我引导和自我管理。授权可以提高知识员工的组织承诺。企业应该在工作中给予知识员工必要的资源、自主权、决策权，鼓励知识员工参与建立和实施共同愿景，使知识员工感受到自身决策的影响力和工作的意义，从而增进对工作的投入度和对组织的认同感与忠诚度，以及为组织愿景的实现而努力的意愿。具体而言，企业可以从以下 3 个方面着手。

①企业应注重对员工授权，授权员工参与组织决策过程，授权员工在工作方面自主决策，如确定工作目标和工作策略等，以激励员工对所负责的工作主动负起责任。企业也应容许员工在一定程度上拥有自主支配工作所需资源的权力。员工所感知的授权程度越高，其组织承诺就越高，企业归属感就越强（Liden，Wayne，& Sparrow，2000；Avolio et al., 2004），也就更容易产生与组织目标一致的愿景。

②企业应鼓励员工走出思维定势，鼓励员工在周全考虑的基础上进行试验、冒险与探索，并提供资金与时间鼓励员工探索新创意以及着手具有前途但

也有一定不确定性的项目。营造一种这样的文化氛围有助于打破企业的固定思维，激发学习与创新。

③企业在形成公司愿景时，应采取自下而上的方式，鼓励员工参与公司愿景的制定。共同愿景必须植根于个体愿景才可能被员工个体认同，必须从许多阶层互动的人们中激荡而出。如果共同愿景不能与组织成员的个体愿景融为一体，那它就不是真正的共同愿景，就不可能激励员工为之奉献。当然，我们不能期望个体愿景与企业愿景彼此完全契合，因此这就需要企业的领导者敞开胸襟，用心聆听不同的愿景，以找出能够超越和统合所有个体愿景的正确途径（圣吉，1998）。

（6）将组织与环境相联系

没有企业可以孤立于环境而存在，企业时刻受到内外环境的影响并与环境发生着互动。要准确把握环境的变化并对变化做出及时响应，企业应具有整体化思维，注重企业与企业内外环境的联系，即组织学习文化的环境联结维度。环境联结对于组织应对环境波动有着直接的意义。那些将自身与环境紧密联结的组织通常将经历较小程度的模糊性、冗余性、噪音和随机性，而较小程度的模糊性和随机性可减少环境的波动性，增强员工对于工作和企业的信心。在这一方面可以采取的措施包括：

①企业应该鼓励员工参与新信息的搜寻与扫描，并使用信息来调整工作实践，这样可以让员工对内部环境和外部环境中所发生的事件有更好的了解，也可提高员工主动寻找相关环境信息的意识（Schwandt & Marquardt，2000）。信息的把握可以降低不确定性，帮助员工了解、预测和控制环境，从而增进其对工作和企业的信心。

②企业应鼓励员工从公司整体视角看问题，思考自身的工作对企业整体的影响或作用，并鼓励员工从公司整体范围内寻找解决问题的方案。企业可以设置跨职能团队以方便员工获取职能范围以外的信息，并创造各种信息共享渠道与机会。

③企业应鼓励企业员工通过定期客户调查、顾客焦点小组等方式获知顾客的需求与观点，并在决策过程中将顾客的需求与观点纳入考虑范围。

（7）提供学习的战略领导

沃特金斯和马席克（2003）指出，战略领导是组织学习文化的重要维度之一。这一维度反映的是组织领导者在多大程度上激发员工学习，利用学习引发变革和引领组织走向新方向和新市场。领导对组织学习具有显著的正向影响，其中变革式领导通过愿景激励员工进行探究式学习，质疑现有的制度化的知识（institutionalized knowledge），生成新的创意（Hannah & Lester，2009）。此外，领导魅力、领导感召力以及领导对员工的智力激发和个性化关怀也会使员工对工作和企业产生积极情感。因此，对组织学习提供战略领导无疑是必要的。企业领导者可以从以下 6 个方面着手。

①领导者本身应努力成为学习的典范。他们应重视学习，积极寻找学习的机会，成为组织情境中的学习专家（圣吉，1998）。

②领导者应该注重激发员工学习与接受挑战的意愿，鼓励员工去追求并满足自己的智力好奇心。这不仅可以使员工对组织知识获取、创造和利用做出更大的贡献，而且可以使个体员工在组织社会网络中担当起“学习催化剂”的作用，在全企业范围内形成良性的学习与创新氛围。

③领导者应该在企业员工的学习过程中积极地扮演教练、辅导者、促进者和引导者的角色，支持员工学习、发展。领导者应定期向雇员提供个体学习与发展相关信息和资源，定期与雇员讨论其工作技能、发展计划和发展机遇，鼓励雇员争取达成具有挑战性的目标，使员工深刻感受领导者对员工个人发展的理解和支持。

④领导者可通过建立系统的学习激励机制、优化的组织知识网络和有效的知识共享机制来促进知识在企业内的传播，例如建立正式与非正式的沟通机制，与员工及时分享有关竞争者、产业趋势与组织动向等方面的信息。

⑤领导者应把学习与企业的商务活动紧密联系起来，战略性地利用学习达成企业的商务目标，使员工切实体会到学习的成果，激发其进一步学习。

⑥领导者应确保学习行动与企业的价值观和愿景保持一致。为此，领导者应向员工分享企业价值观、战略目标和愿景，力争得到员工认同，从而引导员工为实现企业的愿景付出更多的努力。

当然，以上 7 个方面并非相互独立，而应该是一个有机联系的整体。知识型企业的人力资源开发者一般都比较注重为员工个体提供持续的学习机会。个体层面的持续学习的确十分必要，但是它还不足以影响知识绩效。必须将学习嵌入组织系统、结构和程序中方能实现学习成果的共享与有效利用，达到改善组织知识绩效的目的。企业要形成良好的组织学习文化，激起员工对工作的热情与对企业的忠诚，需要创造持续的学习机会，鼓励探询与对话，重视团队学习与合作，建立知识捕获与共享的机制，授权员工建立共同愿景，强调企业与企业内外环境的联系，并且为学习活动提供战略领导。

7.3　研究局限

虽然本书的实证研究证实了最初的一些研究假设，但是囿于各种条件的限制，本研究仍然存在以下五个方面的局限性。

第一，组织学习文化量表、工作满意度量表和组织承诺量表是借鉴西方成熟量表形成的，而这些原量表是在西方的文化背景下开发出来的。虽然本书研究者采用了标准的翻译—回译程序，结合了国内学者对相关量表的研究成果，并通过访谈等形式对量表语义与其中包含的文化内容根据具体的研究情境进行了相应的修正，但是文化的差异仍然可能会对量表的有效性造成一定的影响。

第二，本研究所使用的量表为自评式量表，即对所有变量的测量均采用员工自评方法进行，较之观察法欠缺客观性，可能因社会称许性问题造成一些变量测量值有所夸大的情况。与此同时，还有可能造成数据存在同源方差。针对以上局限，本研究采取了多项措施尽量避免社会称许性问题（详见本书4.3），然而，这一问题不可能由此完全避免，在今后的研究中应结合观察法等方法对数据进行再检验。此外，本研究采用验证性因子分析验证了各个变量间区分效度成立（详见本书 5.7），同源方差的存在不足以显著影响本研究的效度。然而，在今后的研究中对不同的变量应尽量采用不同的数据源，以避免同源方差可能带来的问题。

第三，本研究在样本选择和样本量方面存在一定的局限。因为时间、人力、财力、社会资源等条件的限制，本研究的样本分布主要集中在北京、上海、南京、深圳、重庆和成都等城市，样本地理分布范围有所局限。此外，本研究的受试者虽然涉及较多的行业，但从数量来说则主要集中在信息技术（IT）、建筑设计和咨询（法务、商业）等行业，其他行业的样本相对较少。在抽样方法方面，因为无法获得完整的相关企业目录作为抽样框，同时研究资源有限，本研究对于企业的选择采用了滚雪球抽样（非随机抽样）的方式，只是在单个企业抽取受调查员工时才使用了随机抽样的方法。此外，参与本研究调查的知识员工均来自同意配合研究调研的知识型企业，因此样本中不包括未同意参加调研的知识型企业员工，这可能会影响样本的代表性。以上各方面的因素在一定程度上会影响本研究结论的可推广性。在资源允许的条件下，应该在以后的研究中扩大样本的地域范围，并使行业比例更合理化，以增强研究结论的一般性和适用性。

第四，本研究的理论模型为因果模型，探讨变量间的因果关系，而本研究采用的是横截面研究的方法，所有变量的测量值均为横截面数据，所得出的结论本质上为变量间的相关关系，而更为严谨的因果关系需要纵向研究得出。纵向研究一般需要多年的连续观察数据，而本研究使用的横截面研究是研究者在更大规模、更大范围的纵向研究开展之前，初步检验研究假设与理论模型的一种经济、有效的研究方式，旨在为今后进一步研究铺垫好基础。

第五，工作满意度和组织承诺的形成、发展过程包含诸多影响因素，而本研究只考察了组织学习文化对于工作满意度和组织承诺的影响，没有将一些已证实影响工作满意度和组织承诺的变量纳入模型，也没有将组织学习文化和其他预测变量对工作满意度和组织承诺的影响强弱进行比较。这也是本研究的局限之一。

7.4 未来研究方向

本书主要探讨了中国知识型企业的组织学习文化对其知识员工工作满意度和组织承诺的影响。在研究的变量中，组织学习文化属于组织学习领域的一个新的研究视角，目前尚未形成完善的理论体系，还有许多问题值得深入探讨和研究。此外，本研究受研究条件、资源与时间等因素的限制，还存在一些缺陷和尚待深入研究的领域。综合本研究的结论和研究局限，本书认为在相关后续研究中应该注意以下六个方面：

第一，在量表开发方面，后续研究应该在现有国内外研究的基础上，对组织学习文化量表进一步本土化，使其更全面、精确地反映中国企业学习文化的状况。研究可以通过深入、系统的质化研究方法，通过深度访谈、实地观察记录等方法收集资料，通过科学的编码与分析，整理出能科学反映中国文化情境的组织学习文化的测量条款，补充与改进现有组织学习文化量表。对于工作满意度和组织承诺量表，虽然目前已经存在基于国外成熟量表的本土化量表，后续研究应该进一步结合国内外学者的相关研究，对现有测量条款繁多的多种量表进行比较、分析，并通过进一步的大规模实证研究对这些量表进行修正、统一，形成具有权威性的，信度、效度更好的实用量表。

第二，在研究设计方面，在条件允许的情况下，后续研究可以通过实验研究和纵向研究更为科学、严谨地探讨组织学习文化、工作满意度和组织承诺间的因果关系。此外，后续研究需要进一步增加样本量，扩大样本的地理分布范围和行业分布范围，并尽量使样本地域分布和行业分布比例更为合理，增进研究的普适性。

第三，本研究在国内研究情境下探讨研究变量间的关系，没有将中国的研究结果与其他国家的研究结果进行比较分析。然而，了解国家文化对于组织学习文化、工作满意度和组织承诺各个变量的影响，以及这些变量间的关系在不同国家文化情境下是否类同具有十分重要的意义。因此，对组织学习文化、工作满意度与组织承诺的关系进行跨文化比较研究应该是未来研究的一个方向。

第四，后续研究可以对相关变量之间的关系进行更深入的研究。本书分析了组织学习文化对组织承诺及其三维度的影响，分析了工作满意度对组织承诺及其三维度的影响，也分析了工作满意度在组织学习文化与组织承诺间的中介作用。然而，本书在研究过程中，因为研究方法的限制，没有进一步分析组织学习文化七变量对工作满意度和组织承诺的影响，这些变量之间可能存在有意义的关系，尚待更为深入的研究。

第五，组织学习文化的理论与实证研究正处于不断拓展和深化的阶段，在这个领域还有大量课题等待研究者们去探索。对于这个领域的后续研究，本书认为可以在现有研究的基础上，进一步在不同文化情境下探讨组织学习文化的结构与测量方式，探讨组织学习文化可能的其他结果变量（如企业动态能力、企业吸收能力等）以及影响机理。

第六，本研究仅讨论了组织学习文化对工作满意度和组织承诺这两种工作态度的影响，未进一步研究通过工作满意度和组织承诺可能对离职行为、知识共享、创新行为等个体行为倾向和实际行为变量的影响。后续研究应加入一些重要的、学界与企业界普遍关注的个体行为意图与实际行为变量，使研究更具有直接的现实意义。

7.5 结语

在当今知识即是财富的时代，组织学习文化对于知识型企业的生存与发展有着至关重要的作用。现有研究表明，组织学习文化对于企业的知识绩效、创新绩效、财务绩效等有着积极的影响，而本研究又证实，组织学习文化还对知识员工的工作满意度和组织承诺产生正向的影响。因此，对于知识型企业而言，审视自身的组织学习文化，了解企业学习与变革的现状，并且有针对性地进行组织学习文化建设，不仅可以提升组织学习成效和知识绩效，还可以收获人心，从而增强企业竞争力。未来成功的企业，必定是重视并致力于组织学习文化建设的企业。

参考文献

1.Agho, A.O, Mueller, C.W. & Price, J.L. Determinants of Employee Job Satisfaction: An Empirical Test of a Casual Model[J]. Human Relations, 1993, 46(8): 1007-1027.

2.Agho, A.O., Price, J.L. & Mueller, C.W. Discriminant Validity of Measures of Job Satisfaction， Positive Affectivity and Negative Affectivity[J]. Journal of Occupational and Organizational Psychology, 1992, 65: 185-196.

3.Ahmad, A. Knowledge Work: Its Evaluation and Reward [J]. R&D Management, 1981, 11(2): 69-77.

4.Ahmad, K.Z., Bakar, R.A. The Association between Training and Organizational Commitment among White-collar Workers in Malaysia[J]. International Journal of Training and Development, 2003, 7 (3): 166-185

5.Allen, N.J.& Meyer, J.P. Affective, Continuance, and Normative Commitment to the Organization: An Examination of Construct Validity[J]. Journal of Vocational Behavior, 1996, 49(3): 252-276.

6.Amabile, T.M. Creativity in Context: Update to the Social Psychology of Creativity[M]. Boulder, CO: Westview Press, 1996.

7.Anderson, J.C., & Gerbing, D.W. Structural Equation Modeling in Practice: A Review and Recommended Two-step Approach[J]. Psychological Bulletin, 1988, 103: 411-423.

8.Argyris, C.&Schon, D. Organizational Learning: A Theory of Action Perspective[M]. Menlo Park：Addison Wesley, Reading, 1978.

9.Argyris, C. &Schon, D. Organizational Learning II: Theory, Method and Practice[M]. Reading, Mass: Addison Wesley, 1996.

10.Argyris, C. On Learning Organization [M]. Oxford, England: Blackwell, 1999.

11.Aryee, S., Fields, D., Luk, V. A Cross-cultural Test of a Model of the Work–family Interface[J]. Journal of Management, 1999, 25: 491-511.

12.Avolio, B. J., Zhu, W. C., Koh, W. & Bhatia, P. J. Transformational

Leadership and Organizational Commitment: Mediating Role of Psychological Empowerment and Moderating Role of Structural Distance[J]. Journal of Organizational Behavior, 2004, 25(8): 951-968.

13.Bagozzi, R. P. & Yi, Y. On the Evaluation of Structural Equation Models [J]. Journal of Marketing Science, 1988, 16(1):74-94.

14.Baron, R.M. & Kenny, D.A. The Moderator-mediator Variable Distinction in Social Psychological Research: Conceptual, Strategic, and Statistical Considerations[J]. Journal of Personality and Social Psychology, 1986, 51: 1173-1182.

15.Baroudi, J. J. The Impact of Role Variables on IS Personnel Work Attitudes and Intentions[J]. MIS Quarterly, 1985, 9(4): 341-356.

16.Bartlett, K. R. The Relationship between Training and Organizational Commitment: A Study in the Health Care Field[J]. Human Resource Development, 2001, 12(4): 333-352.

17.Bass, B.M. & Avolio, B.J. (Eds.). Improving Organizational Effectiveness through Transformational Leadership[M]. Thousand Oaks, CA: Sage Publications，1994.

18.Bateman, T.S. & Strasser, S.A. Longitudinal Investigation of the Antecedents of Organizational Commitment[J]. Academy of Management Journal, 1984, 27(1): 95-112.

19.Bates, R.& Khasawneh, S. Organizational Learning Culture, Transfer Climate and Perceived Innovation in Jordan[J]. International Journal of Training and Development, 2005, 9(2): 96-109.

20.Bayazit, M. & Mannix, E.A. Should I Stay or Should I Go? Predicting Team Members Intent to Remain in the Team[J]. Small Group Research, 2003, 34(3): 290-321.

21.Becker. H.S. Notes on the Concept of Commitment [J]. American Journal of Sociology, 1960, 66: 32-42.

22.Berl, R.L., Williamson, N.C.& Powell, T. Industrial Salesforce Motivation: A Critique and Test of Maslow's Hierarchy of Need [J]. Journal of Personal Selling & Sales Management, 1984, 4(1): 33-39.

23.Billet, S.R. Authenticity and a Culture of Practice[J]. Australian and New Zealand Journal of Vocational Education Research, 1993 (1):1-29.

24.Blau, G.J. & Boal, K.B. Conceptualizing How Job Involvement and

Organizational Commitment Affect Turnover and Absenteeism [J]. Academy of Management Review, 1987 12(2): 288-300.

25.Blau, G.J., Merriman, K., Tatum, D. & Rudmann S.V. Antecedents of Organizational Commitment and the Mediating Role of Job Satisfaction[J]. Journal of Managerial Psychology, 2001, 16: 594-613.

26.Bollen, K. A. Structural Equations with Latent Variables[M]. Oxford: Wiley and Sons, 1989.

27.Bollen, K. A. & Stine, R. Direct and Indirect Effects: Classical and Bootstrap Estimates of Variability[J]. Sociological Methodology, 1990, 20: 115-140.

28.Boomsma, A. The Robustness of LISREL against Small Sample Size in Factor Analysis Models. In H. Wold & K. Jöreskog (Eds.), Systems under Indirect Observation[M]. New York: Elsevier North-Holland, 1982: 149-173.

29.Brayfield, A.H. & Rothe, H.F. An Index of Job Satisfaction[J]. Journal of Applied Psychology, 1951, 35: 307-331.

30.Brooke, P.P., Russell, D.W. & Price, J.L. Discriminant Validation of Measures of Job Satisfaction, Job Involvement, and Organizational Commitment[J]. Journal of Applied Psychology, 1988, 73: 139-145.

31.Brown,J.S.&Duguid,P. Organizational Learning and Communities-of-practice:Toward a Unified View of Working, Learning and Innovation[J]. Organization Science, 1991(2): 40-57.

32.Brown, S.P. & Peterson R.A. Antecedents and Consequences of Salesperson Job Satisfaction: Meta-analysis and Assessment of Causal Effects[J]. Journal of Marketing Research, 1993, 30(1): 63-77.

33.Buchanan, B. Building Organizational Commitment: The Socialization of Manager in Work Organizations [J]. Administrative Science Quarterly, 1974, 19(3): 533-546.

34.Bycio, P., Hackett, R.D. &Allen, J.S. Further Assessments of Bass's (1985) Conceptualization of Transactional and Transformational Leadership[J]. Journal of Applied Psychology, 1995, 80(4): 469-478.

35.Byrne, B.M. Structural Equation Modeling with AMOS[M]. Mahwah, NJ: Lawrence Erlbaum Associates, 2001.

36.Calantone R.J, Cavusgil S.T. & Zhao Y.S. Learning Orientation, Firm Innovation Capability, and Firm Performance [J]. Industrial Marketing Management, 2002, 31(6): 515-524.

37.Carmines, E.G., & Mclver, J.P. Analyzing Models with Unobservable Variables: Analysis of Covariance Structures. In G. W. Bohrnstedt and Edgar F. Borgatta(Eds). Social Measurement: Current Issues[M]. Beverly Hills, CA: Sage Publications, 1981: 65-115.

38.Chang, S.C. & Lee, M.S. Relationships among Personality Traits, Job Characteristics, Job Satisfaction and Organizational Commitment[J]. The Business Review, 2006, 6(1), 201-208.

39.Chang, S.C. & Lee, M.S. A Study on Relationship among Leadership, Organizational Culture, the Operation of Learning Organization and Employees Job Satisfaction[J]. The Learning Organization, 2007, 14(2):155-185.

40.Chen, X.P., Hui, C. & Sego, D.J. The Role of Organizational Citizenship Behavior in Turnover: Conceptualization and Preliminary Tests of Key Hypotheses[J]. Journal of Applied Psychology, 1998, 83: 922-931.

41.Chen, J., Silverthorne, C. & Hung, J. Organizational Communication, Job Stress, Organizational Commitment, and Job Performance of Accounting Professionals in Taiwan and America[J]. Leadership & Organizational Development Journal, 2006, 27(4): 242-249.

42.Cheng, Y.Q. & Stockdale, M.S. The Validity of the Three-component Model of Organizational Commitment in a Chinese Context[J]. Journal of Vocational Behavior, 2002, 62: 465-489.

43.Chiang, Ti-Lin & Wang, Jia. Workplace Learning, Job Satisfaction, and Organizational Commitment in Small to Midsize Companies in Taiwan[C]. Paper Presented at the International Research Conference in the Americas, Panama City, 2008, Academy of Human Resource Development.

44.Chiva, R & Alegre, J. Organizational Learning Capability and Job Satisfaction: An Empirical Assessment in the Ceramic Tile Industry[J]. British Journal of Management，2008, 20(3): 323-340.

45.Cohen, J. Statistical Power Analysis for the Behavioral Sciences (2nd ed.)[M]. Hillsdale, NJ: Erlbaum，1988.

46.Cohen, A. On the Discriminant Validity of the Meyer and Allen (1984) Measure of Organizational Commitment: How does It Fit with the Work Commitment Construct?[J]. Educational and Psychological Measurement, 1996, 56: 494-503.

47.Cohen, A. Relationships among Five Forms of Commitment: An Empirical

Assessment[J]. Journal of Organizational Behavior, 1999, 20: 285-308.

48.Cohen, A. Multiple Commitments in the Workplace[M]. Mahwah, NJ: Lawrence Erlbaum Associates, 2003.

49.Conrad, K.M., Conrad, K.J. and Parker, J.E. Job Satisfaction among Occupational Health Nurses[J]. Journal of Community, 1985, 2:161-173.

50.Cook, S. & Yannow, D. Culture and Organizational Learning [J]. Journal of Management Inquiry, 1993, 2(4): 373-390.

51.Cordery, J.L., Mueller, W.S. & Smith, L.M. Attitudinal and behavioral Effects of Autonomous Group Working: A Longitudinal Field Study[J]. Academy of Management Journal, 1991, 34(2): 464-476.

52.Costa, C.C. Work Team Trust and Effectiveness[J]. Personnel Review, 2003, 32(5): 605-423.

53.Cudeck R. & Browne M.W. Cross-validation of Covariance Structures[J]. Multivariate Behavioral Research, 1983, 18: 147-167

54.Cyert, R.M. & March, J.G. A Behavioral Theory of the Firm [M]. Englewood Cliffs, NJ: Prentice Hall, 1963.

55.Davenport, T.J. & Beers M. Improving Processes of Knowledge Workers[J]. Sloan Management Review,1996, 37 (4): 445-467.

56.Davenport, T. H. Thinking for a Living: How to Get Better Performance and Results from Knowledge Workers [M]. Boston: Harvard Business School Press, 2005.

57.Davis, S. & Botkin, J. The Coming of Knowledge-based Business [J]. Harvard Business Review, 1994, 72 (5): 165-170.

58.Davis, D. & Daley, B.J. The Learning Organization and Its Dimensions as Key Factors in Firms Performance[J]. Human Resource Development International, 2008, 11(1): 51-66.

59.Davison, E.J. The Meta-learning Organization: A Model and Methodology for Evaluating Organizational Learning Capacity[D]. Claremont Graduate University, 2001.

60.DeCotiis T.A. & Summers T. P. A Path Analysis of a Model of the Antecedents and Consequences of Organizational Commitment[J]. Human Relations,1987, 40 (7): 445-470.

61.De Long D. Building the Knowledge-based Organization: How Culture Drives Knowledge Behaviors[R]. Working Paper, Center for Business Innovation,

Ernst &Young LLP, 1997.

62.DeGeus, A. Planning as Learning[J]. Harvard Business Review, 1988, 66(2): 70-74.

63.Dion, K.L. Group Cohesion: From "Field of Forces" to Multidimensional Construct[J]. Group Dynamics: Theory, Research and Practice, 2000, 4(1): 7-26.

64.Dixon. M. Organizational Learning Cycle: How We can Learn Collectively [M]. London: McGraw-Hill, 1994.

65.Dodgson M. Organizational Learning: A Review of Some Literature [J]. Organization Studies. 1993, 10(3): 375-394.

66.Drucker, Peter F. The Coming of the New Organization. In Harvard Business Review on Knowledge Management[M]. Harvard Business School Press, 1998: 1-19.

67.Drucker, Peter F. Post-Capitalist Society[M]. New York: HarperCollins, 1993.

68.Dubinsky, A.J., Yammarino, F.J., Jolson, M. & Spangler，W.D. Transformational Leadership：An Initial Investigation in Sales Management[J]. Journal of Personal Selling and Sales Management, 1995, 15(2)：17-31.

69.Dunham, R.B., Grube, J.A.&Castaneda, M.B. Organization Commitment: the Utility of an Integrative Definition[J]. Journal of Applied Psychology, 1994, 79: 370-380.

70.Eby, L.T., Freeman, D.M., Rush, M. C. & Lance, C. E. Motivational Bases of Affective Organizational Commitment: A Partial Test of an Integrative Theoretical Model[J]. Journal of Occupational and Organizational Psychology, 1999, 72(4): 463-483.

71.Egan, T.M., Yang, B.Y.& Bartlett, K.R. The Effects of Organizational Learning Culture and Job Satisfaction on Motivation to Transfer Learning and Turnover Intention[J]. Human Resource Development Quarterly, 2004, 15(3): 279-301.

72.Eisenberg, E., Monge, P, & Miller, K. Involvement in Communication Networks as a Predictor of Organizational Commitment[J]. Human Communication Research, 1983, 10(2):179-201.

73.Eisenberger, R., Fasolo, P. & Davis-LaMastro, V. Perceived Organizational Support and Employee Diligence, Commitment, and Innovation[J]. Journal of Applied Psychology, 1990, 75: 51-59.

74.Ellinger, A.E., Ellinger, A.D.& Keller, S.B. Logistics Managers' Learning Environments and Firm Performance[J]. Journal of Business Logistics, 2002, 23(1): 1-22.

75.Ellinor, L. & Gerard, G. Dialogue: Rediscover the Transforming Power of Conversation[M]. New York, NY: John Wiley & Sons, 1998.

76.Eylon, D. & Bamberger, P. Empowerment Cognitions and Empowerment act[J]. Group and Organization Management, 2000, 25(4): 354-372.

77.Falkenburg, K., & Schyns, B. Work Satisfaction, Organizational Commitment and Withdrawal Behaviors[J]. Management Research News, 2007, 30(10): 708-723.

78.Farkas, A.J. & Tetrick, L.E. A Three-way Longitudinal Analysis of the Causal Ordering of Satisfaction and Commitment on Turnover Decisions[J]. Journal of Applied Psychology, 1989, 74(6): 855-868.

79.Farrell, D. & Rusbult, C.E. Exchange Variables as Predictors of Job Satisfaction, Job Commitment and Turnover: The Impact of Reward, Cost, Alternatives and Investment[J]. Organizational Behavior and Human Performance, 1981, 28(1): 120-126.

80.Fiol, C. M. & Marjorie, A. L. Organizational Learning [J]. Academy of Management Review, 1985, 10: 803-813.

81.Fisher, C.D. Mood and Emotions while Working: Missing Pieces of Job Satisfaction? [J]. Journal of Organizational Behaviors, 2000, 21: 185-202.

82.Fornell, C. & Larcker, D.F. Larcker. Evaluating Structural Equation Models with Unobservable Variables and Measurement Error[J]. Journal of Marketing Research, 1981, 16: 147-158.

83.Fox, M. Arming Knowledge Workers with Computer Systems [J]. Production and Inventory Management Review and APCIS News.1990, 10(10): 50-64.

84.Fryer, B. Get Smart: Profit from Knowledge Management [J]. Inc. Magazine, 1999(3): 61-69.

85.Gaertner, K.N., & Nollen, S.D. Career Experiences, Perceptions of Employment Practice and Psychological Commitment to the Organization[J]. Human Relations, 1989, 42: 975-991.

86.Ganster, D. C., Hennessey, H. W. & Luthans, F. Social Desirability Response Effects: Three Alternative Models[J]. Academy of Management Journal, 1983, 26(2): 321-331.

87.Garvin, D.A. Building a Learning Organization [J]. Harvard Business Review, 1993, 71(4): 78-91.

88.Gephart, Martha A., Victoria J. Marsick, Mark E. Van Buren, & Michelle S. Spiro. Learning Organizations Come Alive[J]. Training & Development, 1996, 50(12): 35-45.

89.Goh, S. & Richards, G. Benchmarking of Organizational Learning Capacity[J]. European Management Journal, 1997, 15(5): 575-583.

90.Gorsuch, R.L. Factor Analysis (2nd Ed.)[M]. Hilsdale, NJ: Erjbaum, 1983.

91.Greeno, J., Collins, A., & Resnick, L. Cognition and Learning. In D. Berliner & R. Calfee (Eds.), Handbook of Educational Psychology[M]. New York, NY: Simon & Schuster Macmillan, 1996.

92.Griffeth, R.W., Horn, P.W.& Gaertner, S. Meta-analysis of Antecedents and Correlates of Employee Turnover: Update, Moderator Tests, and Research Implications for the Next Millennium[J]. Journal of Management, 2000, 26(3): 463-479.

93.Hackett, R.D., Bycio P. & Hausdorf P. A. Further Assessment of Meyer and Allen's (1991) Three-component Model of Organizational Commitment[J]. Journal of Applied Psychology, 1994, 79(1): 15-23.

94.Hackman, J.R. & Oldham, G. Motivation through the Design of Work: Test of a Theory [J]. Organizational Behavior and Human Performance, 1976, (16): 250-279.

95.Hackman, J.R. & Oldman, G. Development of the Job Diagnostic Survey [J]. Journal of Applied Psychology, 1975, 60: 159-170.

96.Hackman, J.R. The Design of Work Teams. In J. W. Lorsch (Ed.), Handbook of Organizational Behavior[M]. Englewood Cliffs, NJ: Prentice Hall, 1987.

97. Harel, H.G. & Tzafrir, S.S. The Effect of Human Resource Management Practices on the Perceptions of Organizational and Market Performance of the Firm[J]. Human Resource Management, 1999, 38: 185-200.

98. Harpaz, Itzhak & Meshoulam, Ilan. Differences in the Meaning of Work in Israel: Workers in High-tech Versus Traditional Work Industries[J]. Journal of High Technology Management Research, 2004, 15: 163-182.

99. Harrigan, K.R.& Dalmia, G. Knowledge Workers: the Last Bastion of Competitive Advantage [J]. Planning Review, 1991, 19(6): 4-9, 48.

100. Harris, M.F.& Vining, W. The IE's Future Role in Improving Knowledge

Worker Productivity [J].Industrial Engineering, 1987, 19 (7): 28-32.

101. Helton, B. R. Will the Real Knowledge Worker Please Stand up?[J] Industrial Management, 1987, 29(1): 26-29.

102. Hislop, D. Linking Human Resource Management and Knowledge Management via Commitment: A Review and Research Agenda[J]. Employee Relations, 2003, 25(2): 182-202.

103. Hofstede, G. Culture and Organizations: Software of the Mind[M]. London： McGraw Hill,1991.

104. Hooff, B.V.D. & Ridder, J.A.D. Knowledge Sharing in Context: The Influence of Organizational Commitment, Communication Climate and CMC Use on Knowledge Sharing[J]. Journal of Knowledge Management, 2004, 8(6): 117-130.

105. Horn, P.W. & Griffeth, R.W. Employee Turnover[M]. Cincinnati, OH: South-Western, 1995.

106. Hrebiniak, L.G. & Alutto, J.A. Personal and Role-related Factors in the Development of Organizational Commitment [J]. Administrative Science Quarterly, 1972, 17(4): 555-572.

107. Hrebiniak, L.G. Job Technology, Supervision, and Work-Group Structure [J]. Administrative Science Quarterly, 1974, 19: 395-410.

108. Huber, G.P. Organizational Learning: The Contributing Processes and the Literatures [J]. Organization Science, 1991, 2(1): 88-115.

109. Hudspeth, L.J. A Study of Organizational Learning Culture, Strategic Responsiveness and Mass Customization Capabilities of U.S. Manufacturing Enterprises[D]. University of Toledo, 2004.

110. Hulin, C.L. & Mayer, L.J. Psychometric Equivalence of a Translation of the Job Descriptive Index into Hebrew[J]. Journal of Applied Psychology, 1986, 71(1): 83-94.

111. Hult, G.T.M. Managing the International Strategic Sourcing Function as a Market-Driven Organizational Learning System [J]. Decision Sciences, 1998, 29(1): 191-214.

112. Hult, G.T.M., Hurley, R.F. & Knight, G.A. Innovativeness: Its Antecedents and Impact on Business Performance [J]. Industrial Marketing Management, 2004, 33: 429-438.

113. Hurley, R.F.& Hult, G.T.M. Innovation, Market Orientation, and

Organizational Learning: An Integration and Empirical Examination[J]. Journal of Marketing, 1998, 62(3): 42-54.

114. Hurley, R.F. & Hult, G.T.M. Putting People Back into Organizational Learning[J]. Journal of Business and Industrial Marketing, 2002, 17(4): 270-281.

115. Igbaria, M., Guimaraes, T. & Davis, G. B. Testing the Determinants of Microcomputer Usage via a Structural Equation Model[J]. Journal of Management Information Systems, 1995, 11(4): 87-114.

116. Jaccard, J. & Wan, C.K. LISREL Approaches to Interaction Effects in Multiple Regression (Quantitative Applications in the Social Sciences)[M]. Thousand Oaks, CL: Sage Publications, 1996.

117. Jackson S.E. The Consequences of Diversity in Multidisciplinary Work Teams [M]. Handbook of Work Group Psychology. New York: Wiley, 1996.

118. Jaros S.J. An Assessment of Meyer and Allen's (1991) Three-component model of Organizational Commitment and Turnover Intentions[J]. Journal of Vocational Behavior, 1997, 51(3): 319-337.

119. Johnston, R. & Hawke, G. Case Studies of Organizations with Established Learning Cultures[R]. Research Report for National Centre for Vocational Education Research, Adelaide, 2002.

120. Joo, Baek-Kyoo. The Effects of Organizational Learning Culture, Perceived Job Complexity, and Proactive Personality on Organizational Commitment and Intrinsic Motivation[J]. Journal of Leadership & Organizational Studies, 2009, 16(1): 48-60.

121. Judd, C.M., & Kenny, D.A. Process Analysis: Estimating Mediation in Evaluation Research[J]. Evaluation Research, 1981, 5(5): 602-619.

122. Judge, T.A., Locke, E.A., Durham, C.C. & Kluger, A.N. Dispositional Effects on Job and Life Satisfaction: The Role of Core Evaluations[J]. Journal of Applied Psychology, 1998, 83: 17-34.

123. Kandemir, D. & Hult, G.M. A Conceptualization of an Organizational Learning Culture in International Joint Ventures [J]. Industrial Marketing Management, 2005(34): 430-439

124. Kanter, R.M. Commitment and Social Organization: A Study of Commitment Mechanisms in Utopian Communities[J]. American Sociological Review, 1968, 33: 499-517.

125. Kanter, R. M. Men and Women of the Corporation(2nd ed)[M]. New York:

Basic Books, 1993.

126. Kark, R., Shamir, B. & Chen, G. The Two Faces of Transformational Leadership: Empowerment and Dependency[J]. Journal of Applied Psychology, 2003, 88(2): 246-255.

127. Kasim, Raja Suzana Raja, Pak, Ong Gua & Uli, Jegak. The Effect of Organizational Learning on Job Commitment, Job Satisfaction and Work Performance in Malaysia: A Mediation Analysis[J]. International Journal of Knowledge, Culture and Change Management, 2008，8(8): 15-28.

128. Kelloway, E.K. & Barling, J. Knowledge Work as Organizational Behavior[J]. International Journal of Management Reviews, 2000, 2 (3): 287-304.

129. Kim, D. H. The Link between Individual and Organizational Learning[J]. Sloan Management Review, 1993, 35 (1): 37-50.

130. Kim, S. Participative Management and Job Satisfaction: Lessons for Management Leadership[J]. Public Administration Review, 2002, 62: 231-241.

131. Kline, P. & Saunders, B. Ten Steps to a Learning Organization[M]. VA: Great Ocean Publishers, 1998.

132. Kline, R. B. Principles and Practice of Structural Equation Modeling[M]. New York: Guilford Press, 1998.

133. Ko, J.W., Price, J.L. & Mueller, C.W. Assessment of Meyer and Allen's Three-component Model of Organizational Commitment in South Korea[J]. Journal of Applied Psychology, 1997, 82(6): 961-973.

134. Koch, J. L.& Steers, R.M. Job Attachment, Satisfaction, and Turnover among Public Sector Employees [J]. Journal of Vocational Behavior, 1978, 12(1):119-127.

135. Kohavi, Ron. A Study of Cross-validation and Bootstrap for Accuracy Estimation and Model Selection[C]. Proceedings of the Fourteenth International Joint Conference on Artificial Intelligence, 1995, 2(12): 1137-1143.

136. Kraimer, M.L. Psychological Empowerment as a Multidimensional Construct：A Test of Construct Validity[J]. Educational and Psychological Measurement, 1999, 59(1)：127-142.

137. Kumar, N. Assessing the Learning Culture and Performance of Educational Institutions[J]. Performance Improvement, 2005, 44(9): 27-34.

138. Lankau, M.J. & Scandura, T.A. An Investigation of Personal Learning in Mentoring Relationships: Content, Antecedents, and Consequences[J]. Academy of

Management Journal, 2002, 45(4): 779-790.

139. Laschinger, H.K., Finegan, J., & Shamian, J. The Impact of Workplace Empowerment, Organizational Trust on Staff Nurses' Work Satisfaction and Organizational Commitment[J]. Health Care Management Review, 2001 26(3), 7-23.

140. Lawler, E.E. & Hall D.T. Relationship of Job Characteristics to Job Involvement, Satisfaction and Intrinsic Motivation [J]. Journal of Applied Psychology, 1970, 54(4): 305-312.

141. Lee S., Courtney J.& O'Keefe R. A System of Organizational Learning Using Cognitive Maps [J]. International Journal of Management Science, 1992, 20: 160-183.

142. Lee, K., Allen, N.J. , Meyer, J.P. & Rhee, K.Y. Cross-cultural Generalizability of the Three-component Model of Organizational Commitment: An Application to South Korea[J]. Applied Psychology: an International Review, 2001, 50: 596-614.

143. Lee-Kelley, L., Blackman, D. A. & Hurst, J. P. An Exploration of the Relationship between Learning Organizations and the Retention of Knowledge Workers[J]. The Learning Organization, 2007, 14(3): 204-221.

144. Levinthal, D.A.& March, J.G. The Myopia of Learning[J]. Strategic Management Journal, 1993, 14: 95-112.

145. Levitt, B. & March, J. Organizational Learning[J]. Annual Review of Sociology, 1988, 14: 319-340.

146. Liden, R., Wayne, S. & Sparrow, R. An Examination of the Mediating Role of Psychological Empowerment on the Relations between the Job, Interpersonal Relationships, Work Outcomes[J]. Journal of Applied Psychology, 2000, 85: 407-416.

147. Lincoln, J.R., & Kalleberg, A.L. Culture, Control and Commitment: A Study of Work Organization and Work Orientations in the United States and Japan[M]. Cambridge: Cambridge University Press, 1990.

148. Ling, W., Zhang, Z. & Fang, L. A Study of the Organizational Commitment of Chinese Employees[J]. Social Sciences in China, 2001(2): 90-102.

149. Locke, E.A. What is Job Satisfaction? [J]. Organizational Behavior and Human Performance, 1969(4): 309-336.

150. Locke, E.A. The Nature and Causes of Job Satisfaction. In M. Dunnette

(Ed.), Handbook of Industrial and Organizational Psychology[M]. Chicago: Rand McNally, 1976: 1297-1349.

151. Lumpkin, G.T. The Role of Organizational Learning in the Opportunity-recognition Process [J]. Entrepreneurship: Theory and Practice, 2005, 29(4): 451-472.

152. Lundberg, C.C. Learning in and by Organizations: Three Conceptual Issues [J]. International Journal of Organizational Analysis, 1995, 3(1): 10-23.

153. Machlup, F. The Production and Distribution of Knowledge in the United States[M]. Princeton, NJ: Princeton University Press, 1962.

154. MacKinnon, D.P., Lockwood, C.M., Hoffman, J.M., West, S.G. & Sheets, V. A Comparison of Methods to Test Mediation and Other Intervening Variable Effects[J]. Psychological Methods, 2002(7): 83-104.

155. MacKinnon, D. P., Lockwood, C. M. & Williams, J. Confidence Limits for the Indirect Effect: Distribution of the Product and Resampling Methods[J]. Multivariate Behavioral Research, 2004, 39: 99-128.

156. Magazine, S.L., Williams, L.J. & Williams, M.L. A Confirmatory Factor Analysis Examination of Reverse Coding Effects in Meyer and Allen's Affective and Continuance Commitment Scales[J]. Educational and Psychological Measurement, 1996, 56(2): 241-250.

157. March, J.G. & Simon, H.A. Organizations[M]. New York： Wiley, 1958.

158. March, J.G. & Simon, H.A. Organizations(2nd Ed)[M]. New York: John Wiley & Sons, 1993.

159. Marquardt, M.J. Building the Learning Organization: A Systems Approach to Quantum Improvement and Global Success [M]. New York: McGraw-Hill, 1996.

160. Marquardt, M.J. Building the Learning Organization: Mastering the 5 Elements for Corporate Learning (2nd ed.)[M]. Palo Alto: Davies-Black Publishing, 2002.

161. Marsh, H.W. Causal Ordering of Academic Self-concept and Academic Achievement: A Multiwave, Longitudinal Panel Analysis[J]. Journal of Educational Psychology, 1990, 81: 417-430.

162. Marsick, V.J. New Paradigms for Learning in the Workplace. In V. J. Marsick (Ed.), Learning in the Workplace[M]. New York: Croom Helm, 1987: 1-30.

163. Marsick V.J. & Watkins, K. E. Demonstrating the Value of an Organization's Learning Culture: The Dimensions of the Learning Organization

Questionnaire[J]. Advances in Developing Human Resources, 2003, 5(2): 132-151.

164. Tao, M., Takagi, H., Ishida, M. & Masuda, K. A Study of Antecedents of Organizational Commitment[J]. Japanese Psychological Research, 1998, 40(4), 198-205.

165. Mathieu, J. E. & Zajac, D. M. A Review and Meta-analysis of the Antecedents, Correlates and Consequences of Organizational Commitment[J]. Psychological Bulletin. 1990, 108(2): 171-194.

166. Mathieu, J.E. A Cross-level Nonrecursive Model of the Antecedenets of Organizational Commitment and Satisfaction[J]. Journal of Applied Psychology, 1991, 76 (5), 607-618.

167. McGee, G.W. & Ford, R. C. Two (or more?) Dimensions of Organizational Commitment: Reexamination of the Affective and Continuance Commitment Scales[J]. Journal of Applied Psychology, 1987 ,72: 638-642.

168. McGill, M.E. & Slocum J.W. Unlearning the Organization[J]. Organizational Dynamic, 1993, 22(2): 67-79.

169. McHargue S.K. Learning for Performance in Non-profit Organizations[J]. Advances in Developing Human Resources, 2003, 5(2): 197-204.

170. McMurray, A.J. & Dorai, R. The Relationship between Workplace Training and Organizational Commitment in Australian Organizational Settings: A Preliminary Analysis[C]. In O. A. Aliaga (ed.), Proceedings of the Academy of Human Resource Development International Research Conference, Tulsa, 2001. Academy of Human Resource Development.

171. Meyer J.P., Allen N.J. Testing the “Side Bet” Theory of Organizational Commitment: Some Methodological Considerations [J]. Journal of Applied Psychology, 1984，69(3)：372-378

172. Meyer J.P., Allen N.J., & Gellatly, I.R. Affective and Continuance Commitment to the Organization: Evaluation of Measures and Analysis of Concurrent and Time-lagged Relations[J]. Journal of Applied Psychology, 1990，75: 710-720.

173. Meyer J.P., Allen N.J. A Three-component Conceptualization of Organizational Commitment [J]. Human Resource Management Review, 1991, 1(1): 61-89.

174. Meyer, J.P., Irving, G.P. & Allen, N.J. Examination of the Combined Effects of Work Values and Early Work Experiences on Organizational

Commitment[J]. Journal of Organizational Behavior, 1998, 19(1): 29-52.

175. Meyer, R. C. & Schoorman, F. D. Predicting Participation and Production Outcomes through a Two-dimensional Model of Organizational Commitment[J]. Academy of Management Journal, 1992, 35(3): 671-684.

176. Mikkelsen, A. & Grønhaug, K. Measuring Organizational Learning Climate: A Cross-national Replication and Instrument Validation Study among Public Sector Employees[J]. Review of Public Personnel Administration, 1999; 19; 31-42.

177. Mitchell, T.R., Holtom, B.C., Lee, T.W., Sablynski, C. J. & Erez, M. Why People Stay: Using Job Embeddedness to Predict Voluntary Turnover[J]. Academy of Management Journal, 2001, 44(6): 1102-1123.

178. Moorman, R.H. Relationship between Organizational Justice and Organizational Citizenship Behaviors: Do Fairness Perceptions Influence Employee Citizenship?[J]. Journal of Applied Psychology, 1991, 76: 845-855.

179. Morrison, E.W. New Comer Information Seeking: Exploring Types, Modes, Sources, and Outcomes[J]. Academy of Management Journal, 1993, 36(3): 557-589.

180. Morrow, P.C. Concept Redundancy in Organizational Research: The Case of work commitment [J]. Academy of Management Review, 1983, (3): 486-500.

181. Mottaz, C.J. Gender Differences in Work Satisfaction, Work-related Rewards and Values, and the Determinants of Work Satisfaction[J]. Human Relations, 1986, 39: 359-378.

182. Mottaz C.J. Age and Work Satisfaction[J]. Work and Occupations, 1987(3): 387-409.

183. Mowday, R.T., Porter, L.W. & Steers, R.M. The Measurement of Organizational Commitment[J]. Journal of Vocational Behavior, 1979, 14(2):224-247.

184. Mowday, R.T., Steers, R..M. & Porter, L.M. Employee Organizational Linkage: The Psychology of Commitment, Absenteeism and Turnover[M]. San Diego: Academic Press, 1982, 30: 51-102.

185. Moyhnihan, D.P. & Pandey, S.K. Finding Workable Levers over Work Motivation: Comparing Job Satisfaction, Job Involvement, and Organizational Commitment[J]. Administration and Society, 2007, 39(7): 803-832.

186. Murphy, K.R. & Davidshofer, C.O. Psychological Testing: Principles and

Applications(5th edition)[M]. New Jersey: Prentice Hall, 2001.

187. Nicolini, D.& Meznar, M.B. The Social Construction of Organizational Learning: Conceptual and Practical Issues in the Field [J]. Human Relations, 1995, 48 (7): 727-746.

188. Nomikos, G.E. Managing Knowledge Workers for Productivity[J].National Productivity Review, 1989, 8(2): 165-174.

189. Nonaka, I. & Takeuch, H. The Knowledge Creating Company [J]. Harvard Business Review, 1991, 69(6): 96-104.

190. Nonaka, I. A Dynamic Theory of Knowledge Creation[J]. Organization Science, 1994, 5(1): 14-37.

191. Nonaka, I. & Takeuchi, H. The Knowledge-creating Company[M]. New York: Oxford University Press, 1999.

192. Norris-Watts, C. & Levy, P.E. The Mediating Role of Affective Commitment in the Relation of the Feedback Environment to Work Outcomes[J]. Journal of Vocational Behavior, 2004, 65 (3): 351-365.

193. Nunnally, J. Psyehometric Theory[M]. New York: Mcgraw-Hill，1978.

194. Nurmi, R. Knowledge- intensive Firms[J]. Business Horizons, 1998, 41(3): 26-32.

195. O'Reilly, C. Corporations, Culture and Commitment: Motivation and Social Control in Organization[J]. California Management Review, 1989, 31(4), 9-25.

196. O'Reilly, C. & Chatman, J. Organizational Commitment and Psychological Attachment: The Effects of Compliance, Identification, and Internalization on Pro-Social Behavior[J]. Journal of Applied Psychology, 1986, 71(3): 492-499.

197. Osburn, J.D., Moran, L., Musselwhite, E. & Zenger, J. H. Self-Directed Work Teams[M]. Homewood, IL: Irwin, 1990.

198. Osterman, P. Work/Family Programs and the Employment Relationship[J]. Administrative Science Quarterly,1995, 40(4): 681-700.

199. Ostroff, C. The Relationship between Satisfaction, Attitudes and Performance: An Organizational Level Analysis [J]. Journal of Applied Psychology, 1992, 77: 963-974.

200. Parris, M. A. Work Teams: Perceptions of a Ready-made Support System?[J]. Employee Responsibilities and Rights Journal, 2003, 15(2): 71-83.

201. Paul, A.K. & Anantharaman, R.N. Impact of People Management Practices on Organizational Performance: Analysis of a Causal Model[J]. International Journal of Human Resource Management, 2003, 14(7): 1246-1266.

202. Peterson, R. A. A Meta-analysis of Cronbach's Coefficient Alpha[J]. Journal of Consumer Psychology, 1994, 21: 381-391.

203. Pillai, R., Schriesheim, C.A. & Williams, E.S. Fairness Perceptions and Trust as Mediators for Transformational and Transactional Leadership: A Two-sample Study[J]. Journal of Management, 1999, 25: 897-933.

204. Porter, L.W., Steers, R.M., Mowday, R.T. & Boulian, P.V. Organizational Commitment, Job Satisfaction, and Turnover among Psychiatric Technicians[J]. Journal of Applied Psychology, 1974, 59(5): 603-609.

205. Porter, L.W. & Lawler, E.E. Managerial Attitudes and Performance [M]. Homewood: Dorsey Press，1968.

206. Preacher, K.J. & Hayes A.F. Asymptotic and Resampling Strategies for Assessing and Comparing Indirect Effects in Multiple Mediator Models[J]. Behavior Research Methods, 2008, 40 (3): 879-891.

207. Putti, J. M., Aryee, S. & Phua, J. Communication Relationship Satisfaction and Organizational Commitment[J]. Group and Organizational Studies, 1990, 15(1): 44-52.

208. Randall, D.M. The Consequences of Organizational Commitment: Methodological Investigation[J]. Journal of Organizational Behavior, 1999, 11(5): 361-378.

209. Reed, M.I. Expert Power and Control in Late Modernity: An Empirical Review and Theoretical Synthesis[J]. Organization Studies, 1996, 17(4): 573-597.

210. Reichers, A. A Review and a reconceptualization of Organizational Commitment[J]. Academy of Management Review, 1985, 10(3): 465-476.

211. Robey, D., Boudreau, M.C.& Rose, G.M. Information Technology and Organizational Learning: a Review and Assessment of Research[J]. Accounting Management and Information Technologies, 2000,10(2): 125-155.

212. Rowden, R.W. & Ahmad, S. The Relationship between Workplace Learning and Job Satisfaction in Small to Mid-sized Businesses in Malaysia[J]. Human Resource Development International, 2000, 3(3): 307-322.

213. Rowden, R.W. The Relationship between Workplace Learning and Job Satisfaction in U.S. Small to Midsize Businesses[J]. Human Resource Development

Quarterly. 2002, 13(4): 407-425.

214. Rowden, R.W. & Conine, C.T. Jr. The Impact of Workplace Learning on Job Satisfaction in Small US Commercial Banks[J]. Journal of Workplace Learning, 2005, 17(3): 215-230.

215. Rusbult, C. & Farrell, D. A Longitudinal Test of the Investment Model: The Impact on Job Satisfaction, Job Commitment, and Turnover of Variations in Rewards, Costs, Alternatives, and Investments[J]. Journal of Applied Psychology, 1983, 68: 429-438.

216. Sagie, A. Employee Absenteeism, Organizational Commitment, and Job Satisfaction: Another Look[J]. Journal of Vocational Behavior,1998, 52(2): 156-171.

217. Salancik, G.R. Commitment and the Control of Organizational Behavior and Belief[J]. Academy of Management Review, 1977(3): 1-54.

218. Scarborough H. Knowledge as Work: Conflicts in the Management of Knowledge Worker [J]. Technology Analysis & Strategic Management, 1999, 11(1): 5-16.

219. Schein, E. H. Organizational Culture and Leadership: A Dynamic View[M]. San Francisco: Jossey-Bass, 1985.

220. Schwandt, D.R. & Marquardt, M.J. Organizational Learning: From World-class Theories to Global Best Practices[M]. Boca Raton, FL: St. Lucie Press, 2000.

221. Seashore, S.E. & Tab, T.D. Job Satisfaction and Their Correlation[J]. American Behavior and Scientist, 1975, 18: 346.

222. Sheldon, M. E. Investments and Involvements in Mechanisms Producing Commitment to the Organization[J]. Administrative Science Quarterly, 1971, 16: 142-150.

223. Sheman, S. Will the Information Superhighway be the Death of Retailing[J]. Fortune, 1994 (4).

224. Shook C.L., Ketchen J.D., Hult G.T.M. & Kacmar K.M. Research Notes and Commentaries: An Assessment of the Use of Structural Equation Modeling in Strategic Management Research[J]. Strategic Management Journal, 2004, 25: 397-404.

225. Shore, L.M, Newton, L.A. & Thornton, G.C. Job and Organizational Attitudes in Relation to Employee Behavioral Intentions[J]. Journal of Organizational Behavior, 1990, 11: 57-67.

226. Skerlavaj, M, Štemberger. M.I, Škrinjar R. and Dimovski V. Organizational Learning Culture——the Missing Link between Business Process Change and Organizational Performance[J]. International Journal of Production Economics, 2007, 10(6): 346-367.

227. Slater, S.F.& Narver, J.C. Market Orientation and Learning Organization[J]. Journal of Marketing, 1995, 59(3):63-74.

228. Smith, P.C., Kendall, L.M., Hulin, C.L. The Measurement of Satisfaction in Work and Retirement[M]. Chicago: Rand-McNally, 1969.

229. Snell, R.S., Moral Foundations of a Learning Organization[J]. Human Relations, 2001, 54(3): 319-342.

230. Sobel, M. E. A Symptotic Intervals for Indirect Effects in Structural Equations Models. In S. Leinhart (Ed.), Sociological Methodology[M]. San Francisco: Jossey-Bass, 1982: 290-312.

231. Somers, M. Organizational Commitment, Turnover and Absenteeism: An Examination of Direct and Interaction Effects[J]. Journal of Organizational Behavior, 1995, 16(1): 49-58.

232. Song, J.H. & Chermack, T. J. Assessing the Psychometric Properties of the Dimensions of the Learning Organization Questionnaire in the Korean Business Context[J]. International Journal of Training and Development, 2008, 12(2): 87-99.

233. Spector, P.E. & O'Connel, B.J. The Contribution of Personality Trait, Negative Affectivity, Locus of Control, and Type A to the Subsequent Reports of Job Stressors and Job Strains[J]. Journal of Occupational and Organizational Psychology, 1994, 67(1): 1-12.

234. Srivastava, A., Bartol, K.M. & Locke, E.D. Empowering Leadership in Management Teams: Effects of Knowledge Sharing, Efficacy, and Performance[J]. Academy of Management Journal, 2006, 49(6): 1239-1251.

235. Stata, R. Organizational Learning: the Key to Management Innovation[J]. Sloan Management Review, 1988, 6(1): 63-74.

236. Steers, R.M. Antecedents and Outcomes of Organizational Commitment[J]. Administrative Science Quarterly, 1977, 22: 46-56.

237. Stehr, N. Experts, Counselors and Advisers, in N. Stehr and R. V. Ericson (Eds.), The Culture and Power of Knowledge: Inquiries into Contemporary Societies[M]. Berlin：Walter de Gruyter, 1992: 107-155.

238. Stehr, N. Practical Knowledge: Applying the Social Sciences[M].

Newbury Park: Sage,1992.

239. Stewart, G. L., Manz, C. C. & Sims, H. P. Team Work and Group Dynamics[M]. New York: John Wiley, 2000.

240. Su-Chao Chang & Ming-Shing Lee. A Study on Relationship among Leadership, Organizational Culture, the Operation of Learning Organization and Employees' Job Satisfaction[J].The Learning Organization, 2007, 14(2): 155-185.

241. Sveiby, K.E. The New Organizational Wealth[M]. San Francisco: Berrett-Koehler Publishers, 1997.

242. Swailes, S. Organizational Commitment: A Critique of the Construct and Measures [J]. International Journal of Management Review, 2002, 4 (2): 155-178.

243. Tampoe, M. Motivating Knowledge Workers: The challenge for the 1990s[J]. Long Range Planning, 1993, 26 (3): 49-55.

244. Tansky, J.W. & Cohen, D.J. The Relationship between Organizational Support, Employee Development, and Organization Commitment: An Empirical Study[J]. Human Resource Development Quarterly, 2001, 12: 285-300.

245. Tett, R.P.& Meyer, J P. Job Satisfaction, Organizational Commitment, Turnover Intention and Turnover: Path Analysis Based on Meta-analytic Findings[J]. Personnel Psychology, 1993, 46(2): 259-293.

246. Thomas, B.E.& Baron, J.P. Evaluating Knowledge Worker Productivity: Literature Review[R]. Interim Report, No. FF-94/27. Illinois: USACERL, 1994.

247. Thomas, N.W.H., Butts, M.M., Vandenberg, R.J., DeJoy, D.M. & Wilson, M.G. Effects of Management Communication, Opportunity for Learning, and Work Schedule Flexibility on Organizational Commitment[J]. Journal of Vocational Behavior, 2006, 68(3): 474-489.

248. Tsang E.W.K. Organizational Learning and the Learning Organization：A Dichotomy between Descriptive and Prescriptive Research[J]. Human Relations, 1997, 50(1): 73-89.

249. Tymon, W.G. & Stumpf, S.A. Social Capital in the Success of Knowledge Workers [J]. Career Development International, 2003, 8(1): 12-20.

250. Vandenberg, R. J. & Lance, C. E., Examining the Causal Order of Job Satisfaction and Organizational Commitment[J]. Journal of Management, 1992, 18(1): 153-167.

251. Varona, F. Relationship between Communication Satisfaction and Organizational Commitment in Three Guatemalan Organizations[J]. The Journal of

Business Communication, 1996, 33(2): 111-140.

252. Vijay Krishna & Andrea Casey. Employee Perceptions of Organizational Learning as Determinants of Affective Commitment in Knowledge Intensive Firms[C]. Paper Presented at the International Research Conference in the Americas, Panama City, 2008, Academy of Human Resource Development.

253. Vollmer, H.M. & Kinney, J.A. Age, Education and Job Satisfaction[J]. Personnel, 1955, 32: 38-44.

254. Vroom, V. & Yetton, P. Leadership and Decision Making[M]. PA: University of Pittsburgh Press, 1973.

255. Wakins, K.E. & Marsick, V.J. Sculpting the Learning Organization[M]. San Francisco: Jossey-Bass, 1993.

256. Walsham, G. Knowledge Management: the Benefits and Limitations of Computer Systems[J]. European Management Journal, 2002, 19(6): 599-608.

257. Wang, Xiaohui,Yang, Baiyin & McLean, Gary N. Influence of Demographic Factors and Ownership Type Upon Organizational Learning Culture in Chinese Enterprises[J]. International Journal of Training and Development, 2007, 11(3): 154-165.

258. Wang, Xiaohui & Xie, Xiqing. Comparative Studies on Organisational Learning Culture in Chinese Native Enterprises[J]. International Journal of Chinese Culture and Management, 2008, 3(1): 313-324.

259. Wasti, S. A. Organizational Commitment, Turnover Intentions and the Influence of Cultural Values[J]. Journal of Occupational and Organizational Psychology, 2003, 76(3): 303-321.

260. Watkins, K. E., & Marsick, V.J. Sculpting the Learning Organization: Lessons in the Art and Science of Systemic Change[M]. San Francisco: Jossey-Bass, 1993.

261. Watkins K.E.& Marsick V.J. In Action: Creating the Learning Organization[M]. Alexandria, VA: American Society for Training and Development, 1996.

262. Wayne, S.J. & Shore, L.M. The Role of Fair Treatment and Rewards in Perceptions of Organizational Support and Leader-member Exchange [J]. Journal of Applied Psychology. 2002, 87(3): 590-598.

263. Weiss, D.J., Dawis, R.V., England, G.W.& Lofquist, L.H. Manual for the Minnesota Satisfaction Questionnaire[M]. Minneaplis: University of Minnesota

Press, 1967.

264. Wellins, R.S., Byham, W.C. & Wilson, J.M. Empowered Teams[M]. San Francisco: Jossey-Bass, 1991.

265. West, S.G., Finch, J.F.& Curran, P.J. Structural Equation Models with Non-normal Variables: Problems and Remedies, in Hoyle, R.H. (Eds), Structural Equation Modeling: Concepts, Issues and Applications[M].Thousand Oaks, CA: Sage Publications, 1995: 65-75.

266. Wheaton, B., Muthen, B., Alwin, D. & Summers, G. Assessing Reliability and Stability of Panel Models. In D.R. Heise (Eds), Social Methodology[M]. San Francisco: Jossey Bass, 1977: 84-136.

267. Whitener, E. Do "High commitment" Human Resource Practices Affect Employee Commitment? A Cross-level Analysis Using Hierarchical Linear Modeling[J]. Journal of Management,2001, 27(5): 515–535.

268. Williams, L.J.& Anderson, S.E. Job Satisfaction and Organizational Commitments as Predictors of Organizational Citizenship and In-role behaviors [J]. Journal of Management, 1991, 17: 601-617.

269. Williams, L.J. & Hazer J.T. Antecedents and Consequences of Job Satisfaction and Organizational Commitment in Turnover Models: A Re-analysis Using Latent Using Latent Variable. Structural Equation Methods[J]. Journal of Applied Psychology,1986, 71(2): 219-231.

270. Yang, B. Identifying Valid and Reliable Measures for Dimensions of a Learning Culture[J]. Advances in Developing Human Resources, 2003, 5: 152-162.

271. Yang, B., Watkins, K. E., & Marsick, V. J. Examining Construct Validity of the Dimensions of the Learning Organization Questionnaire. In R. Torraco (Ed.), Proceedings of the 1998 Annual Academy of Human Resource Development Conference (pp. 83-90)[C]. Chicago: Academy of Human Resource Development.

272. Yang, B., Watkins, K.E. & Marsick, V.J. The Construct of the Learning Organization: Dimensions, Measurement, and Validation[J]. Human Resource Development Quarterly, 2004, 15(1): 31-55.

273. Yousef, D. A. Satisfaction with Job Security as a Predictor of Organizational Commitment and Job Performance in a Multicultural Environment[J]. International Journal of Manpower, 1998, 19(3): 184-194.

274. Yung, Y.F. & Bentler, P.M. Bootstrapping Techniques in Analysis of Mean and Covariance Structures. In Marcoulides, G.A. & Schumacker, R.E. (Eds.),

Advanced Structural Equation Modeling: Techniques and Issues[M]. Hillsdale, NJ: Erlbaum,1996:195-226.

275. Zhang, D., Zhang, Z. & Yang, B. Learning Organization in Mainland China: Empirical Research on Its Application to Chinese State-owned Enterprises[J]. International Journal of Training and Development, 2004, 8(4), 258-272.

276. Zhu, W. Making Bootstrap Statistical Inferences: A Tutorial[J]. Research Quarterly for Exercise and Sport, 1997, 68: 44-55.

277. Zidle, M. Retention Hooks for Keeping Your Knowledge Workers[J]. Manage, 1998, 50(1): 15-17.

278. 彼得•圣吉著.第五项修炼——学习型组织的艺术与实务(第 2 版)[M]. 郭进隆，译. 上海：上海三联书店，1998.

279. 白新文，李峰，陈毅文. 社会称许性量表的测量等价性探讨[J]. 心理科学，2004(05).

280. 宝贡敏，徐碧祥. 国外知识共享理论研究述评[J]. 重庆大学学报（社会科学版）. 2007(02).

281. 彼得 • 德鲁克. 后资本主义社会[M]. 上海：上海译文出版社，1998.

282. 彼得 • 德鲁克. 21 世纪的管理挑战[M]. 上海：上海译文出版社，1999.

283. 彼得 • 德鲁克. 知识管理[M]. 北京：中国人民大学出版社，1999.

284. 曹仓. 知识型组织的知识化管理[J]. 惠州大学学报（社会科学版），2000(02).

285. 曹洲涛，段淳林. 基于知识型员工心理预期的激励策略探讨[J]. 经济问题，2005(01).

286. 查尔斯 • 萨维奇. 第 5 代管理：通过建立虚拟企业动态团队协作和知识联网来共同创造财富[M]. 谢强华等，译. 广州：珠海出版社，1998.

287. 陈迪. 组织气候、心理授权与科技人员工作态度的影响关系[J]. 科学学与科学技术管理，2008(04).

288. 陈永霞，贾良定，李超平，宋继文，张君君. 变革型领导、心理授权与员工的组织承诺：中国情景下的实证研究[J]. 管理世界，2006(01).

289. 陈志祥，陈荣秋. 论知识链与知识管理[J]. 科研管理，2000(01).

290. 綦振法，王春涛. 略论知识型企业的组织模式创新[J]. 软科学，2002(02).

291. 崔勋. 员工个人特性对组织承诺与离职意愿的影响研究[J]. 南开管理评论，2003(04).

292. 戴昌钧，陈臻. 程序性和规范性——知识工作界定准则的探讨[J]. 华东经济管理，2006(02).

293. 丁建中，田奎荣，董湘岩. 新资本论：通向普遍富裕和新文明之路[M]. 徐州：中国矿业大学出版社，2003.

294. 樊治平. 知识管理研究[M]. 沈阳：东北大学出版社，2003.

295. 方统法，杨文学，沈利发，李悠诚. 知识型企业初探[J]. 经济问题，1998(08).

296. 菲尔德・D. L. 著.工作评价——组织诊断与研究实用量表[M]. 阳志平，王薇，等译. 北京：中国轻工业出版社，2004.

297. 冯田华. 民营企业职工工作满意度现状与对策[J]. 华北水利水电学院学报（社科版），2001(03).

298. 弗朗西斯・赫瑞比著.管理知识员工[M]. 郑晓明等，译. 北京：机械工业出版社，2000.

299. 甘露. 高技术企业核心知识员工激励组合研究[D]. 长沙：湖南大学，2007.

300. 高日光，凌文辁，王碧英. 知识工作者的组织承诺研究[J]. 商业研究，2004(23).

301. 高丽. IT 行业员工离职与组织承诺、工作满意度的关系研究[J]. 上海企业，2007(12).

302. 郭庆科，韩丹，王昭，时勘. 人格测验中题目正反向陈述的效应[J]. 心理学报，2006(04).

303. 海因茨・韦里克，哈罗德・孔茨著.管理学——全球化视角（第十一版）[M]. 马春光，译. 北京：经济科学出版社，2004.

304. 韩翼，廖建桥. 组织承诺研究的综述[J]. 人类工效学，2005(03).

305. 韩振华，任剑峰. 社会调查研究中的社会称许性偏见效应[J]. 华中科技大学学报（人文社会科学版），2002(03).

306. 何丹，李文东，时勘. 组织文化对员工工作满意度和情感承诺的影响——基于多水平分析的研究结果[J]. 北京工商大学学报（社会科学版），2009(05).

307. 贺邵兵，周箴. 领导行为对员工组织政治知觉、组织承诺的影响[J]. 科学管理研究，2008(04).

308. 侯杰泰，温忠麟，成子娟. 结构方程模型及其应用[M]. 北京：教学科学出版社，2004.

309. 胡蓓，陈建安. 脑力劳动者工作满意度实证研究[J]. 科研管理，2003(04).

310.黄春生.工作满意度、组织承诺与离职倾向相关研究[D].厦门：厦门大学，2004.

311.黄芳铭.结构方程模式:理论与应用[M].北京:中国税务出版社,2005.

312.黄健.造就组织学习力[M].上海：上海三联书店，2003.

313.黄卫国，宣国良.如何定义知识工作者[J].科技管理研究，2007(05).

314.黄卫国.基于知识价值链的知识工作者管理研究[D].上海：上海交通大学，2006.

315.霍国庆.知识型企业的概念与模式研究[J].山西大学学报（哲学社会科学版），2007(03).

316.句泳，郭强.基层军医工作满意度、组织承诺结构模型研究及激励对策[J].解放军医院管理杂志，2005(05).

317.卡尔•斯威比，汤姆•劳埃德著，知识型企业的管理——通过鼓励创造性来增加价值[M]. 梁立新，译.北京：海洋出版社，2002.

318.康莱德小组，卡尔•斯威比著.知识型企业的分析与评价——用于知识型企业财务控制和评价的重要指标[M]. 王锦，刘华江，译. 北京：海洋出版社，2002.

319.康锦江，杨春江，张化东.知识员工的组织承诺及对工作努力度和满意度的影响[J].东北大学学报(社会科学版)，2004(06).

320.邝宁华，杜荣，胡奇英.知识型企业的引导—激励—服务型管理模式[J].经济管理(新管理)，2003(08).

321.雷巧玲，赵更申，段兴民.企业文化对知识型员工组织承诺影响的研究[J].当代经济科学，2006(05).

322.雷巧玲，赵更申. 心理授权与知识型员工组织承诺的关系研究[J]. 科技进步与对策，2007(09).

323.李宝山，王连娟.知识型企业核心竞争力的螺旋推进模式[J].经济与管理研究，2001(06).

324.李超平，李晓轩，时勘，陈雪峰. 授权的测量及其与员工工作态度的关系[J]. 心理学报，2006(01).

325.李东.论知识型企业及其特征[J].上海企业，2001(04).

326.李华.企业管理人员职业高原与工作满意度、组织承诺及离职倾向关系研究[D].重庆：重庆大学博士论文，2006.

327.李怀祖.管理研究方法论（第2版）[M].西安：西安交通大学出版社，2004.

328.凌玲，凌红.工作满意度、组织信任和组织承诺关系的实证研究[J].

企业经济，2009(01).

329. 凌文辁，张治灿，方俐洛. 影响组织承诺的因素探讨[J]. 心理学报，2001(03).

330. 凌文辁，张治灿，方俐洛. 中国职工组织承诺的结构模型研究[J]. 管理科学学报，2000 (02).

331. 凌文辁，杨海军，方俐洛. 企业员工的组织支持感[J]. 心理学报，2006(02).

332. 凌文辁，张治灿，方俐洛. 中国职工组织承诺研究[J]. 中国社会科学，2001(02).

333. 刘丹，江璇. 企业知识型员工组织承诺与工作绩效关系研究[J]. 商场现代化，2009(03).

334. 刘凤瑜，张金成. 员工工作满意度调查问卷的有效性及民营企业员工工作满意度影响因素研究[J]. 南开管理评论，2004(03).

335. 刘金钵，邢明杰. 工作满意度测量在纺织企业中的应用[J]. 山东纺织科技，2001(04).

336. 刘松琦，甘怡群. 企业文化与工作满意度：人格的调节作用[J]. 北京大学学报(自然科学版)，2007(02).

337. 刘小平，王重鸣，Brigitte Charle-Pauvers. 组织承诺影响因素的模拟实验研究[J]. 中国管理科学，2002(06).

338. 刘小平，王重鸣. 中西方文化背景下的组织承诺及其形成[J]. 外国经济与管理，2002(01).

339. 刘小平. 组织承诺影响因素比较研究[J]. 管理科学，2003(04).

340. 刘勇陟. 工作压力、工作满意度和组织承诺关系研究——以深圳水务集团为例[D]. 杭州：浙江大学，2005.

341. 卢嘉，时堪，杨继锋. 工作满意度的评价结构和方法[J]. 中国人力资源开发，2001(01).

342. 卢纹岱. SPSS For Windows 统计分析[M]. 北京：电子工业出版社，2002.

343. 罗宾斯. 组织行为学（第七版）[M]. 北京：中国人民大学出版社，1997.

344. 马庆国. 管理统计：数据获取、统计原理 SPSS 工具与应用研究[M]. 北京：科学出版社，2002.

345. 迈诺尔夫·迪尔克斯，阿里安娜·贝图安·安托尔，约翰·蔡尔德，野中郁次郎，张新华. 组织学习与知识创新[M]. 上海：上海人民出版社，2001.

346. 孟慧. 变革型领导风格的实证研究[J]. 应用心理学，2004(02).

347. 宁烨，樊治平. 知识型组织涵义评析及再思考[J]. 科学学与科学技术管理，2006(03).

348. 牛德生. 知识型企业：一个更为特别的合约[J]. 经济学家，2001(03).

349. 彭仁贤，王晓晖. 知识型员工工作满意度的比较研究[J]. 经济与管理，2007(05).

350. 彭文彬. 论组织智能与知识型企业的构建[J]. 经济论坛，2006(06).

351. 邱昭良. 学习型组织新思维：创建学习型组织的系统生态方法[M]. 北京：机械工业出版社，2003.

352. 荣泰生. 企业研究方法[M]. 北京：中国税务出版社，2005.

353. 石金涛，王莉. 管理技能的因子分析及其对绩效影响的实证研究[J]. 管理工程学报，2004(01).

354. 疏礼兵，贾生华. 知识型企业特征及其对传统管理模式的挑战[J]. 价值工程，2004(06).

355. 宋利，古继宝，杨力. 人力资源实践对员工组织支持感和组织承诺的影响实证研究[J]. 科技管理研究，2006(07).

356. 孙锐，石金涛. 知识工作者特征与知识团队的形成研究[J]. 科学技术与辩证法，2005(06).

357. 孙新波，樊治平，秦尔东. 知识员工激励理论与实务[M]. 北京：经济管理出版社，2006.

358. 檀平，王兵，李晓燕. 知识工作者的特点及其管理[J]. 科学学与科学技术管理，2000(11).

359. 托马斯・A.斯图尔特著. “软”资产：从知识到智力资本[M]. 邵剑兵，译. 北京：中信出版社，2003.

360. 汪彩玲. 工作满意度影响因素分析[J]. 市场研究，2005(02).

361. 王庆喜. 企业资源与竞争优势：基于浙江民营制造业企业的理论与经验研究[D]. 杭州：浙江大学博士论文，2005.

362. 王兴成，卢继传，徐耀宗. 知识经济[M]. 北京：中国经济出版社，1999.

363. 王颖，张生太. 组织承诺的跨文化检验及国际比较研究[J].科研管理，2009(01).

364. 维娜・艾莉著.知识的进化[M]. 刘民慧等，译. 广州：珠海出版社，1998.

365. 温忠麟，张雷，侯杰泰，刘红云. 中介效应检验程序及其应用[J]. 心理学报，2004(05).

366. 薛万东. 员工工作满意度的影响因素分析及对策研究[J]. 全国商情（经

济理论研究），2007(03).

367. 杨春江，逯叶．知识员工组织承诺前因变量影响研究[J]．科技管理研究，2007(11).

368. 杨杰，凌文辁，方俐洛. 关于知识工作者与知识性工作的实证解析[J]. 科学学研究，2004(02).

369. 杨运杰．论知识型企业的性质[J]. 财经问题研究，2007(08).

370. 易凌峰，朱景琪. 基于知识工作的知识员工研究分析[J]. 研究与发展管理，2007 (04).

371. 于海波，方俐洛，凌文辁．组织学习整合理论模型[J]. 心理科学进展，2004 (02).

372. 于海波，方俐洛，凌文辁. 组织学习及其作用机制的实证研究[J]. 管理科学学报，2007 (05).

373. 余凯成. 关于我国企业职工组织归属感研究[J]． 中国行为学会学术通讯，1985(02).

374. 孟慧．变革型领导风格的实证研究[J]．应用心理学，2004 (02).

375. 俞文钊，贾咏，汪解，范津砚. 合资企业的跨文化管理[M]. 北京：人民教育出版社，1996.

376. 袁声莉，马士华. 员工满意度实证研究[J]. 技术经济与管理研究，2002(03).

377. 张力为，符明秋. 借用外国自陈量表的文化陷阱[J]. 心理科学，2000(06).

378. 张勉，李海. 组织承诺的结构、形成和影响研究评述[J]. 科学学与科学技术管理，2007(05).

379. 张勉，李树茁. 企业员工工作满意度决定因素实证研究[J]. 统计研究，2001(08).

380. 张勉，张德. 组织承诺研究评述[J]. 武汉市经济管理干部学院学报，2002(03).

381. 张士菊，廖建桥．不同人口统计特征的员工工作满意度的实证分析[J]. 工业工程与管理，2007(01).

382. 张士菊，廖建桥. 员工工作满意度各维度对整体满意度的影响研究[J]. 科学学与科学技术管理，2007(08).

383. 张文彤. SPSS 统计分析高级教程[M]. 北京：高等教育出版社，2004.

384. 张维迎，周黎安，顾全林．高新技术企业的成长及其影响因素：分位回归模型的一个应用[J]. 管理世界，2005(10).

385.周三多. 管理学（第二版）[M]. 北京：高等教育出版社，2005.

附录1：调查问卷（初稿）

尊敬的先生/女士：

您好！

非常感谢您在百忙之中抽出时间填写这份问卷。这份问卷旨在调查国内企业组织学习文化、员工工作满意度和组织承诺各变量的建构、现状与变量间的关系。希望能得到您的支持与帮助！

本问卷调查纯属学术研究目的，研究结果将以整体的统计分析数据方式呈现，个体数据在研究结果中并不反映出来。您和贵公司的资料绝不会对他人泄露，请您安心作答。

注意事项：

1．本问卷答案没有对错之分，您只要尽量真实表达出您的意见即可。

2．本问卷共有5页，各项题目都只能选择一个答案，请您留意不要漏答。

3．如果没有完全符合您情况的答案，请选择与您的现状最接近的答案，请不要漏答。

4．敬请您现场填写问卷，然后交给现场调查人员。

非常感谢您的热情帮助！祝您身体健康，工作愉快！

第一部分：组织学习文化量表

说明：本量表中的问题采用里克特 5 级量表，从“非常不同意”（1 分）到“非常同意”（5 分）。请根据自己的真实想法在相应的数字上打钩。

对于我所在公司以下各方面的表述，我感觉……	非常不同意	不太同意	不确定	比较同意	非常同意
1. 在我公司，员工互相帮助学习	1	2	3	4	5
2. 我公司为员工提供学习的时间	1	2	3	4	5
3. 我公司为员工提供金钱和其他资源支持其学习	1	2	3	4	5
4. 我公司奖励那些学习的员工	1	2	3	4	5
5. 我公司对员工的学习和发展进行科学的规划	1	2	3	4	5
6. 在我公司，人们彼此给予公开又坦诚的意见回馈	1	2	3	4	5
7. 在我公司，人们愿意花时间建立相互信任的关系	1	2	3	4	5
8. 在我所属的公司中，每当人们阐述自己的观点时会兼顾别人的想法	1	2	3	4	5
9. 在我公司，员工无论职位高低，均被鼓励问“为什么”	1	2	3	4	5
10. 在我公司，小组或团队有权根据需要调整其目标	1	2	3	4	5
11. 在我公司，小组或团队会根据搜集的信息和小组讨论的结果，修正他们的想法	1	2	3	4	5
12. 在我公司，各小组或团队相信公司在决策时会重视他们的建议	1	2	3	4	5
13. 我公司对团队成员共同努力而取得的成就进行奖励	1	2	3	4	5
14. 我公司建立系统的方法来测量员工当前绩效和期望绩效之间的差距	1	2	3	4	5

续表

对于我所在公司以下各方面的表述，我感觉……	非常不同意	不太同意	不确定	比较同意	非常同意
15．我公司将积累的经验、信息向员工开放，供员工借鉴学习	1	2	3	4	5
16．我公司对花在培训上的时间及资源所带来的效果进行评估	1	2	3	4	5
17．我公司中具有多元化沟通渠道并强调双向沟通	1	2	3	4	5
18．我公司拥有关于员工技能的最新档案资料	1	2	3	4	5
19．我公司拥有正式结构与非正式的系统激励员工彼此分享学习成果	1	2	3	4	5
20．我公司赏识那些具有主动进取、开拓创新精神的人	1	2	3	4	5
21．我公司允许员工自行支配完成任务所需的资源	1	2	3	4	5
22．我公司鼓励员工冒有备之险	1	2	3	4	5
23．我公司鼓励员工为组织愿景提出建议	1	2	3	4	5
24．我公司鼓励员工从全局和整体的角度来考虑问题	1	2	3	4	5
25．我公司注重与外部利益相关者（顾客、供应商、经销商、附近社区等）协调合作，以满足共同需要	1	2	3	4	5
26．我公司鼓励员工在研究解决问题时，从整个公司范围内思考和寻找答案	1	2	3	4	5
27．我公司鼓励员工在决策过程中考虑顾客的意见和建议	1	2	3	4	5
28．在我公司，领导者对下属进行指导、指引与协助	1	2	3	4	5
29．我公司领导者不断追求学习与进步	1	2	3	4	5
30．在我公司，领导者确保公司的行动与公司价值观相符	1	2	3	4	5
31．在我公司，领导者与员工共同分享有关竞争对手、产业趋势和组织发展方向的最新信息	1	2	3	4	5

第二部分：工作满意度量表

说明：以下题目旨在了解关于您对目前工作满意程度的情况。量表中的问题采用里克特5级量表，从“非常不同意”（1分）到“非常同意”（5分）。请根据自己的真实想法在相应的数字上打钩。

对于现有工作，我感觉……	非常不同意	不太同意	不确定	比较同意	非常同意
1. 总的说来，我对目前的工作比较满意	1	2	3	4	5
2. 总的说来，我在工作中感觉愉快	1	2	3	4	5
3. 大多数时间我对自己的工作抱有热情	1	2	3	4	5
4. 我很少觉得我的工作乏味	1	2	3	4	5
5. 每天的工作似乎永无止境	1	2	3	4	5
6. 我的一般同事比我更喜欢这份工作	1	2	3	4	5

第三部分：组织承诺量表

说明：以下问题旨在了解有关您对所在企业的组织承诺程度。量表中的问题采用里克特5级量表，从“非常不同意”（1分）到“非常同意”（5分）。请根据自己的真实想法在相应的数字上打钩。

对于下面的表述，我感觉……	非常不同意	不太同意	不确定	同意	非常同意
1. 我乐于今后一直留在本公司工作，直到退休	1	2	3	4	5
2. 我乐于同公司以外的人谈论本公司的情况	1	2	3	4	5
3. 我认为本公司的问题就是我自己的问题	1	2	3	4	5

续表

对于下面的表述，我感觉……	非常不同意	不太同意	不确定	同意	非常同意
4．我能够**轻易**对另一家公司产生像对本公司那样的归依感	1	2	3	4	5
5．我**不觉得**自己是本公司大家庭中的一员	1	2	3	4	5
6．我对本公司在情感上**没有**归依感	1	2	3	4	5
7．本公司对我而言蕴含着诸多的个人意义	1	2	3	4	5
8．我对本公司有强烈的归属感	1	2	3	4	5
9．即使还没有找到新的工作就辞职，我也**不会**担心	1	2	3	4	5
10．对我而言，要离开本公司很难，即使我想要离开	1	2	3	4	5
11．如果现在离开本公司，我的生活中很多方面都将被扰乱	1	2	3	4	5
12．如果在近期离开本公司，我的成本**不会**很大	1	2	3	4	5
13．如果没有在本公司投入、付出那么多的话，我会考虑去别处工作	1	2	3	4	5
14．我留在本公司的一个主要原因是：离开意味着要付出较大的代价，在别的公司我可能无法获得类似的福利待遇	1	2	3	4	5
15．我留在本公司，主要是因为难以找到其他合适的工作机会	1	2	3	4	5
16．如果现在离开本公司，我心里会有一种负疚感	1	2	3	4	5
17．我不会离职，因为我认为自己对单位同事负有责任	1	2	3	4	5
18．我**不认为**自己有义务必须留在本公司	1	2	3	4	5
19．本公司值得我对它忠诚	1	2	3	4	5
20．本公司对我不错，我理应报答	1	2	3	4	5
21．即使对自己有利，我也不会现在离职，因为我认为这样做不好	1	2	3	4	5

第四部分：基本信息

1. 企业基本信息

（1）企业产权结构：

① 国有企业（含国有控股） ②民营企业（含民营控股）

③ 外资企业（含外资控股）

（2）企业员工人数：

①50 人以下 ②50~100 人 ③101~200 人

④201~500 人 ⑤501~1000 人 ⑥1000 人以上

（3）企业主导业务所在行业类型：________

（如：工程设计、生物医药、IT、咨询、法务、媒体传播、教育文化等）

2. 填表人基本信息

（1）性别：

①男 ②女

（2）年龄：

①20 岁以下 ②20~30 岁 ③31~40 岁

④41~50 岁 ⑤50 岁以上

（3）文化程度：

①专科以下 ②专科 ③本科

④硕士或以上

（4）本企业工作年限：

①1 年以下 ②1~5 年 ③6~10 年

④11~15 年 ⑤16~20 年 ⑥20 年以上

（5）岗位类型：

①管理 ②专业技术 ③后勤保障

④支持文员 ⑤市场/营销 ⑥人事/财务

⑦其他__________

（6）职务：

①一般员工 ②基层管理人员

③中层管理人员　　　　　　④高层管理人员

（7）月收入：

①5000 元以下　　　　　　　②5001~7499 元

③7500~10000 元　　　　　　④10000 元以上

问卷调查到此结束。再次谢谢您的鼎力支持，谨祝工作顺利、生活愉快！

附录 2：调查问卷（定稿）

尊敬的先生/女士：

您好！

非常感谢您在百忙之中抽出时间填写这份问卷。这份问卷旨在调查国内知识型企业组织学习文化、员工工作满意度和组织承诺各变量的建构、现状与变量间的关系。希望能得到您的支持与帮助！

本问卷调查纯属学术研究目的，研究结果将以整体的统计分析数据方式呈现，个体数据在研究结果中并不反映出来。您和贵公司的资料绝不会对他人泄露，请您安心作答。

注意事项：

1．本问卷答案没有对错之分，您只要尽量真实表达出您的意见即可。

2．本问卷共有 5 页，各项题目都只能选择一个答案，请您留意不要漏答。

3．如果没有完全符合您情况的答案，请选择与您的现状最接近的答案，请不要漏答。

4．敬请您在填写问卷后，放入信封密封，然后交给调查人员。若您是在线填写问卷，填写完毕后点击提交即可。

非常感谢您的热情帮助！祝您身体健康，工作愉快！

第一部分：组织学习文化量表

说明：本量表旨在了解您对所在企业组织学习文化的感知。量表中的问题采用5级评分，从“非常不赞同”（1分）到“非常赞同”（5分）。请根据自己的真实想法在相应的数字上打钩。

对于我所在公司以下各方面的表述，我感觉……	非常不赞同	不太赞同	既不赞同也不反对	比较赞同	非常赞同
1. 在我公司，员工们彼此帮助学习、提高	1	2	3	4	5
2. 我公司为员工提供时间支持其学习	1	2	3	4	5
3. 我公司奖励那些学习的员工	1	2	3	4	5
4. 我公司对员工学习和发展进行科学的计划	1	2	3	4	5
5. 在我公司，人们彼此给予公开而坦诚的意见回馈	1	2	3	4	5
6. 在我公司，人们会努力建立相互信任的关系	1	2	3	4	5
7. 在我公司，人们在阐述自己的观点时，总不忘询问别人的想法	1	2	3	4	5
8. 在我公司，员工无论职位高低，均被鼓励问“为什么”	1	2	3	4	5
9. 在我公司，团队有权在需要时调整其目标	1	2	3	4	5
10. 在我公司，团队会依据小组讨论结果和收集到的信息改变其想法，而不会一味固守原有的观点	1	2	3	4	5
11. 在我公司，各小组或团队相信公司在决策时会重视他们的建议	1	2	3	4	5
12. 我公司对团队成员共同努力而取得的成就进行奖励	1	2	3	4	5
13. 我公司建立系统方法来测量员工当前绩效和期望绩效之间的差距	1	2	3	4	5
14. 我公司将积累的经验、信息向员工开放，供员工借鉴学习	1	2	3	4	5

续表

对于我所在公司以下各方面的表述，我感觉……	非常不赞同	不太赞同	既不赞同也不反对	比较赞同	非常赞同
15．我公司对花费在培训上的时间与资源所带来的效果进行评估	1	2	3	4	5
16．我公司具有多元化沟通渠道并强调双向沟通	1	2	3	4	5
17．我公司赏识那些具有主动进取、开拓创新精神的员工	1	2	3	4	5
18．我公司授权员工自主支配完成任务所需的资源	1	2	3	4	5
19．我公司支持员工经深思熟虑后进行适当冒险	1	2	3	4	5
20．我公司鼓励员工为公司发展愿景献计献策	1	2	3	4	5
21．我公司鼓励员工从全局和整体的角度来考虑问题	1	2	3	4	5
22．我公司注重与外部利益相关者（顾客、供应商、经销商、附近社区等）协调合作，以满足共同需要	1	2	3	4	5
23．我公司鼓励员工在研究、解决问题时，从整个公司范围内思考和寻找答案	1	2	3	4	5
24．在我公司，领导对下属进行辅导、指引与帮助	1	2	3	4	5
25．在我公司，领导者不断追求学习与进步	1	2	3	4	5
26．在我公司，领导者确保公司的行动与公司价值观相符	1	2	3	4	5
27．在我公司，领导者与员工分享有关竞争对手、产业趋势和组织发展方向的最新信息	1	2	3	4	5

第二部分：组织承诺量表

说明：以下问题旨在了解有关您对所在企业的组织承诺程度。量表中的问题采用 5 级评分，从“非常不赞同”（1 分）到“非常赞同”（5 分）。请根据自己的真实想法在相应的数字上打钩。

对于下面的表述，我感觉……	非常不赞同	不太赞同	既不赞同也不反对	比较赞同	非常赞同
1. 我乐于今后一直留在本公司工作	1	2	3	4	5
2. 当别人谈及我是本公司一员时，我感到自豪	1	2	3	4	5
3. 我觉得本公司的价值准则与自己的价值准则相符	1	2	3	4	5
4. 我将本公司的问题看作自己的问题加以对待	1	2	3	4	5
5. 我常告诉朋友，本公司是一家不错的工作单位	1	2	3	4	5
6. 我对本公司有强烈的归属感	1	2	3	4	5
7. 对我而言，要离开公司很难，即使我主观上想要离开	1	2	3	4	5
8. 目前我不想离开本公司，因为离开会扰乱我熟悉的环境和生活	1	2	3	4	5
9. 自己对本公司已经投入、付出了很多，如果离开，这些付出都将付之东流	1	2	3	4	5
10. 我留在本公司的一大原因是其他合适的工作机会很少	1	2	3	4	5
11. 我留在本公司的一大原因是离职将使自己的个人利益受损，在其他公司我可能无法获得类似的工资福利待遇	1	2	3	4	5
12. 如果现在离开本公司，我心里会有一种负疚感	1	2	3	4	5
13. 我不会离职，因为我觉得对本公司的人负有责任	1	2	3	4	5
14. 本公司对我不错，我理应报答	1	2	3	4	5
15. 即使对我有利，我也不会现在离职，因为我认为这样做不好	1	2	3	4	5
16. 我认为员工有义务对企业忠诚	1	2	3	4	5

第三部分：工作满意度量表

说明：以下题目旨在了解关于您对目前工作满意程度的情况。量表中的问题采用 5 级评分，从“非常不赞同”（1 分）到“非常不赞同”（5 分）。请根据自己的真实想法在相应的数字上打钩。

对于现有工作，我感觉……	非常不赞同	不太赞同	中立	比较赞同	非常赞同
1．总的说来，我对目前的工作比较满意	1	2	3	4	5
2．总的说来，我在工作中感觉愉快	1	2	3	4	5
3．大多数时间我对自己的工作抱有热情	1	2	3	4	5
4．我很少觉得我的工作乏味	1	2	3	4	5

第四部分：基本信息

1．企业基本信息

（1）企业产权结构
① 国有企业（含国有控股）　　②民营企业（含民营控股）
③ 外资企业（含外资控股）
（2）企业员工人数：
①50 人以下　　②50~100 人　　③101~200 人
④201~500 人　　⑤501~1000 人　　⑥1000 人以上
（3）企业主导业务所在行业类型：__________
（如：工程设计、生物医药、IT、咨询、法务、媒体传播、教育文化等）

2．填表人基本信息

（1）性别：

①男 ②女

（2）年龄：

①20 岁以下 ②20~30 岁 ③31~40 岁

④41~50 岁 ⑤50 岁以上

（3）文化程度：

①专科以下 ②专科 ③本科 ④硕士或以上

（4）本企业工作年限：

①1 年以下 ②1~5 年 ③6~10 年 ④11~15 年

⑤16~20 年 ⑥20 年以上

（5）岗位类型：

①管理 ②专业技术 ③后勤保障 ④支持文员

⑤市场/营销 ⑥人事/财务 ⑦其他________

（6）职务：

①一般员工 ②基层管理人员

③中层管理人员 ④高层管理人员

（7）月收入：

①5000 元以下 ②5001~7499 元

③7500~10000 元 ④10000 元以上

问卷调查到此结束。再次谢谢您的鼎力支持，谨祝工作顺利、生活愉快！